JN247101

近代天津の「社会教育」

——教育と宣伝のあいだ——

戸部　健　著

汲古書院

目次

凡　例

一．月日を表記する際は、中華民国元年（一九一二年）以前の場合であれば旧暦を、以後の場合であれば西暦を採用した。

二．註記は章ごとに番号を振った。「前掲書」「前掲論文」などの表現が示す範囲は、同一の章内のみとする。例えば第二章で登場した文献が第三章で再び登場した場合、「前掲書」などとせず、初出と同様に表記した。図表も註記同様、章ごとに番号を振った。

三．本書は、筆者が慶應義塾大学大学院文学研究科に提出した博士学位請求論文「近代天津における『社会教育』の変容過程」より第二章、補論を除いたものに、大幅な加筆をし、一書をなしたものである。なお、本書の大部分は既発表の論文を基にしている。本書各章との対応関係は以下のとおりである。

序　章　「近代中国『社会教育』史研究の現状と課題」『中央大学アジア史研究』三二号、二〇〇八年。

第一章　書き下ろし

第二章　「中華民国北京政府期における通俗教育会――天津社会教育辦事処の活動を中心に――」『史学雑誌』一一三編二号、二〇〇四年。

第三章　「平民教育と天津社会――中華民国北京政府期における『社会教育』の地域性――」山本英史編『近代中国の地域像』山川出版社、二〇一一年、所収。

第四章　「一九二〇年代後半～一九四〇年代天津における義務教育の進展とその背景」『東洋史研究』六九巻四号、二〇一一年。

第五章　「南京国民政府の成立と地方における『社会教育』の変容――天津を例として――」『アジア研究』（静岡大学人文学部「アジア研究プロジェクト」）四号、二〇〇九年。

第六章　「民衆教育館による『社会教育』の変容過程――一九二〇年代後半から一九四〇年代天津の事例を中心に――」『近きに在りて――近現代中国をめぐる討論のひろば――』五〇号、二〇〇六年。

第七章　「中華人民共和国初期における『社会教育』と大衆運動――天津の事例から――」『人文論集』（静岡大学人文社会科学

部）六三巻二号、二〇一三年。

補　論　「文化大革命期に作成された個人資料の教育史研究への応用――「天津市紅橋区煤建公司従業員関係檔案」について――」『アジア研究』（静岡大学）五号、二〇一〇年。

終　章　書き下ろし

附　録　「丁国瑞『竹園叢話』について――附：各集目次――」『アジア研究』（静岡大学）六号、二〇一一年。

近代天津の「社会教育」

――教育と宣伝のあいだ――

序　章　近代中国「社会教育」史研究の現状と課題

はじめに

「近代教育」といったとき即座に連想するのは何であろう。学校教育、なかでも義務教育としての初等、中等教育が真っ先に思い出されるのではなかろうか。なるほど学校教育は「近代教育」の中心をなすものであり、いわゆる「国民」を形成する上で大きな力を発揮してきた。しかし「近代教育」は学校教育以外にも多くの事業を抱えていた。それは、義務教育を修了した成人に対する教育や、義務教育を受けられない児童に対する教育など、主に学校の外で行われた教育事業のことである（これら教育事業を本書では「学校外の教育」と表現する）[1]。こうした「学校外の教育」もまた学校教育と同様、各地の「近代教育」を構成する上で欠くことのできない要素であり、日本においても社会教育または生涯教育という名で実践されてきた。

中国においても「学校外の教育」は主に「社会教育」（Shèhuì jiàoyù）という名で二十世紀初頭に導入され、その後「通俗教育」、「平民教育」、「民衆教育」など様々な類似する教育思想、方法を包含しながら独自の展開を遂げた[2]。もっとも、中華人民共和国成立以降、教育行政の場における「社会教育」という語の使用頻度は大きく減少する。それに代わるかたちで登場したのが「工農教育」や「掃盲教育」などで、それらは後に「成人教育」のカテゴリーの中に入れられて現在に至っている。その背景には、人民共和国成立後における教育をとりまく国家や社会のあり方の変化、特に中国共産党の「社会教育」に対する姿勢の変化があるものと考えられる。

このように、現在中国の行政では「学校外の教育」のことを「社会教育」と呼ぶことが従来に比べ少なくなったが、筆者が関心を持っているのは、行政において「社会教育」という語が盛んに使用されていた時代、具体的には清朝末期から一九五〇年代初頭に展開されていた「学校外の教育」についてである。そこで本書では、そうした時代を『社会教育』の時代」として中国社会教育史の中に位置づける。そして、その「社会教育」の形成および変容の過程を天津という開港都市での例をもとに、地域の視点から長期的に検討していく。

「社会教育」を論ずることが中国近現代史研究においていかなる意味を持つのか。「社会教育」がこれまでどのように論じられてきたのか。そして先行研究に対する本書の独自性は何か。これらの問題について以下順をおって論じたい。

なお、日本語としての社会教育（Shakai Kyôiku）との混乱を避けるため、当該時期の中国で実施されていた「社会教育」（Shèhuì jiàoyù）に言及する際には以下「社会教育」と表記する。

一　問題の所在

（一）　中国の近代

「社会教育」を検討することの中国近現代史研究における意味とは何か。筆者は「社会教育」の動向を明らかにすることが、中国における近代を解明する一助になると考えている。

中国近現代史研究においてはこれまで、中国における近代のありようが盛んに論じられてきた。中国の近代とはどんな時代だったのか。何をもって中国の近代性とすることができるのか。こうした問いに対する答えとして従来から有力だったのが、中国の近代を、「西洋の衝撃」（帝国主義的侵略を含む）に対する反応または抵抗の結果として「近代化」が進んでいった時代、とするものであった。すなわち、国際的な競争を生き抜く必要から資本主義経済や国際法体制に特徴づけられる「西洋近代」の体系への参加を否応なく迫られた時代、それが中国の近代とされてきたのである。そしてそこに見られた近代性は「近代世界において支配的である科学や技術、あるいは経済（資本主義）や政治思想（特にナショナリズム）」など「西洋近代」によって外から導入されたものであり、中国の「伝統」文化の中から生まれたものではなかった、とされた[3]。

他方、こうした西洋中心的な中国近代像に対して批判的な研究も一九八〇年代以降登場してきた。その特徴は、明代に始まる長期的な社会、経済変動の延長線上に中国の近代を位置づけるところにあった[4]。つまり近世（＝「伝統」）と近代の断絶性（その契機はアヘン戦争に代表される「西洋の衝撃」）ではなく連続性を強調したのである。ゆえにこれらの研究においては近代中国社会に依然として多く残存していた「伝統中国」的要素（これらは従来否定的に捉えられるか無視されてきた）がクローズアップされ、その変容過程の解明が目指された[5]。

しかし「伝統」の連続性を強調する、かかる流れに対してもその後批判が加えられた。例えば飯島渉は近代中国における衛生の「制度化」について論じた著書の中で[6]「近年の研究は、『歴史の連続性』に注目するがゆえに、ややもすれば中国社会が直面した近代世界のもつ意味への理解が希薄になってはいないだろうか」と異議を呈している（五頁）。そして近代世界を「それ以前に比べればよほど均質性、同時性をもった時代」と定義した上で（五頁）、「近代という時代性が中国社会にいかなる影響を及ぼしたのか、あるいは及ぼさなかったのかを具体的に明らかにすることが依然として重要」と論じている（六頁）。

また、吉澤誠一郎も天津の近代について考察した著書の中で、[7]「『中国』の『伝統』の連続性を強調することで西洋中心主義を脱しようとする議論の方向性にも、問題がある」と述べ（五頁）、その理由を「既に十六世紀以来の『近世』東アジアは世界的な動向と密接な関係を持ち続けていたし、十九世紀後半にあっては、明らかに欧米の影響として解釈すべき事象が増えてゆく」としている（五頁）。そしてさらに進んで岸本美緒の提起する「近世」論[8]との対比の上で近代を「世界各地での類似性の拡大の傾向が多様化を凌駕してゆく時代」と想定し（六頁）、「近世」との違いを強調している。

飯島、吉澤両者の意図が西洋中心主義への回帰にないことは明らかだろう。むしろ各国、各地域の近代に現出した近代性は、「西洋近代」の単純な焼き直しではなく理念化された「西洋近代」に「類似」（吉澤）したものにすぎない（「類似」化の裏には当然それぞれの地域が持つ「伝統」や十九世紀以降の歴史的経験の影響がある）、ということを前提に、「それぞれの近代」またはそこに見られる近代性の具体像を明らかにしようと主張しているのである。[9]こうした方法によって抽出された様々な近代（「中国衛生にみる近代」、「中国外交にみる近代」[10]、「天津の近代」など）を集積したならば「中国の近代」像はより鮮明になると思われる。[11]

（二）　中国教育の近代

上のような観点に立ったならば、教育から中国の近代を読み取ろうという発想も当然出てこよう。教育、とりわけ「近代教育」は、「国民」養成の重責を担うものとして近代国民国家に不可欠なツールであった。従ってその近代性を明らかにすることは各国、各地域の近代性を解明する上で必須であると考える。

中国近代の教育というテーマはすでに分厚い研究蓄積を有する。なかでも教育制度や教育政策に関する研究はかなりの数にのぼる。具体的には、中央や地方の教育制度、政策に関する研究、家庭教育、幼児教育、小学教育、中学教育、高等教育、大学教育、「社会教育」、成人教育、職業教育、女子教育、師範教育、道徳教育など個別の教育実践に関する研究および西洋や日本との交流に関する研究などが挙げられよう。また教育家や教育思想に関する研究も多い。これまでに厳復、張之洞、康有為、梁啓超、蔡元培、黄炎培、陶行知、晏陽初、梁漱溟、徐特立などが取り上げられ、彼らの事跡、なかんずく中国の近代教育に果たした役割などが明らかにされてきた[12]。目下近代性を意識した研究はまだ少ないものの、こうした実証研究の積み重ねにより清末、民国期、人民共和国初期に展開された教育の実態は徐々に明らかになってきていると言える[13]。

だが、未開拓な部分もなお多い。それは単に研究者や史料[14]の不足によるものではなく、「教育史」に対する研究者の考え方によるものでもある。

高田幸男が日本における近代中国教育史研究の動向を回顧して言うように、そもそも中国近代教育史を含むアジア教育史という分野は、歴史学というより教育学の一分野としての性格が強かった[15]。「中国学・東洋史学専攻の人が、他の目的で教育問題を取り扱」うのとは違い、「教育史研究という意識をはっきりもって」研究が行われてきた[16]。そのため研究者の視線は教育学または中国革命にとって「先進的」な制度や政策、思想、人物などに多く向けられ、反面「伝統的」、「封建的」、「教化的」、「反革命的」なものなどにはほとんどいかなかった。これは中国大陸や台湾においてもさして違いはなかった。

もっとも、そうした状況がこの二〇数年の間で変わってきていることも確かである。顕著な変化として、一つに北洋新政史研究[17]や中華民国史研究[18]の隆盛がある。この流れにより従来「封建的」とされてきた清末から中華民国国民政府期の教育事業は政府、民間を問わず相当明らかになってきた。[19] 二つに「ヨーロッパ中心史観とでもいうべき近代の歴史観」から脱却し、「従来の教育近代化論の見直し」を迫ろうという流れ、具体的には中国の文脈から中国近代の教育を見ようという動きが挙げられる。[20] ここから例えば近代中国における私塾や初等教育など西洋近代からすれば「遅れたもの」に対する検討が進んだ。[21] 三つに社会史の方法論に則った研究の増加が見られる。つまり教育が近代中国において果たした多様な意味を解明することによって当時の地域社会像を明らかにしようという試みであり、教育と地域社会との関係、特に教育界と地方政治との関係に注目した論考が次々と発表されている。[22]

とはいうものの、検討または再検討すべき対象はなお膨大に存在している。たとえ当時において重要な事象であっても上述のような背景からこれまであまり研究されてこなかったものは非常に多く、本書で検討する「学校外の教育」=「社会教育」もその一つである。中国近代の教育の実態およびその近代性を解明するためには今後も幅広い視野――例えば当時「教育」の名で呼ばれていたものを過去の評価にかかわらずみな教育史の対象とみなすような――からの研究が必要となろう。その姿勢がひいては中国近代のさらなる理解に繋がると考える。

（二）「社会教育」研究の必要性

「はじめに」で述べたように、「社会教育」とは「学校外の教育」の中国的形態をいう。二十世紀初頭に主に日本の社会教育を学ぶかたちで中国に導入され、その後の数十年の間にめざましい発展を遂げた。成立の経緯からして「社会教育」は日本の社会教育との間に多くの共通点を有する。その最たるものが名称であることは明らかだが、「社会教育」の教育対象が日本の社会教育同様「社会全体」であったことも注目に値する。「学校外の教育」の対象を社会全体としている国は世界的に見てもそれほどなく、韓国や台湾など東アジアの数ヶ国に限られる。ある意味で近代東アジアにおける日本の影響力を想起せざるを得ない。

社会を教育対象とする以上その活動範囲は極めて広範にわたり、いわば社会のあらゆるヒト・モノに対する働きかけが必要となる。とはいえ、それはあくまでも理想であり、実際の活動は正規の学校教育以外の場での教育に限られていた。具体的には図書館、新聞閲覧所、博物館、美術館、貧民学校の運営や通俗講演、教育演劇、およびそれらを含む社会改良運動の挙行などが主な事業であり、そのほかに「不良」映画や演劇、小説に対する検閲なども社会の浄化を名目に行われた。つまり、正規の学校教育を卒業した大人や学校に通えない（または通わない）児童、そして彼らが暮らす社会が「社会教育」の対象であった。

このような「社会教育」を、筆者はなぜ数ある教育事象の中から特に検討対象として選んだのか。それには次のような理由がある。

第一に、近代中国の教育において「社会教育」が果たした役割が非常に大きかったことが挙げられる。というのも、他の列強国家と違い、中国では一九三〇、四〇年代になるまで学校教育がそれほど普及しなかった。一九三〇年代でも学齢児童の就学率は三〇％程度であったとされている[23]。そうした学校教育の不備を埋めるべく期待されたのが「社会教育」だったのであり、それゆえ「社会教育」は近代において拡大をみたのである。

第二に、「社会教育」が、民衆を「教育」する手段としてだけでなく、民衆を「教化」する手段としても機能していたことが挙げられる。「社会教育」の目標は「社会を教育する」ことであったが、それは社会に住む人々の知的向上を援助する（＝「教育」）ことだけで終わらない。その時々の政権下で社会が安定するよう、儒教道徳や党のイデオロギーを教え込む（＝「教化」）必要もあった。つまり「社会教育」は社会を統合する上でもその力を発揮すべく期待されていたのである。従って、近代中国において「社会教育」は、政府の宣伝道具としても大いに活用された（本書で社会教育を括弧付きで表現するのは、こうした理由にもよる)。

第三に、一九二〇年代後半以降に中国で公教育が急速に普及していくなかで、「社会教育」もその重要な一翼を担うようになったことが挙げられる。南京国民政府期以降になると、中国でも義務教育化を目指す積極的な動きが多く見られるようになった。そうしたなかで学費の安い公立小学校の割合が高まるとともに、学齢児童の就学率も上がった。一方、それによって「社会教育」の役割が減じたわけではなく、そうしたいわば「公教育の網」から外れた人々を対象とする「社会教育」は、むしろこの時期以降規模が大きくなり、公立化も進んでいった。こうした情況は、これまで教育を受けられなかった人々に対する教育の機会を増やす一方で、教育を通した宣伝を民衆が受ける機会をも増やすことになった。要するに、この時期以降「社会教育」は「公教育の網」を補完し、さらに増強させるという重要な役割を担うようになったのである。それが国家―社会関係を変化させる上で大きな意味を持ったことは言うまでもない。

以上のような理由から筆者は「社会教育」を検討対象に選んだ。要するに「社会教育」は中国近代の教育の動向を知る上で、そして中国近代における宣伝を通した社会統合のあり方を理解する上で、さらには教育をめぐる国家―社会関係の変化を見る上で実に有効な考察対象なのである。近年、中国大陸において近代中国の「社会教育」に関する研究が増えつつあるが、教育に関連する歴史研究全体から見れば、まだ多いとは言えない。また、先行研究も教育学的な問題関心の下で行われたものが多く、検討の余地が少なくない。従って本書の成果により近代中国「社会教育」史研究の水準がさらに高まるとともに、中国近代の教育や社会に対する我々の理解も一層深まるものと考える。

二　近代中国「社会教育」史の現状と課題

ここではまず、近代中国「社会教育」史に関してこれまでどのような研究があるのか、清末から人民共和国初期までの「社会教育」史の流れを追いながら簡単に整理する。その上でそうした現状に対する本書の独自性について述べたい。

（一）　近代中国「社会教育」史研究の現状

近代中国「社会教育」史に関しては、これまでに李建興『中国社会教育発展史』（台北、三民書局、一九八六年）と王雷『中国近代社会教育史』（北京、人民教育出版社、二〇〇三年）という二冊の概説書がある。ともに台湾および中国大陸での研究動向をよく反映した良書であるが、教育学部の学生や研究者を主な読者に想定しているため、その記述にはやや偏りがある。つまり、教育学的視点からなされた研究成果に対しては目配りがされているものの、歴史学的視点からなされた研究成果に対してはあまり注目していないというきらいがある。(24) 一方、二十一世紀に入って以降、中国大陸の学者を中心に、檔案（公文書）など一次史料を利用した詳細な「社会教育」史研究が出てきている。従って以下では上記二冊の概説書の記述に拠りつつ、適宜歴史学的視点による近年の成果も参照しながら、研究整理をしていきたい。

なお長期的変容についての理解を助けるため、ここでは近代中国「社会教育」史をそれぞれの時代的特徴により次の五つに時期区分する。①清代後期以前、②清末新政期、③中華民国北京政府期、④南京国民政府期、⑤日中戦争期、

⑥国共内戦期、⑦中華人民共和国初期。

①　清代後期以前（〜一九〇〇年）

伝統中国における教育には、主に科挙の受験者に対してのみ施された教育事業と、国家や社会の規範に従順な人間を育てることを主な目的として、広く民衆全体に対して行われた教育、との二つがある。前者が県学や書院でのいわゆる「学校」教育であるのに対し、後者は「学校」および義学（義塾、族塾）や郷約などでの道徳教育（教化）であって、具体的には宣講や演劇など手段を通して綱常名教を民衆へ浸透させていくものであった[25]。ただ、後者においては道徳教育だけでなく、科挙を受けない民衆に対する識字、職業技能、生活知識教育も行っており、そうした活動が民衆知識の向上に一定の役割を果たしたとされている[26]。

②　清末新政期（一九〇一年〜一九一一年）

日清戦争敗北の事実は中国の開明的知識人に民衆の教育レベルの向上が国家の富強に結びつくことを強く印象づけた。彼らは教育立国を実現するため、科挙を中心とする旧来から続いてきた教育体系に代わる「新しい」体系を西洋や日本から輸入する必要があると主張するようになり、その結果中国に学校教育をはじめとする「新しい」教育形態が次々と登場するに至った。「社会教育」もその一つであった[27]。

中国の刊行物において「社会教育」という用語が登場するのは光緒二十八（一九〇二）年頃のこととされる。その後宣講所（演説館）、閲報所（新聞閲覧所）、簡易学堂、図書館などといった「社会教育」施設が各都市に設置され、活発な教育活動が展開されるようになった。ただ、こうした教育活動を主導したのは各地の教育家や地方名望家たちであり清朝政府ではなかった。政府の関与は、北京など一部を除き、せいぜい法律、警察による教育活動の規制、監督に止まっていた[28]。

「社会教育」では講演、白話新聞、演劇など様々な手段によって、民衆に対し、迷信打破や国民意識の創成をめざす内容が語られた[29]。とはいえ、『聖諭広訓』など綱常名教による教化も依然として行なわれており、その意味で、清末「社会教育」は伝統的な教化活動の延長線の上に捉えることができる[30]。にもかかわらず、「社会教育」を利用して民衆に革命の必要性を説く者も多かった[31]。こうした事実からは、清末「社会教育」のある種雑然とした状況が見て取れる。

③　中華民国北京政府期（一九一二年～一九二八年）

中華民国北京政府は清朝に比べれば「社会教育」に積極的であった。この時期、政府は教育部に社会教育司という科を設け、全国の「社会教育」を統括させた。また、「社会教育」に関する各種法律を制定するとともに、国内に出回る講演原稿、小説、戯曲を検閲するため、教育部内に通俗教育研究会という会を設立した[32]。地方に対しては「社会教育」に取り組むよう各教育官庁に指示する一方で、そうした教育活動を補助するよう地方名望家たちにも要請した。その結果、通俗教育会または通俗教育館という団体が各地の地方名望家の主導の下で次々と誕生することになった。ただし、度重なる戦乱と教育費の欠乏により、そうした活動には限界があったとされる。

官主体の教育活動が振るわない中、民間主体の「社会教育」が一九二〇年代以降活発になった。なかでも有名なのが晏陽初などが中心となって取り組んだ平民教育運動である。その活動は当初都市において目立ったが、のちに活動基盤を農村に移すことで郷村建設の性格を帯びるようになった。彼らの動き――特に河北省定県、山東省鄒平、江蘇省北夏の各実験区での動き――は国内外の教育家、政治家の興味を引き、黄炎培による職業教育運動と同様その後南京国民政府期の「社会教育」に大きな影響を与えた[33]。

そのほか中国共産党も労働者や農民に対し識字教育などを行っている。

④　南京国民政府期（一九二八年～一九三七年）

南京国民政府は成立当初から「社会教育」（当時は「民衆教育」とも呼ばれた）を重視していた。なぜなら、民衆の知識を向上させる手段としてだけでなく、国民党のイデオロギーを宣伝する手段としても「社会教育」は有用だったからである[34]。ゆえにこの時期「社会教育」の規模はかつてないほどに拡大し、「社会教育」に対する政府の関与も強くなった。政府は「社会教育」専門家の養成にも積極的で、一九二八年に中国初の「社会教育」家養成のための高等教育機関――江蘇大学民衆教育学校（のちの江蘇省立教育学院）を誕生させている[35]。また、この時期に民衆教育館（「社会教育」の中心機関――後述[36]）・電化教育（ラジオ、映画による教育[37]）といった新しい教育手段が登場したのも注目される。

民間主体の「社会教育」活動も盛んで、全国各地で一〇〇〇を越える実験区がそれぞれ独自の郷村教育を行っていた。ただこうした実験区の多くは経済的に困窮していたためその活動は限定的であった。地方政府から経済的援助を受けるかわりに国民政府と協調の姿勢をとった山東省鄒平県の実験区（山東郷村建設学院）のような例もあった。

一方、共産党革命根拠地においても「社会教育」は行われていた。簡易学校や「社会教育」施設における識字教育が主な活動であったが、民衆を劇団に参加させたり、識字教育の効果を高めるために村協会との連携を強化したりするなど注目すべき点も多い[38]。

⑤　**日中戦争期**（一九三七年～一九四五年）

日中戦争の勃発により国民政府の勢力範囲は西南、西北地方（大後方）に後退した。ただ、それは「社会教育」の衰退を意味するものではなく、民衆の抗戦意識を高める手段として「社会教育」は国民政府によりむしろ積極的に取り組まれるようになり、電化教育の強化、巡廻教育団の組織、音楽や演劇を使った教育活動の本格化などといった新たな動きが見られた。なかでも注目すべきは各公立学校が「社会教育」に取り組むようになったことで、これにより「社会教育」はそのカバーする範囲を大幅に拡大させた。それだけでなく、「社会教育」は一九三九年以降保甲制とも連携するようになった（こうした活動は当時「国民教育」と呼ばれた）[39]。

共産党抗日根拠地においては、各行政村単位で識字教育が組織的に進められたほか、半日学校や夜学校、または農閑期を利用した「冬学」（冬季学校）などでも教育が行なわれた。そうした場では、民衆の動員を目的とした政治教育も行なわれている[40]。

日本占領下の地域（淪陥区）でも「社会教育」は行なわれた。活動形態は基本的に南京国民政府期の「社会教育」を引き継いだもので、なかでも力が入れられたのが民衆教育館（当時は「新民教育館」と呼ばれた）と青年訓練所での活動であった。ただし、そうした活動を通して日本語の教育や中国人に対する宣撫も行われたことは言うまでもない[41]。

⑥　**国共内戦期**（一九四五年～一九四九年）

日中戦争が終わると、東北地方を除く日本占領地域の多くは国民政府によって統治されることになる。国民政府は、「国民教育」など、大後方で実施していた教育方針を他地域でも援用していった。従って「社会教育」も、民衆教育館が中心となって、保甲制との連携の下で行われるようになる。識字教育など様々な活動が展開されたが、内戦による混乱や資金不足などの影響もあり、教育の成果は十分に上がらなかったとされている。[42]

⑦　**中華人民共和国初期**（一九四九年～一九五〇年代初頭）

この時期の「社会教育」については依然研究が少なく、不明なことも多いが、注目すべき変化として、（1）民衆教育館が文化館に改組され、そこを拠点に各種「社会教育」活動が推進されたこと、[43]（2）一九五二年、五六年、五七年に大規模な識字教育運動が展開されたこと、[44]などを挙げることができる。ただし文化館（およびその下部組織である文化站）は、その後教育機関から文化機関へと大きくその性格を変えるようになる。

（二）「社会教育」史研究の課題と本書の位置

以上に見たように、近代中国における「社会教育」は主に（1）その時々の政府が行政として行ったもの、（2）民間団体が行政から独立した立場において行ったもの（平民教育運動や郷村教育運動など）、（3）中国共産党が革命根拠地などにおいて行ったもの、の三つに分けられる。近代中国における「社会教育」の全貌を明らかにするためには、これら三方面の状況に対し一律に理解を深めていく必要がある。しかし現状においてはそれぞれの研究進度の間には不均等が存在している。すなわち（2）や（3）に関する研究の量に比べ（1）に関する研究は依然として少ない。

その理由としてまず考えられるのが、（1）の「社会教育」が持つ「教化」、さらには「宣伝」的側面である。教育者が被教育者に対し一定の価値（教義、道徳、イデオロギーなど）を一方的に教え込む「教化」という手段は〝非教育〟として教育学において長らく否定的に捉えられてきた。中国「社会教育」史研究はこれまで主に教育学教育史の分野で行われてきたため、自然「教化」的側面の強い政府による「社会教育」は敬遠され、反面民間団体による教育活動に対する検討が進んだのだと考えられる。

二つ目の理由として、清朝や中華民国の教育事業に批判的な視点が存在していたことが挙げられる。これには当然そうした政府の存在を認めない、中国共産党によるいわゆる「革命史観」が関連している。前節で述べたように、近年こうした状況は大きく変化し、清朝や中華民国政府、さらには日本の傀儡政権の施策に対しても研究が進められるようになったが、これら政府による「社会教育」事業についての研究は依然少ないままとなっている。

以上のようなことを背景にして、これまでの研究では、「社会教育」を時代区分する際、中央政府の改変などに合わせてそれを区分したり（例えば李建興『中国社会教育発展史』は「清末新式社会教育の発展」、「民国初年の社会教育」、「国民政府成立後の社会教育」、「抗戦時期の社会教育」のように区分）[45]、教育の性格の違いによって区分したり（例えば阿部宗光「社会教育」は「通俗教育時期」、「平民教育運動時期」、「郷村教育運動時期・民衆教育時期」のように区分）[46]することが多かった。ただ、前者のように段代史的に区切ってしまった場合、政権が交代してもなお引き継がれた「社会教育」の特徴などが見えづらくなってしまう。一方、後者の場合でも、上で述べたように、同一の政府による「社会教育」の通時的なあり方を見ることが難しくなるだろう。

このようなことから、政府主導の「社会教育」については研究の薄い状況が続いている。活動規模では民間団体や共産党による「社会教育」と比較にならないほど大きいのに、研究の進捗においては後塵に拝している。こうした状況は改善される必要があろう。

そうしたなかで注目すべきなのが、二〇一〇年代以降に中国大陸の学者によって取り組まれたいくつかの研究である。それらは大きく（1）「社会教育」と宣伝（または公民訓練）、民衆動員との関係について検討したものと、（2）ある地域における「社会教育」の展開を長期的に考察したものの二つに分けられる。

そのうち（1）に当たるものとしては、朱煜『民衆教育館與基層社会現代改造（一九二八～一九三七）――以江蘇為中心――』と張孝芳『革命與動員――建構〝共意〟的視角――』がある。朱煜の研究は、南京国民政府期の江蘇省における民衆教育館の動向を一次資料をも含む膨大な史料をもとに明らかにしたものである。なかでも、一九三五年を境に民衆教育館が保甲制を利用して識字教育を強制的に実施するようになったこと、そしてやはり一九三五年以降同館の主な職務が公民訓練（国民政府にとって理想的な国民を養成するための知識を宣伝）に変化したことなどを指摘したことが注目に値する。

また、張孝芳の研究は、日中戦争期の共産党抗日根拠地（主に陝甘寧辺区）における民衆動員と「社会教育」との関係について考察したものである。自分たちを支持するようなヘゲモニーを、共産党が「社会教育」を使っていかに民衆のなかに構築しようとしたかについて詳しく論じている。

これら二つの研究に共通するのは、良い意味でも悪い意味でも、政府のプロパガンダ工作および民衆動員の道具として「社会教育」を捉えている点である。近代中国における「社会教育」のそうした側面を深く検討した研究はこれまでなかったため、研究史上の新たな展開であると言える。ただ、残念なことに、以上の研究は考察対象とするタイムスパンが短く（朱煜のものは一九二八～三七年、張孝芳のものは一九三七～四五年）、明らかにされた様々な動きがその前後の「社会教育」とどのような関係にあるのかが分かりづらい。例えば国民政府期の「社会教育」と人民共和国期初期の「社会教育」との関係などは、重要な論点になりうると考える。ゆえに、それらを長期的な視野から位置づけ直す必要があろう。

一方、（2）に当たるものとしては、一八九五年から一九四九年までの北京における「社会教育」の発展を時代別にまとめた劉暁雲『近代北京社会教育発展研究（一八九五～一九四九）』がある。ある地域の「社会教育」の動向を長期的に跡づけたものは、地方志などでの概説的記述を除けばこれまでなく、劉の研究はその点で画期的と言える。北京の事例を相対化するために、今後他の地域の長期的な情況についても明らかにされる必要があろう。ただ、劉の研究は、（1）で挙げた研究が注目するような点についての考察が十分でない。それゆえ「社会教育」の果たした政治的、社会的役割をしっかり捉えるためには、北京の事例についてもいっそう踏み込んだ検討が必要であると考える。

以上のように、近代中国における政府主導の「社会教育」については、その宣伝、民衆動員との関係、およびある地域におけるその長期的展開について、近年研究が進んできている。ただ、それを踏まえた上で今後の課題として浮上するのは、その両者を包含した研究、すなわち「社会教育」と宣伝、民衆動員との関係を、ある地域の事例をもとに、長期的な視点から検討した研究であろう。こうしたアプローチの有効性は、各時代における「社会教育」の変容を断代的にではなく、通時的に見ることができる点にある。周知のように、本書が扱う二十世紀の前半期は、政権がめまぐるしく変わった時代であった。政府による「社会教育」の主導者も、当然のことながら時代とともに交代を繰り返し、「社会教育」の性格や教育内容も時代ごとに変容した。反面、政権が変わっても引き継がれた要素があったことも確かであり、それに対する検討は必ずしも十分であったとは言えない。例えば、日本の占領を経験した地域において、日中戦争期における「社会教育」が、その宣伝、民衆動員の要素を含めその後の「社会教育」にどのような影響を及ぼしたかを検討することは重要であると考える。また、上述したように中華民国期までの「社会教育」が人民共和国期以降のそれとどのような関係にあったかを問うこともやはり必要であろう(47)。

そこで本書は、政府による「社会教育」が地方においてどのような状況であったのか、その具体的かつ長期的な状況を、天津という開港都市での例をもとに、現地で発掘した新史料などによりながら考察する。その際、従来の研究があまり取り上げてこなかった「社会教育」の「教化的」、「宣伝的」側面や「伝統的」側面にも目を向けていく。時代を超えて引き継がれた諸要素に注目しながら、近代天津において「社会教育」とよばれていた教育事業、そのありのままの姿をできるかぎり忠実に復元するよう努めたい。また、それによって従来のものとは異なる、変動する政治との関わりを重視した「社会教育」の時代区分を提示したい。本書により、政府主導の「社会教育」が民衆の前にどのような形をもって登場し、変容し、後代に受け継がれたのか、そして民衆がそれとどのように関わったのか、その一端を明らかにすることができよう。それを通して、「教育」と「教化」、さらには「宣伝」との狭間で揺れる天津の「社会教育」の姿について明らかにできればと考えている。

なお、数ある地域の中から天津[48]という都市を特に検討対象に選んだのには次のような理由がある。（1）清末から日中戦争期までの長い期間一貫して「社会教育」の先進地であり続けたこと。特に清末の教育改革や一九五〇年代初頭の識字運動ではモデル地区に認定されていたこと。（2）そうした活動の推移を詳しく検証できるだけの史料の存在が確認されていること。[49]（3）天津は中国で最初に組織的な教育改革が行われた都市の一つとして名高いが、[50]そのわりにほとんどの研究が清末期までの考察に止まっていること。（4）民国期以降の教育の動向を追うことで、清末における教育改革の意味を再検討できること。（5）商業都市である天津を取り上げることで、政治・文教都市である北京を対象とした劉暁雲の研究と対比できると考えたこと。

本書で使用する主な史料についても簡単に紹介しておきたい。本書で参照した史料の大部分は天津で収集したものである。そのうち一次史料である檔案については基本的に天津市檔案館において閲覧した。同館が所蔵する檔案は膨大な量にのぼるが、それらのうち「社会教育」と関係が特に深いもの（中華民国期に関しては「天津市各社教区民衆教育館檔案」、中華人民共和国期に関しては「天津市識字教育委員会檔案」と「天津市文化局檔案」）を重点的に検討し、その成果を本書に反映させた。例外は「天津市紅橋区煤建公司従業員関係檔案」で、これは天津市内の古物市場にて著者が買い求めたものである（詳しい経緯については「補論」を参照のこと）。

書籍や雑誌、新聞に関しては、主に天津図書館（古籍文献総合閲覧室、地方文献総合閲覧室）と天津社会科学院図書館に所蔵されているものを利用した。なかでも天津市教育局などが刊行した教育関連の報告書や、『大公報』、『益世報』（ともに天津版）、『天津社会教育星期報』、『広智星期報』、『天津特別市教育局教育公報』、『民教』、『天津教育』などには、「社会教育」関連の記事が多く掲載されていたため、重宝した。

その他、天津以外で収集した史料も多いが、それらについては適宜引用文献一覧でご確認されたい。

三　本書の構成

以上のような視角から、本書は近代天津における「社会教育」の長期的な変容を検討する。本書は全部で三部構成になっている。

第Ⅰ部「「社会教育」の導入と組織化――清朝末期～中華民国北京政府期――」では、清朝末期に「社会教育」が中国に導入されてから中華民国北京政府期にかけて徐々に組織化されていく様子を跡づける。この時期の「社会教育」の特徴として、政府よりも民間の影響力のほうが大きかったことが指摘できる。第一章「「社会教育」の導入――清末民初天津の教育事情――」では、研究のフィールドである天津の歴史的背景や教学の状況について紹介し、その上で天津に「社会教育」が導入された過程および導入後の展開について先行研究などに拠りながら述べる。あわせて「社会教育」が「教化的」および「伝統的」な内容の教育を実施していたことについても指摘する。第二章「「社会教育」の組織化①――中華民国北京政府期における天津社会教育辦事処の活動――」では、それまで比較的雑然としていた天津の「社会教育」が天津社会教育辦事処という団体の下に組織化された事実を追った上で、その後の具体的な動向についても検討する。また、彼らの活動と五四、新文化運動との関係についてもあわせて論じる。第三章「「社会教育」の組織化②——天津警察庁と天津県教育局の取り組み——」では、天津警察庁によって取り組まれた「社会教育」、および五四運動後に天津県教育局によって主導された平民教育運動の動向について考察する。また、両者の間に存在した競合、対立関係、および彼らと天津の名望家層との関係についても明らかにすることを通して、天津における平民教育運動の位置づけを相対化する。

第Ⅱ部「「社会教育」の拡大化と緻密化——南京国民政府期～国共内戦期——」では、南京国民政府期以降、政府の影響力増大とともに激変する「社会教育」のあり方を、義務教育との関連性をも視野に入れながら検討する。第四章「一九二〇年代後半～四〇年代天津における義務教育の進展とその背景」では、「社会教育」の対象（失学児童、失学民衆）の動向について探るため、南京国民政府期から日中戦争期の天津における初等教育の普及状況を、各種統計資料などを利用しながら検討する。第五章「「社会教育」の拡大化——南京国民政府の成立と天津「社会教育」の変容——」では、南京国民政府による「社会教育」の再編が天津にどう及んだのかを、天津市教育局と私立天津広智館の動きから分析する。第六章「「社会教育」の緻密化——民衆教育館による「社会教育」の変容——」では、南京国民政府期から日中戦争期にかけて起こった「社会教育」の新たな変化を、「社会教育」行政の末端において教育活動を企画・運営した民衆教育館（日中戦争期は新民教育館）という機関の動きに焦点をあわせ論じる。

第Ⅲ部「「社会教育」の大衆化——中華人民共和国初期——」では、大衆路線（＝「群衆路線」）の影響が強くなるなかにおける天津の「社会教育」のあり方を、その限界も含めて考察するとともに、中華民国期との連続性についても指摘する。第七章「「社会教育」の大衆化——「社会教育」と大衆運動——」では、人民共和国初期の「社会教育」

のあり方を、民衆教育館の後継機関である文化館の動きから検討する。また、文化館による「社会教育」が、当時盛んに展開されていた様々な大衆運動、およびそれにともなう政府による大衆動員との間にどのような関係があったのかについても論じていく。

補論「文化大革命期に作成された個人資料の教育史研究への応用――「天津市紅橋区煤建公司従業員関係檔案」について――」では、文革期に作成された個々人の履歴書から得られる各人の学歴に関するデータから、天津在住民衆の学歴の世代間格差について明らかにする。そこから、近代天津における初等教育の普及度の変遷について論じる。

終章「近代天津の「社会教育」――教育と宣伝のあいだ――」では、それまでの章の内容について纏めるとともに、近代天津の「社会教育」の独自性、それが近現代の天津社会に及ぼした影響、などについて確認する。そこから、長い間の政治的動乱により、教育だけでなく教化および宣伝などの要素が強く残存することになった近代天津の「社会教育」像について明らかにできればと考えている。また、その「社会教育」が、二十世紀前半の中国の社会統合に果たした意味についても論じたい。

註

（1）　ただしそのすべてが学校の外で行われたわけではない。学校施設を利用した労働者教育、または大学機関が地域社会に出向いて教育を行ういわゆる大学拡張などは明らかに学校内の教育といえる。とはいえ、こうした正規の学校制度の外であらゆる年齢層の人々に対して組織された学校内教育を教育学では普通学校教育に含めない（わが国においてもこうした事業は社会教育ないし生涯教育の範疇に入る）。従って本書における「学校外の教育」とは厳密には「正規の学校制度の外であらゆる年齢層の人々に対して組織された教育で、活動の場を問わない」と定義できよう。なお、「学校外の教育」の名称は目下のところ一定していない。popular education（民衆教育）、adult education（成人教育）、mass education（大衆教育）、social education（社会教育）、continuing education（継続教育）、community education（コミュニティ教育）などのように、その名称は国や地域によって大きく異なる。確かに成人教育や lifelong education（生涯教育）、または non-formal education という括りの中でそれらを捉え、国際比較をしようとする動きもあるが、それでも各教育事業の内容は各国、各地域で相当な違いがある。そうした違いについてはさしあたり以下を参照のこと。世界教育史研究会編『社会教育史』Ⅰ・Ⅱ（世界教育史体系三六・三七）、講談社、一九七四年～一九七五年。日本社会教育学会年報編集委員会編『社会教育の国際的動向』（日本の社会教育三一集）、東洋館出版社、一九八七年。小林文人等編著『世界の社会教育施設と公民館――草の根（グラスルーツ）の参加と学び』エイデル研究所、二〇〇一年。

（2）「社会教育」、「通俗教育」、「平民教育」、「民衆教育」各用語間の違いについては、本論のなかで適宜言及する。ただ、そこでは各教育間に横たわる理念的な違いについて深く追究しない。なぜなら、理念そのものよりもむしろ理念との差異を含みながら展開された各教育の実態を、本書はより重視しているからである。なお、以上の各教育間の理念的な差異については、以下の文献などで詳述されている。王雷『中国近代社会教育史』北京、人民教育出版社、二〇〇三年、第四章。楊才林『民国社会教育研究』北京、社会科学文献出版社、二〇一一年、二一～三〇頁。朱煜『民衆教育館與基層社会現代改造（一九二八～一九三七）――以江蘇為中心――』北京、社会科学文献出版社、二〇一二年、四～一三頁。

（3）小島晋治等編『近代中国研究案内』岩波書店、一九九三年、七一頁。

（4）こうした捉え方の重要性を強調したものとして特に以下を挙げる。溝口雄三『方法としての中国』東京大学出版会、一九八九年。同『中国の衝撃』東京大学出版会、二〇〇四年。

（5）中国の近代に関する一九九〇年代までの議論を纏めたものに以下がある。小島等前掲書。久保田文次「中国の近代化をめぐって」辛亥革命研究会編『中国近代史研究入門――現状と課題――』汲古書院、一九九二年、所収。特にアメリカでの議論に関しては Paul A. Cohen, *Discovering History in China*, New York: Columbia University Press, 1984（佐藤慎一訳『知の帝国主義――オリエンタリズムと中国像――』平凡社、一九八八年）が参考になる。

（6）飯島渉『ペストと近代中国――衛生の「制度化」と社会変容――』研文出版、二〇〇〇年。

(7)　吉澤誠一郎『天津の近代――清末都市における政治文化と社会統合――』名古屋大学出版会、二〇〇二年。

(8)　岸本美緒『東アジアの「近世」』山川出版社、一九九八年。同「時代区分論」『岩波講座世界歴史』一、世界史へのアプローチ、岩波書店、一九九八年、所収。同「現代歴史学と『伝統社会』形成論」『歴史学研究』七四二号、二〇〇〇年。

(9)　岩間一弘も、近代ないし近代性について類似した観点を以下のように示している。「近代化とは、類似性が増していく過程ではあったが、それは差異が消失していくのではなく、差異がわかりづらくなっていく過程であった。そして、地域・集団・個人による差異が、当然のように存在するのではなく、むしろ様々な理由から意識的に創り出されることの増えた時代が、近代であったといえよう。だから、日常生活の場面において実体験された近代性とはしばしば、グローバル化とともにローカル化が進んだグローカルな状態であったといえる。」（岩間一弘『上海近代のホワイトカラー――揺れる新中間層の形成――』研文出版、二〇一一年、三五七～三五八頁）。

(10)　川島真『中国近代外交の形成』名古屋大学出版会、二〇〇四年。

(11)　石川禎浩「通史と歴史像」飯島渉等編『二一世紀の中国近現代史研究を求めて』研文出版、二〇〇六年、所収、九八頁。

(12)　日本における研究動向については高田幸男「教育史」野澤豊編『日本の中華民国史研究』汲古書院、一九九五年、所収、にまとめられている。また『日本の教育史学』が毎号掲載する「東洋教育史の研究動向」も参考になる。中国大陸および台湾の動向については以下などに詳しい。杜成憲等『中国教育史学九十年』上海、華東師範大学出版社、一九九八年。高明士「東亜教育史研究的新動向」高明士編『東亜教育史研究的回顧與展望』台北、国立台湾大学出版中心、二〇〇五年、所収。周愚文「近二十年大陸教育史研究的量化分析（一九七八―二〇〇三）」前掲『東亜教育史研究的回顧與展望』、所収。英語圏での動向については李弘祺「導論：英文有関中国教育史研究概述」李弘祺編『中国教育史英文著作評介』台北、台湾大学出版中心、二〇〇五年、所収、がある。

(13)　一九八〇年代以降に出版された主な中国近代教育史の概説書には以下がある。華東師範大学教育系教科所編『中国現代教育史』上海、華東師範大学出版社、一九八三年。王炳照『中国近代教育史』台北、五南図書出版公司、一九九四年。李華興主編『民国教育史』上海、上海教育出版社、一九九七年。陳学恂主編、田正平分巻主編『中国教育史研究』近代分巻、上海、

華東師範大学出版社、二〇〇九年。陳学恂主編、高奇分巻主編『中国教育史研究』現代分巻、上海、華東師範大学出版社、二〇〇九年。日本において一九八〇年以降に出版されたものはないが、それ以前に出たものに以下がある。多賀秋五郎『中国教育史』岩崎書店、一九五五年。斎藤秋男・新島淳良『中国現代教育史』国土社、一九六二年。斎藤秋男『中国現代教育史――中国革命の教育構造――』田畑書店、一九七三年。世界教育史研究会編『中国教育史』世界教育史体系四、講談社、一九七五年。近三〇年来、研究業績数は国内外で飛躍的に増加し、中国の近代教育に対する見方も大きく変化した。そうした状況を鑑みれば、日本でもそろそろ新しい概説書が刊行されてよいのではなかろうか。

(14) 中国近代の教育に関してはこれまでかなりの数の史料集が刊行されている。特に二〇〇〇年代に入ってからその勢いはすさまじい。それらのうち、主要なもののみ以下に挙げる。舒新城編『中国近代教育史資料』上・中・下、北京、人民教育出版社、一九六一年。多賀秋五郎『近代中国教育史資料』清末編、民国編上中下、人民中国編、日本学術振興会、一九七二年～七六年。朱有瓛主編『中国近代学制史料』全四輯、上海、華東師範大学出版社、一九八三年～一九九二年。陳学恂主編『中国近代教育史教学参考資料』上・中・下、北京、人民教育出版社、一九八六年～一九八七年。陳元暉主編『中国近代教育史資料匯編』全一〇冊、上海、上海教育出版社、一九九〇年～一九九七年。陳学恂主編『中国近代教育論著叢書』全二四巻、北京、人民教育出版社、一九九一年～一九九七年。近代アジア教育史研究会編『近代日本のアジア教育認識――明治後期教育雑誌所収中国・韓国・台湾関係記事――』目録編・資料篇、龍渓書舎、一九九五～二〇〇四年。佐藤尚子等編『中国近現代教育文献資料集』全一三巻、日本図書センター、二〇〇五年～二〇〇六年。文啓責任編輯『中国近代教育史料彙編』晩清巻全五冊、民国巻全一六冊、北京、全国図書館文献縮微複製中心、二〇〇六年。王燕来選編『民国教育統計資料彙編』全三〇冊、北京、国家図書館出版社、二〇一〇年。王燕来・谷韶軍輯『民国教育統計資料続編』全二五冊、北京、国家図書館出版社、二〇一二年。

(15) 高田前掲「教育史」二〇五頁。

(16) 多賀秋五郎「日本における東洋教育史研究の歴史」『日本の教育史学』二集、一九五九年、二八四頁。高田前掲「教育史」二〇五頁。

(17) 渡辺惇「北洋政権研究の現況」辛亥革命研究会編『中国近代史研究入門――現状と課題――』汲古書院、一九九二年、所収。

(18) 前掲『日本の中華民国史研究』。

(19) まとまったものとして前掲『民国教育史』を挙げる。その後の動向として注目されるのが、長らく「復古的」とされてきた袁世凱政権の教育事業について検討した以下の研究である。今井航『中国近代における六・三・三制の導入過程』九州大学出版会、二〇一〇年。

(20) 牧野篤「東洋教育史の研究動向」『日本の教育史学』三六集、一九九三年、二二九～二三〇頁。

(21) 新保敦子「中華民国時期における近代学制の地方浸透と私塾――江蘇省をめぐって――」狭間直樹編『中国国民革命の研究』京都大学人文科学研究所、一九九二年、所収。小林善文『中国近代教育の普及と改革に関する研究』汲古書院、二〇〇二年。

(22) こうした研究の動向については高田前掲「教育史」二二二～二二三頁に詳しい。その後発表されたものには代表的なものとして例えば以下のものがある。佐藤仁史『近代中国の郷土意識――清末民初江南の在地指導層と地域社会――』研文出版、二〇一三年。宮原佳昭「清末湖南省長沙における民立学堂設立と新教育界の形成について――胡元倓と明徳学堂を中心に――」『東洋史研究』六二巻二号、二〇〇三年。大澤肇「中華人民共和国建国初期、上海市及び近郊農村における公教育の再建」『近きに在りて――近現代中国をめぐる討論のひろば――』五〇号、二〇〇六年。小川唯「江浙戦争後の地方自治と浙江省教育会の紛糾、一九二四―一九二六」『近きに在りて――近現代中国をめぐる討論のひろば――』五二号、二〇〇七年。高田幸男「近代中国地域社会と教育団体――江蘇教育会の会員構成分析――」『明治大学人文科学研究所紀要』七三冊、二〇一三年。

(23) 阿部洋『中国近代学校史研究――清末における近代学校制度の成立過程――』福村出版、一九九三年、第六章。

(24) 李建興の著作は「社会教育」を長いスパンで論じているが（古代から現代の台湾まで）、記述内容はそれほど詳しくない。他方、王雷の著述は、扱っている期間こそ清末から一九三七年までと短いが、記述内容の詳しさは李建興のものを遙かに上回る。

(25) 伝統中国における民衆教化について纏めたものに黄書光主編『中国社会教化的伝統與変革』済南、山東教育出版社、二〇〇五年、がある。また民衆教化は社会救済団体――善会・善堂によっても行われたが、それについては梁其姿の研究に詳しい（梁其姿『施善與教化――明清的慈善組織――』台北、聯経出版事業、一九九七年）。ただし、李孝悌「従中国伝統士庶文化的関係看二十世紀的新動向」『中央研究院近代史研究所集刊』一九期、一九九〇年、のように、民衆教化の効果を疑問視する意見もある。少なくとも宣講に関しては、清末にすでに芸能化されたり、「邪教」の流布に利用されたりしていたようである（Victor H. Mair "Language and Ideology in the Written Popularizations of the Sacred Edict", in David Johnson, Andrew J. Nathan, and Evelyn S. Rawski eds., *Popular Culture in Late Imperial China*, Berkeley: University of California Press, 1985. 武内房司「清末四川の宗教運動――扶鸞・宣講型宗教結社の誕生――」『文学部研究年報』（学習院大学）三七、一九九〇年）。

(26)　例えばエヴリン・サカキダ・ロウスキは民衆に対するこうした教育が民衆の識字率向上に寄与したとしている（Evelyn Sakakida Rawski, *Education and Popular Literacy in Ch'ing China*, Ann Arbor: University of Michigan Press, 1979）。李弘祺もこうした教育（氏は *popular education*〔通俗教育〕と呼ぶ）を高く評価し、その諸相について纏めている（Thomas H.C. Lee, *Education in Traditional China: a History*, Leiden & Boston: Brill, 2000）。ただし、教育効果については今後も検討がなされるべきであろう。

(27)　「社会教育」は当時「通俗教育」とも呼ばれた。「社会教育」および「通俗教育」の概念については上田孝典「近代中国における「通俗教育」概念に関する考察――伍達と「中華通俗教育会」の活動を中心に――」『日本社会教育学会紀要』三八号、二〇〇二年、がある。

(28)　清末の北京では京師の教育を専門に管理する行政機構である京師督学局（学部附属）が設置され、その下で「社会教育」に対する管理や資金的援助が行なわれたほか、「社会教育」関係学校の創設や教員の養成などもなされた。ただし、限界も多かったという（劉暁雲『近代北京社会教育発展研究（一八九五～一九四九）』北京、知識産権出版社、二〇一三年、二一～二四頁）。

(29)　梁景和『清末国民意識與参政意識研究』長沙、湖南教育出版社、一九九九年。吉澤前掲書。

(30)　Paul J. Bailey, *Reform the People: Changing Attitudes Towards Popular Education in Early Twentieth-Century China*, Edinburgh:

Edinburgh University Press, 1990. なお都甲亜沙美は、伝統的な民衆教化策としての宣講が、近代的な国民創出のための通俗教育に再定置されていく様子を、清末から民国初期にかけての四川省を例に論じている（都甲亜沙美「清末民初の四川における宣講と通俗教育」『九州大学東洋史論集』三五号、二〇〇七年）。

(31) 李孝悌『清末的下層社会啓蒙運動』台北、中央研究院近代史研究所、一九九二年。王笛（李徳英等訳）『街頭文化――成都公共空間、下層民衆與地方政治、一八七〇―一九三〇――』北京、中国人民大学出版社、二〇〇六年。

(32) 通俗教育研究会の具体的な活動については以下に詳しい。上田孝典「民国初期中国における社会教育政策の展開――『通俗教育研究会』の組織とその役割を中心に――」『アジア教育史研究』一四号、二〇〇五年。

(33) 平民教育や郷村教育に関する研究は非常に多い。主なものとして以下を挙げる。新保敦子「『解放』中国における郷村教育運動――中華平民教育促進会をめぐって――」『東京大学教育学部紀要』二四巻、一九八四年。同「中華平民教育促進会と郷村教育運動――定県実験にみる抗戦力量の形成――」『現代中国』五九号、一九八五年。同「梁漱溟と郷村建設運動――山東省鄒平県における実践を中心として――」『日本の教育史学』二八集、一九八五年。山本真「抗日戦争期から国共内戦期にかけての郷村建設運動――中華平民教育促進会と華西実験区を中心として――」『史学』六六巻四号、一九九七年。鄭大華『民国郷村建設運動』北京、社会科学文献出版社、二〇〇〇年。小林善文前掲書。小林善文前掲書は職業教育運動についても論じている。職業教育運動に関する研究動向については同書の二五二～二五三頁を参照のこと。

(34) 党化教育および三民主義教育については以下のような研究がある。蔭山雅博「南京国民政府下の三民主義教育について」『教育学論集』（専修大学文学部）四号、一九七九年。市川博「党化教育政策にみる民衆の課題意識――〝党義〟教育の意味――」『東京教育大学教育学部紀要』一七巻、一九七一年。石川啓二「党化教育論の成立・展開と教育独立論の敗北」『山梨大学教育学部紀要』八号、一九九四年。新生活運動研究の動向については以下などに詳しい。段瑞聡『蔣介石と新生活運動』慶應義塾大学出版会、二〇〇六年。深町英夫『身体を躾ける政治――中国国民党の新生活運動――』岩波書店、二〇一三年。ただし、それら宣伝活動の展開を「社会教育」との関係から論じたものは管見の限り見当らない。

(35) 江蘇省立教育学院の成立過程や活動内容については新保敦子「中国における民衆教育に関する一考察――兪慶棠と江蘇省

立教育学院をめぐって――」『早稲田教育評論』一五巻一号、二〇〇一年、に詳述されている。

(36) 民衆教育館については近年まとまったものが出てきている。そのうち周慧梅のものは当時の民衆教育館の動向を全体的に論じ、朱煜のものは江蘇省でのあり方に重点を当てて検討している。周慧梅『近代民衆教育館研究』北京、北京師範大学出版社、二〇一二年。朱煜前掲書。

(37) 貴志俊彦は、当初民衆啓蒙のツールとして導入された電化教育が日中戦争勃発後イデオロギー宣伝のツールに変質したとする（貴志俊彦「国民政府による電化教育政策と抗日ナショナリズム――『民衆教育』から『抗戦教育』へ――」『東洋史研究』六二巻二号、二〇〇三年）。

(38) 共産党革命根拠地における「社会教育」に関しては王雷前掲書のほか以下が参考になる。横山宏「中華民国末期の社会教育」世界教育史研究会編『社会教育史』Ⅱ、世界教育史体系三七、講談社、一九七五年、所収。大原信一『中国の識字運動』東方書店、一九九七年（本書は平民教育運動にも言及している）。張孝芳『革命與動員――建構〝共意〟的視角――』北京、社会科学文献出版社、二〇一一年。

(39) 阿部宗光「国民基本教育」『現代中国の教育事情』文部省調査局調査課、一九四九年、所収。なお、日中戦争期重慶国民政府による「社会教育」については李華興前掲書、七〇五～七一〇頁も参考になる。

(40) 張前掲著。

(41) 新保敦子「日本侵華戦争時期的傀儡政権和社会教育」斉紅深・渡部宗助主編『日本侵華殖民地教育――第三次国際学術研討会論文集――』大連、第三次国際学術研討会論文集編輯委員会、一九九九年、所収。劉暁雲前掲書、第五章。日本の宣撫活動について論じた研究はこれまでにも多いが、それを「社会教育」との関係から論じたものは上記研究以外ほとんどない。

(42) 劉前掲書、第六章。

(43) 横山宏「中華人民共和国における人民文化館――その沿革を中心とした若干の考察――」『早稲田大学大学院文学研究科紀要』三五輯（哲学、史学編）、一九八九年。

(44) 大原前掲書、一八二～一八五頁。呉遵民『現代中国の生涯教育』明石書店、二〇〇七年、一一八～一二一頁。

(45) 李建興前掲書、第八・九章。
(46) 阿部宗光「社会教育」前掲『現代中国の教育事情』、八七〜八九頁。
(47) 久保亨・江田憲治「現代」礪波護他編『中国歴史研究入門』名古屋大学出版会、二〇〇六年、所収、など。
(48) 都市史研究として天津を取り上げたものに以下がある。羅澍偉主編『近代天津城市史』北京、中国社会科学出版社、一九九三年。天津地域史研究会編『天津史――再生する都市のトポロジー――』東方書店、一九九九年。吉澤前掲書。
(49) 天津の「社会教育」に関する史料を最も多く所蔵するのは天津図書館と天津市檔案館である。天津図書館および天津市檔案館の利用方法に関しては以下などがある。拙稿「山西省図書館・天津図書館利用案内」『中国都市芸能研究』二輯、二〇〇三年。拙稿「河北省檔案館・天津市檔案館利用案内――附：石家荘・天津古書店案内――」『中国都市芸能研究』九輯、二〇一〇年。ただし、すでに情報が古くなってしまっている可能性もある。ウェブサイトなどで最新の情況を確認されたい（天津図書館ウェブサイト：http://www.tjl.tj.cn/、天津檔案網ウェブサイト：http://www.tjdag.gov.cn/）。なお、天津史関係の史資料の検索に関しては、以下の文献が便利である。天津図書館社科部編『館蔵天津地方文献提要目録（一九四九・一月以前、中文・図書部分）』天津、天津図書館、一九九六年。貴志俊彦等編『天津史文献目録』東京大学東洋文化研究所附属東洋学文献センター、一九九八年。
(50) そのため清末天津の教育を取り上げた研究はこれまでにも多い。代表的なものとして以下を挙げる。阿部洋「清末学堂考――直隷省を中心として――」『（福岡工業大学）文科論集』第一集、一九六六年。貴志俊彦「清末の都市行政の一環――袁世凱の教育政策をめぐって――」『MONSOON（広島大学）』二号、一九八九年。阿部洋前掲書。朱鵬「厳修の新学受容過程と日本――其の一・壬寅東遊を中心に――」『アジア教育史研究』四号、一九九五年。汪婉『清末中国対日教育視察の研究』汲古書院、一九九八年。朱鵬「厳修の新学受容過程と日本――其の二・天津の紳商と近代初等学堂をめぐって――」『天理大学学報』一九二輯、一九九九年。しかし中華民国期以降の状況について検討したものは文史資料や各学校の校史を除けば決して多いとはいえない。少なくとも「社会教育」に関しては新保前掲論文「日本侵華戦争時期的傀儡政権和社会教育」および王兆祥「近代華北城市社会教育形成與発展初探」『天津社会科学』一二八期、二〇〇三年、のみであり、しかも両者とも華北全体の「社会教育」について検討したもので、天津「社会教育」の具体的状況を論じたものではない。なお、近代天津の教育に関しては以下二冊の概説書がある。張大民主編『天津近代教育史』天津、天津人民出版社、一九九三年。趙宝琪・張鳳民主編『天津教育史』上巻、天津、天津人民出版社、二〇〇二年。

第Ⅰ部　「社会教育」の導入と組織化

――清朝末期～中華民国北京政府期――

第一章　「社会教育」の導入
——清末民初天津の教育事情——

はじめに

本章ではまず研究のフィールドである天津の歴史的背景および教学の状況について紹介する。その上で天津に「社会教育」がどのように導入されたか、「社会教育」においてどのような教育が民衆に対してなされたのかについて清末での動向を概観する。

清末天津の「社会教育」についてはすでにいくつかの研究があり、多くのことが明らかにされている。従って本章の記述はほとんどがそうした研究成果によるものであり、筆者が新たに提示できた知見は少ない。ただ、それらはみな第二章以降の内容を理解する上で不可欠な知識であるため、あえて章を立てて述べることにした。

一　清末民初における近代教育の普及状況

（一）　天津の歴史的背景(1)

北京の南東約一〇〇キロメートル、海河（白河）の下流に臨む街・天津は、目下華北を代表する都市として世に知られている。その歴史は北京などに比べ浅いが、誕生以来その都市としての容貌・性格はめまぐるしく変化した。以下、天津の歴史的背景を簡単に振り返ってみたい。

天津の歴史は軍事拠点として明代に始まる。当時は天津衛と呼ばれ、首都たる北京防衛のための要地であった。ただ、海河と大運河との交差点、および海河とその幾筋かの支流との合流点に位置するというその地理的特長により、天津は以後物流の中心としての性格を濃くしていく。それにつれて人口も増加したことから、清・雍正三（一七二五）年には天津州に、雍正九（一七三一）年にはついに天津府に昇格した。約三〇〇年の間に軍事拠点から政治、経済都市へと変貌したのである。

この時期の天津の発展を語る上で塩商の存在を忘れることはできない。渤海湾の沿岸では古来製塩が盛んで、長蘆塩区と呼ばれていたが、康熙年間にそれを管轄する官僚である長蘆塩運使および御史の長蘆塩政が天津に駐在するようになってからというもの、天津は塩政の中心となり、多くの塩商が集まるようになっていた。こうした塩商は以後商人としてだけでなく、名望家としても天津社会に大きな影響力を持つようになり、都市の発展に大きく寄与した(2)。

清末になると天津はさらなる変化を経験する。その端緒は周知のとおり第二次アヘン戦争後に締結された北京条約（咸豊十〔一八六〇〕年）であった。この条約により天津は開港され、イギリス、フランス、アメリカ三ヶ国の租界が天津県城の東南に開設された。ゆえに多くの外国人が訪れるようになり、彼らが持ち込む外来の思想、文化は天津のその後の都市形成に大きな影響を与えることになった。以来天津は、伝統的な中国都市とは違った「新たな」（＝「近代」的な）容貌を備えていく。

そうした流れを決定的にしたのが、義和団を鎮圧した八ヶ国連合軍による占領統治、そしてそれを引き継いだ袁世凱による「新政」であった。特に新政期（光緒二十七〔一九〇一〕年〜）には、西洋近代の影響を色濃く受けた、社会

〔図１〕 天津市街図（1934年）

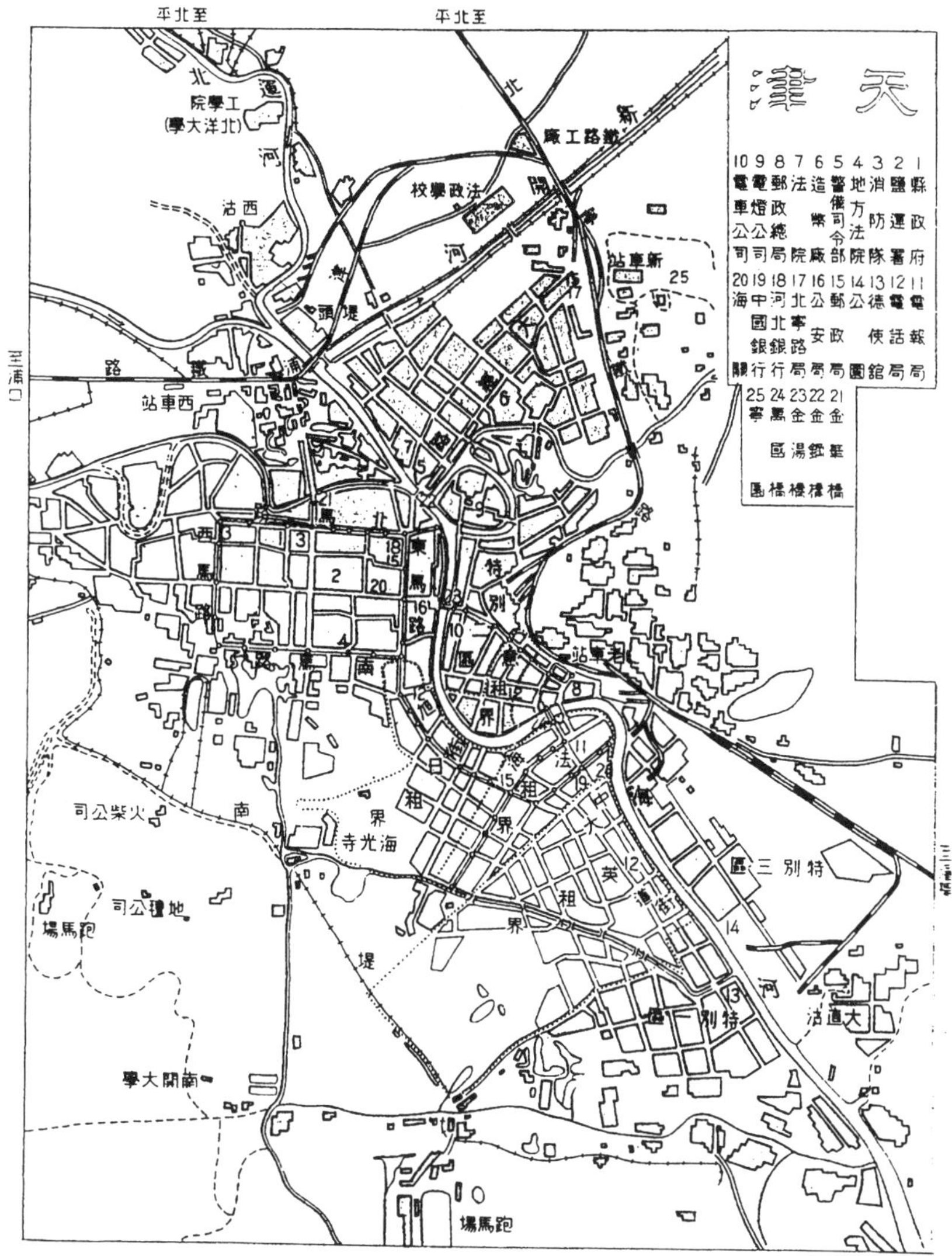

（註）特別一区→旧ドイツ租界。特別二区→旧オーストリア＝ハンガリー租界。特別三区→旧ロシア租界。そのほかに、特別三区の南東に特別四区（旧ベルギー租界）があったが、後に特別三区に吸収され、消滅した。

（出典）丁文江他編『中華民国新地図』上海、申報館、1934年。

〔図２〕 天津租界区分図

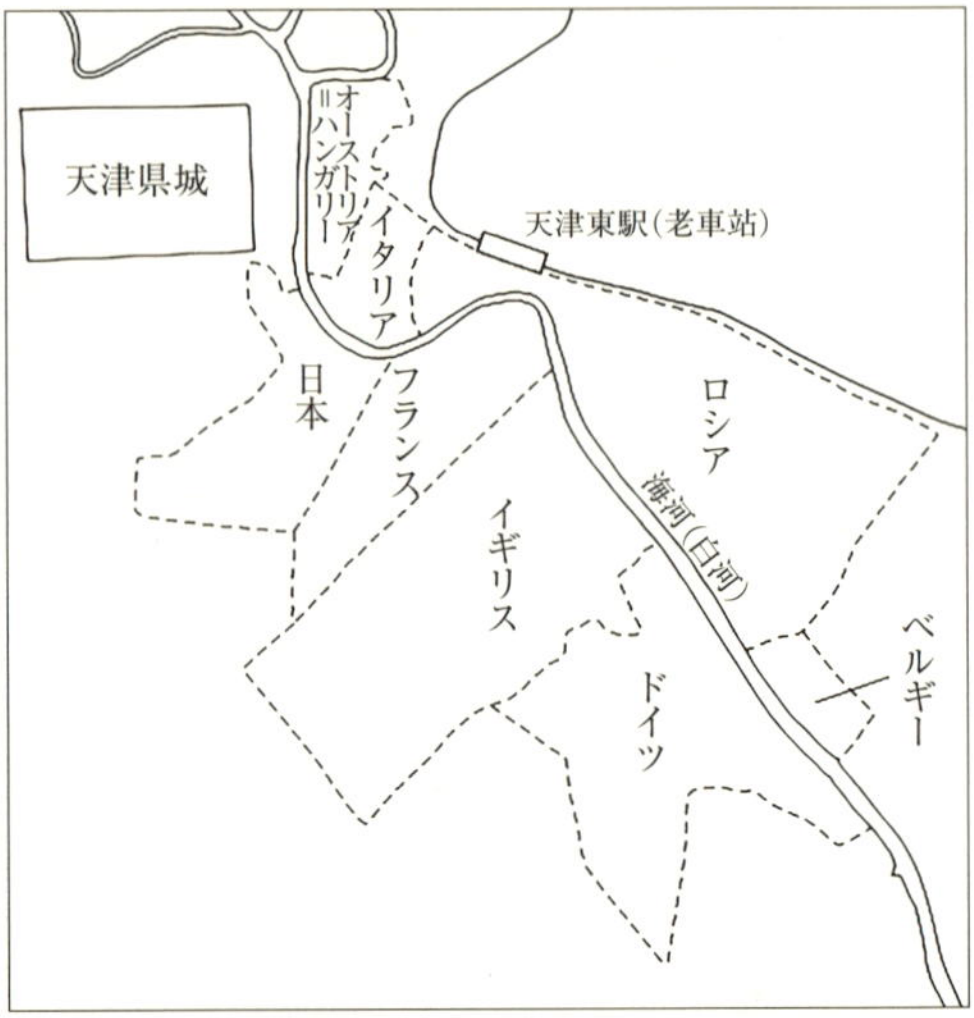

（註）天津市規劃和国土資源局編著『天津城市歴史地図集』（天津、天津古籍出版社、2004年）の97頁に掲載されている *Map of Tientsin*（1925〜1926年頃の情況を描いているとされる）をもとに、筆者が作成。なお、イギリス租界の東南部には1902年までアメリカ租界が存在した。

管理のための新たな仕組み（警察、衛生、社会団体、教育など）が直隷総督たる袁世凱の強いイニシアチブのもと次々と整備された。ただし、これらの事業全てを袁世凱に代表される「官」が行ったわけではない。天津在住の名望家たち（先述した塩商や買辦など、多くが科挙資格を有する）の協力があってこそ可能であった。このように清末天津の都市行政（租界を除く）は官と名望家層の提携により維持されていた。こうした状況は辛亥革命後中華民国期に入ってもしばらく変わらなかったと言える。

なお、清末から民国初期にかけては租界の繁栄ぶりもめざましい。新たにドイツ、日本、ロシア、イタリア、ベルギー、オーストリア＝ハンガリーの六ヶ国が租界を設定したことにより天津租界の総面積は大幅に拡大した（ただしアメリカ租界は光緒二十八〔一九〇二〕年にイギリス租界に編入され消滅）。租界には中国人の居住も認められたことから、租界の人口はその後急激に増加し、商業活動も活発化した。そして一九二〇年代に至り、租界はいよいよ天津の経済的中心へと成長していった。

さて、こうした状況に変化が訪れるのは南京国民政府による北伐後のことである。天津は国民政府のもとで市制がしかれて特別市となり（その後天津市となる）、地方政府権力の強化が図られた。天津市政府は都市行政にかつてなく積極的に関与するようになり、それは結果として華界（租界以外の地域）における都市インフラのさらなる拡大につながった。具体的には例えば交通機関や上水道の整備、教育機関や保健機関の増強などが挙げられる。要するに、ここに至ってようやく天津の華界にも地方政府による本格的な都市行政が施されることになったのである。行政のこうした仕組み自体は日本統治下に入った一九三七年以降も基本的には変わらなかった。

他方、清末以来拡大の一途をたどっていた租界は一九一六年をピークに縮小に転じる。一九一七年にドイツ租界とオーストリア＝ハンガリー租界が回収されたのを皮切りにその後二四年にはロシア租界が、二九年にはベルギー租界が、四三年にはイギリス、フランス、日本租界が、そして四四年にはイタリア租界がそれぞれ返還され、これにより天津租界は歴史の舞台から消滅した。

以上のように明代以降天津は度重なる変化を経験してきた。そのたびに政治的重要度は高まり、面積や人口も増え、中華民国期には中国第二の大都市にまでなった。ゆえに人民共和国期になると天津は北京、上海とともに（後に重慶が加わる）直轄市に選定されたのである。

（二）　教育の普及度

次に天津における教学の状況およびその普及の度合いについて紹介する。[3]

明清時代において教育機関は主に科挙受験を目的としたものと、貧民を対象としたものとの二つに大別できる。前者としては府・県学そして書院が挙げられる。天津には府・県学のほかに最盛期で八つの書院があり、なかでも三取書院、問津書院、輔仁書院は有名で多くの進士を輩出した。後者としては義学が挙げられよう。義学は貧民に対し無償で教育を施す施設で、教育の合間に『聖諭広訓』の宣講も行われた。天津には清末の段階で三〇あまりの義学が、官や塩商の支持で運営されていた。

〔表１〕　天津市における就学率の変遷

	1915①	1928②	1930③	1935④	1939⑤	1946⑥
学齢児童（人）	119,500	108,885	119,912	125,275	148,185	—
就学児童（人）	16,598	16,602	20,752	43,677	55,815	—
就 学 率（%）	13.9	15.2	17.3	34.9	37.7	46.2

（註）①は天津県での数字を示す。私塾に通う者も就学児童に含まれる。なお、1930年、39年の就学児童数が第４章〔表３〕のもの（小学生数）と大きく異なる。あくまでも参考値として見ていただきたい。

（出典）①「直隷各県学齢児童調査表」『教育公報』３年３期、1915年。②「天津特別市学齢児童統計表」（17年度）『天津特別市教育局教育公報』1930年24期、1930年、付録。③『天津市不識字人口統計』天津、天津市識字運動宣伝委員会、1931年。④「義教委会明日成立」『益世報』1935年11月24日。⑤天津特別市公署秘書処編『天津特別市行政撮要』（民国28年度）天津、同所、出版年不明。⑥天津叢刊編輯委員会編『天津市政府』天津、天津市政府秘書処編訳室、1948年。

光緒三十一（一九〇五）年の科挙廃止が中国の教育環境を大きく変えたことはよく知られているが、それは天津において顕著だった。直隷総督袁世凱が教育改革に積極的だったことをその理由として挙げることが多いが、決してそれだけではない。天津の地方名望家たちの協力もまた重要であった。なかでも厳修[4]という人物の影響力は甚大で、彼とその関係者らの手により多くの学堂（のちに学校とよばれる）が短期間のうちに設置されることになった。学校の数はその後も増え続け、一九四五年の段階で小学校が二六二校（うち公立一〇五校、私立一五七校）、中学校が三二校（うち公立七校、私立二五校）となっている。[5]教育の規模において天津は、清末、民国期を通じて全国でトップクラスの地位を保ち続けた。

ただし、この結果を単純に天津における教育改革の成功と結びつけることはできない。例えば一九三七年に天津市教育局から発表された「市教育局擬定廿六年度行政計劃」からは当時の苦しい事情が見て取れる。

天津の失学児童（学校に通わない、または通えない児童）は調査によると合計九万六〇〇〇余名（全学齢児童約一二万人中）で、二十五年度（一九三六年八月～一九三七年七月）にすでに一万人余を救済したが、二十六年度中はなお八万人が未就学の状態にある。[6]

こうした状況は何もこの年に限ったものではない。表１は学齢児童の就学率（学校に上がる年齢に達した児童の総数を実際に学校に通った生徒数で割ったもの）の変遷を表したものであるが、これによると天津における就学率は二十世紀前半を通じて低い位置で推移し続けたことが分かる。確かに南京国民政府期以降その数値は急激に上昇するが、五〇パーセントを超えるのは一九四〇年代後半になってからである。(7)

以上の事実から分かるように、近代天津における教育改革はその普及度の面で必ずしも成功したといえないのである。「国民全体の知識レベル向上」が中国の強化の上で必要ということは当時の知識人の間でほぼ共通認識となっていたから、就学率の低さは当然早くから問題になった。ゆえにその目は「学校に通う者――就学者」のネガである「学校に通わない（または通えない）者――失学者」、そして彼らの住む「社会」に向けられた。失学者の生活や識字の程度などが調査され、失学者が学校に通わない（通えない）理由や、彼らを教育に取り込んでいく方法などについて知識人の間で議論がなされた。そのような中で失学者を教育する仕組み――「社会教育」が中国における他の都市と同様、天津においても徐々に規模を増していったのである。

二　清末天津における「社会教育」の導入

（一）　清末天津の「社会教育」と林兆翰

天津における「社会教育」の端緒は現在のところはっきりしていない。確認されるものとして最も古いのは直隷工芸総局の附設機関として光緒二十八（一九〇二）年に設立された天津考工廠である。「工廠」という名から工場を連想しがちだが、これは中国本土や外国の工業用品などを陳列する博物館であった。(8)

光緒三十（一九〇四）年には教育品陳列館が誕生、教育用品専門の博物館として物理、化学、地学、生物学、数学

〔図3〕 天津の宣講所(1930年代)

(註) この写真が撮られた時期は、通俗講演所とよばれた。
(出典)『天津早期照片集粹』(CD-ROM) 天津電子出版社、2001年。

〔図4〕 林兆翰

(出典) 天津市歴史博物館等合編『近代天津図志』天津、天津古籍出版社、1992年、182頁。

などの教育で使用する器具(模型、標本、実験道具など)を展示した。当館には陳列室のほかに蔵書楼もあり、数千巻の図書が所蔵されていた。これらの図書を基礎として光緒三十三(一九〇七)年に「天津図書館」(後の天津直隷省図書館、現在の天津図書館の前身)が設立されることになる。[9] このように天津の「社会教育」は博物館や図書館から始まった。ただ、こうした施設の対象はどちらかといえば実業家や教育者たちであって、民衆、特に失学者ではなかったと考えられる。

一方、光緒三十一(一九〇五)年には一般の民衆を主な対象とする施設――宣講処、閲報処(後に宣講所、閲報所と改称。以後表記を「宣講所」、「閲報所」に統一)も登場する。宣講所とは要するに演説館のことで、光緒三十二(一九〇六)年までの一年間に四館が設置され、[10] 官による認可のもと、主に民間からの寄付により運営された。[11] それぞれ三、四〇〇人の収容が可能で、毎夜七時頃から一〇時頃まで講演や新聞読み聞かせ(講報)が行われた。[12] とりわけ東門外の天齊廟宣講所は毎晩盛況を呈していたという。[13] ただし、その名が示すとおり、宣講所は『聖諭広訓』の宣講がなされる場所でもあった。清末の「社会教育」において道徳の教化が講演や新聞読み聞かせと同等、もしくはそれ以上に重要であったことは記憶されてよいだろう。[14] なお、宣講所はその収容力の高さから座談会や研究会の会場としても利用された。

閲報所は、民衆が新聞や本を閲覧するための簡易図書館のような施設である。光緒三十一（一九〇五）年から同三十二（一九〇六）年までの一年間に五館が開かれ[15]、宣講所と同様、主に民間からの寄付により運営された。閲報所の開館時間は午前八時から一二時までと午後一時から六時までで、一日平均五、六〇人の来館があったとされる。また重大事件などが発生した際にはそのニュースを掲載した新聞を門外に貼ったため、来館者が通常より増えたという[16]。このように、専ら民衆を相手に教育活動を展開したのが宣講所と閲報所であった[17]。

ところで、以上に見た「社会教育」活動のほとんどを主宰したのは、当時勧学所（地方における教育行政機関）総董を務めていた林兆翰という人物であった。林は清末および民国初期天津の「社会教育」に絶大な影響力を持ち、今後も言及することが多い人物なので、ここで略歴を紹介しておく。

林兆翰（一八六二～一九三三）、字は墨青または伯嘿、天津人。林家は元来塩業を生業としていたが、兆翰は早くに両親を亡くし、二二歳で家長となる。その後彼は父の跡を継いで天津の塩商である晋徳茂店穆家、長源店楊家、吉恒豊店張家などで働いた。光緒十三（一八八七）年、二五歳の時に生員になる。義和団事件の後、林は、天津における教育改革の旗手であり姻戚でもある厳修らとともに義捐金を募り天津最初の新制学堂である民立第一小学堂（光緒二十八（一九〇二）年）を設立した。その後、公立、民立（後に私立と呼ばれる）の各学堂や女子小学、師範伝習所、体操音楽伝習班などを立て続けに設立した。直隷における学堂の必要性は主に厳修によって唱えられたが、それを最もよく助け、実行したのが林兆翰であった。

学堂設立の傍らで彼は「社会教育」の整備にも着手した。その活動は広範に亘り、上で挙げた各種「社会教育」施設を設立・運営する以外に、「天足会」という会を結成して纏足の害悪を社会に訴えたり、「芸劇研究会」という会の運営に関わって演劇の改良に尽力したりもしている。なおこの時期彼は直隷学務処参議、津郡学務総董、勧学所総董など教育行政の重役を歴任している。

中華民国期になると林は主に「社会教育」の分野で活躍した（第二章で詳述）。袁世凱も、林に全国の「社会教育」を統括させようと考えていたが、林はそれを拒み、結局京師模範通俗講演所所長と天津社会教育辦事処総董を兼任することになった。一九三三年四月十七日、七一歳で逝去、翌年には長年の功が称えられ、『林君興学碑記』が建てられた[18]。

以上が林の経歴であるが、そもそも彼はなぜ教育事業に取り組むようになったのか。林の伝記「一生涯熱心に興学した林墨青」には以下のように記されている。

翌年（光緒二十七〔一九〇一〕年）、清朝と〝八ヶ国連合軍〟の代表は「辛丑条約〔北京議定書〕」を締結した。林墨青は内外の情勢を観察すると、心配で気が気でなく、うろたえた。彼は滅亡を救うためには強国の道を図って恥をそそがなければならない、恥をそそぐためには国を強くしなければならず、国を強くするためには学を興さなければならない、と考えた。当時中国の庶民〔の頭の中〕は封建・迷信思想でいっぱいであり、科学観念が欠如しているから、必ずや民智を開通し、社会を改良し、愚昧という困難な境遇から脱させなければならない。これにより、立志興学の念はますます固まった[19]。

要約すれば、危機に直面している中国を救うために林は教育を振興しようと志した、ということになろうか。林にはそのような思いがあっただろう。しかし彼が教育振興に参入した理由がそれだけとは思えない。林兆翰は前述したように塩商出身であるが、清代天津史の専門家である関文斌によると、天津の塩商たちが清末以降教育事業に参入するようになった動機は単純に愛国心のみではないという。関は、天津における自らの社会的ステータスを保持することも、塩商が教育事業に参加した動機の一つとしている。教育は一種の社会事業であり、弱体化した官に代わりそれを振興することで、塩商たちは社会的地位のさらなる向上を目指したというのである[20]。そうであるならば、林兆翰は教育の振興に邁進することで中国を強化するだけでなく、下級知識人からの社会的上昇をも狙ったのかもしれない。しかし、それを確証するための史料は目下見つかっておらず、林兆翰が教育事業に参入した理由は依然謎に包まれている。とはいえ、天津における「社会教育」の基礎を築いたのは林兆翰、という事実に変わりはない。天津の「社会教育」は、清末に林が建てた骨組みに肉付けをしていく形で徐々に発展していった。

（二）「社会教育」の内容

最後に、清末天津の「社会教育」においてどのような内容の教育が民衆に対し行われていたのか、宣講所でのものに限って簡単に紹介する。

宣講所での教材については、光緒三十二（一九〇六）年に教育行政の中央官庁たる学部が、当時全国で流通していた講演題材の中で優秀なものを四〇種選び、各地の教育機関に対し積極的に利用するよう求めている（表2）。ただ当時の新聞記事によると、各地の宣講所は学部推薦の題材以外のものも講演していたようである。

天津においても、例えば天齊廟宣講所では推薦題材である『聖諭広訓』、『訓俗遺規』、『国民必読』のほかに『朱子格言』、『庭訓格言』、『聖武記』などの講演がなされ、加えて『大公報』、『京話日報』、『天津日日新聞』など新聞の読み聞かせも行われている[21]。また西馬路宣講所では、宣統元（一九〇九）年に南開私立第一中学校（後の南開中学）の教師と学生の主催で挙行された「第二次通俗演説会」において「勧国民人人自治（国民一人ひとりに自治を勧める）」・「焚化紙銭之迷信（紙銭を焼くという迷信）」、「兄弟和睦」、「人当立志（まさに志を立てるべし）」などの講演がなされていた[22]。

知識人が出版した文集からもそうした事実が分かる。例えば清末民国期の天津で伝統医師および教育家として活躍した丁国瑞の文集『竹園叢話』（全二四冊）には、彼が生前新聞や口頭で発表した講演原稿が多く掲載されている（巻末付録を参照）。

このように、清末天津の宣講所で民衆に対し語られた内容は相当広範にわたっていた。清末の講演活動について検討した李孝悌は当時の講演テーマを大雑把に以下の八つに分類している。（1）纏足をやめるよう勧告したもの。（2）アヘン吸引をやめるよう勧告したもの。（3）特別な事件（天変地異、列強による陵辱など）を報道したもの。（4）養蚕や実業を奨励したもの。（5）中国をめぐる国際情勢を扱ったもの。（6）「新政」に関するもの。（7）軍隊や警察に関するもの。（8）革命宣伝に関するもの。[23] 李は言及していないが、これに（9）『聖諭広訓』の宣講を加えるべきだろう。

注目すべきは社会秩序の安定を期する道徳の宣揚と政府転覆を企図する革命宣伝がともに行われていた点である。矛盾した内容の講演が同じ場所で行われる。講演活動を厳重に監視し、講演内容を統一したならばこのようなことは起こりえない。それが起こってしまうというのは、講演活動をこの時期官権力が十分に管理しきれていないということを示していよう。実際講演活動は民間主体で行われていた。官はそうした活動を法令などである程度縛ろうとしたが、効果に乏しかったのである。

なお、講演内容の矛盾は中央政府に対する考え方の違いによるだけではない。それぞれの講演題材、なかんずく「近代」的事象に対する講演員各々の理解の異同からも発生する。例えば、本書では詳述しないが、「衛生」という題材を近代西洋医学のロジックで理解した講演員がいた一方で、中国伝統医学の論理で理解した講演員もいた。彼らは互いに自らの正当性を民衆に対し講演という手段で訴えていた。[24]

このように、「民衆の啓蒙」という名の下で行われていた清末の天津の講演活動は、官権力の管理が不十分だった

〔表２〕 学部推奨宣講用書一覧（光緒32〔1906〕年）

書名	編訳者	印刷	体裁
聖諭広訓			
光緒三十二年初一日宣示教育宗旨上諭一道			
光緒三十二年七月十三日宣示預備立憲上諭一道			
本部奏請宣示教育宗旨摺			
本部奏定各省勧学所章程			
奏定学堂章程			
奏定巡警官制章程			
人譜類記	（明）劉忠介		
養正遺規	陳文恭		
訓俗遺規	陳文恭		
勧学篇	張之洞		
国民必読	高歩瀛・陳宝泉	直隷学務処	白話
民教相安	高歩瀛・陳宝泉	直隷学務処	白話
警察白話			白話
警察手眼		浙江参謀処	白話
欧美教育観	大学堂訳書局	同左	
児童教育鑑	徐傳霖・陸基	文明書局	小説
児童修身之感情		文明書局	
蒙師箴言	方瀏生		
魯濱孫飄流記（ロビンソン漂流記）	林野・曾宗鞏	商務印書館	小説
納耳遜伝（ネルソン伝）	日本訳書彙編社	東京亜木活版所	
克莱武伝（クライブ伝）	商務印書館	同左	
澳州歴険記	金石・褚嘉猷	商務印書館	小説
万里尋親記（母をたずねて三千里）	林野・曾宗鞏	商務印書館	小説
世界読本	文明書局	同左	
普通新知識読本	朱樹人	文明書局	
普通理化問答	呉聿懐	文明書局	
富国学問答	陳乾生	商務印書館	
農話	陳敬謙	商務印書館	
普通農学浅説	塩城勧農局	翰墨林書局	白話
穡者伝	朱樹人	文明書局	小説
蚕桑浅要	林志恂	雲南蚕桑学堂発行	
蚕桑簡明図説	通州蚕学館		
治工軼事	朱樹人	文明書局	小説
致富錦嚢	王立才	開明書局	
普通商業問答	公之管	文明書局	
蒙学衛生実在易	許家慎	彪蒙書室	白話
黒奴籲天録（アンクルトムの小屋）	林舒・魏易	文明書局	小説
啓蒙画報	啓蒙画報館	同左	白話
勧不裹足浅説	翰墨林書局		白話

（註）空欄箇所については不明。

（出典）「附学部通行各省宣講所應講各書文」（光緒32年７月29日）『大清光緒新法令』第13冊、商務印書館、1905年、80〜83頁。

がために、内容の面から見れば矛盾の多いものであった。その意味で清末天津の「社会教育」は、宣講所での講演に限っていえば、民衆の自己啓発を促す教育の手段としても、国家のイデオロギーを民衆に押し付ける教化の手段としても未成熟であった。ただ、そのことは逆に、民衆による自由な意見発表の場として「社会教育」が機能していたことを示すものであったともいえる。

おわりに

以上、天津の歴史的背景や教学の状況、そして清末における「社会教育」の導入過程などについて述べてきた。「はじめに」で述べたように、本章において筆者自身が新たに付け加えた知見は少ない。ただ、先行研究との違いをあえて強調するならば、それは本章が宣講所における『聖諭広訓』宣講の重要性や、講演員による「近代」理解の違いについて指摘した点にあろう。その意図は要するに、当時の「社会教育」に内在していた「教化的」側面や「伝統的」側面に対する注意を促すことにあった。

序章でも述べたとおり、近代中国教育史研究においてはこれまで、後世から見て「先進的」な事象に注目した研究が圧倒的に多かった。こうした状況は「社会教育」に関連する研究においてもほとんど変わらない。しかし、そのような姿勢では当時の「社会教育」の実態を解明できないばかりか、当時の社会における「社会教育」の意義をも捉え損ねかねない。

本書において筆者が明らかにしようとするのは、近代天津における「社会教育」のありのままの姿である。そのためにはたとえ現代的な視点から見れば「教化的」、「伝統的」と思える事象であったとしても検討を加えていかなければばならない。従って以下の章では、近代天津「社会教育」を多面的に論じていく。

註

(1) 天津史の概説書としては近代以前を扱ったものに郭蘊静主編『天津古代城市発展史』天津、天津古籍出版社、一九八九年が、近代以降を扱ったものに、羅澍偉主編『近代天津城市史』北京、中国社会科学出版社、一九九三年、および天津地域史研究会編『天津史――再生する都市のトポロジー――』東方書店、一九九九年、がある。本節の記述の多くはこれらに拠っている。

(2) 清代天津の塩商については以下に詳しい。関文斌『文明初曙――近代天津塩商與社会――』天津、天津人民出版社、一九九九年。Kwan Man Bun〔関文斌〕, *The Salt Merchants of Tianjin: State-Making and Civil Society in Late Imperial China*, Honolulu: University of Hawai'i Press, 2001.

(3) 近代天津の教育を概説したものには、張大民主編『天津近代教育史』天津、天津人民出版社、一九九三年、趙宝琪・張鳳民主編『天津教育史』上巻、天津、天津人民出版社、二〇〇二年、などがある。

(4) 厳修(一八六〇～一九二九)、字は範孫、祖は浙江人で、七世祖が天津に移り住む。光緒の進士。一八九四年に貴州学政を勤めた後、天津に戻り、興学活動に邁進する。一九〇四年には直隷学務処を督辦し、翌年学部侍郎に就任する。辛亥革命後はひたすら天津の教育事業を支えた(中国人民政治協商会議天津市委員会文史資料研究委員会編『天津近代人物録』天津、天津市地方史志編修委員会総編輯室、一九八七年、一三一～一三二頁)。

(5) 天津市政府統計室『天津市政統計及市況輯要』天津、同所、一九四六年。

(6) 「市教育局擬定廿六年度行政計劃」『益世報』一九三七年一月二十二日。

(7) いったん就学しても卒業まで漕ぎ着けられない生徒が少なくなかった。天津での状況は明らかではないが、例えば一九三三年の河北省全体では、その年に小学校第一学年だった生徒は三六万六三二〇人であるのに対し、第四学年は一八万三六九〇人、第六学年は二万三九六四人となっている(新島淳良『中国の教育』東洋経済新報社、一九五七年、一一頁)。第六学年に上がるまでの間に相当数の生徒が中途退学しているのが分かる。

（8）天津考工廠は後に「勧工陳列所」と改名された。天津考工廠については以下に詳しい。張紹祖編著『津門校史百彙』天津、天津人民出版社、一九九四年、二〇二頁。

（9）教育品陳列館については前掲『津門校史百彙』二〇二～二〇三頁に詳しい。

（10）天齊廟宣講所（東門外）、西馬路宣講所（西馬路）、地蔵庵宣講所（河東糧店街）、甘露寺宣講所（河北）の四館。（　）内は各宣講所の場所を示す。そのほか東南城角の立興茶園や侯家後の東来軒など十数ヶ所の茶楼でも演説や書報の講釈などがなされていた。

（11）「天津東馬路天齊廟宣講所国民捐局試行章程」『直隷教育雑誌』第二年第一期、光緒三十二年。

（12）規則では「毎晩八時より開講し、一〇時半に至り停講」とされていたが、実際の開演時間はそれほど規則に縛られていなかったことが当時の新聞などから分かる（「天津宣講所規則」『直隷教育雑誌』第九期、光緒三十一年）。

（13）「紀宣講所」『大公報』光緒三十一年六月二十四日。「紀宣講所」『大公報』光緒三十一年七月十五日。

（14）例えば、天津における最初の講演会（天斎廟宣講所、光緒三十一年六月一日）のプログラムは、（1）『聖諭広訓』の宣講、（2）天津知府・凌の演説、（3）天津知県・唐の演説、（4）勧学所学董諸君の演説、となっており、最初に『聖諭広訓』の宣講がある（「天津宣講所開講」『直隷教育雑誌』第八期、光緒三十一年）。

（15）啓文閲報所（東北角）、小老爺廟看報処（河東興隆街）、準提庵看報処（河東イタリア租界）、進明閲報社（河東過街閣）、日新閲報社（河東地蔵庵宣講所内）の五館。

（16）「天津啓文閲報社章程」『直隷教育雑誌』第九期、光緒三十一年。前掲『津門校史百彙』。このほかにも個人的に閲報社を組織するものがいた。

（17）「社会教育」施設としてはこれ以外に簡易識字学塾（識字教育を主に行う短期学校）と半日学堂（午前ないし午後のみ授業をする短期学校）もあった。こうした教育施設が天津にどの程度あったのかは不明であるが、直隷省全体では一九一六年の段階で簡易識字学塾が一五一一ヶ所、半日学校（民国期以降「半日学校」とよばれた）が一一八ヶ所あったとされる（「教育部行政紀要」『教育公報』第三年一〇期、一九一六年、四二および四四頁）。
(18) 劉炎臣「一生熱心興学的林墨青」中国人民政治協商会議天津市委員会、南開区委員会文史資料委員会合編『天津老城憶旧』天津、天津人民出版社、一九九七年。
(19) 前掲「一生熱心興学的林墨青」二八〇頁。
(20) 関前掲書、一三三～一五六頁。
(21) 「紀宣講所」『大公報』光緒三十一年七月十五日。
(22) 「開会紀聞」『大公報』宣統元年十月四日。
(23) 李孝悌『清末的下層社会啓蒙運動』台北、中央研究院近代史研究所、一九九二年、第四章。
(24) 拙稿「清末における社会教育と地域社会――天津における『衛生』の教育を例として――」『中国研究月報』五九巻六号、二〇〇五年。

第二章　「社会教育」の組織化①
――中華民国北京政府期における天津社会教育辦事処の活動――

はじめに

辛亥革命により中華民国が成立すると、「社会教育」を取り巻く状況にも変化があった。新たに誕生した中華民国北京政府は「社会教育」に対して清朝政府に比べれば積極的に関与し、それに伴い「社会教育」の制度化、拡大化、組織化がなされるようになったからである。とりわけ重要なのが「社会教育」の組織化で、それまで比較的ばらばらに活動していた各「社会教育」事業はこの時期中央政府や地方政府の手で統合されはじめた。具体的にいえば、中央の教育部には全国の「社会教育」を統括する社会教育司という部門ができ、地方には各地の「社会教育」を管理する通俗教育会（ないし通俗教育館、以下特別な場合を除き通俗教育会に統一）という団体が地方政府や地方名望家たちにより設立された。天津にも「天津社会教育辦事処」という通俗教育会が設けられ、様々な活動を行うようになった。本章では以下、この天津社会教育辦事処の動きを通して、中華民国北京政府期に通俗教育会の下で行なわれた「社会教育」の組織化の実態について明らかにしたい。

なお、北京政府期の「社会教育」を扱ったこれまでの研究の大部分は平民教育や郷村教育に関するものである。中央政府や地方の通俗教育会によってなされた「社会教育」については、概括的なものを除けば長い間研究がほとんどなかった[1]。

そうしたなかで注目すべきなのが北京の「社会教育」について検討した劉暁雲による研究である。劉は著書『近代北京社会教育発展研究（一八九五〜一九四九）』の第二章で当該時期北京の情況について詳述している。それによると、北京では一九一九年まで教育部附属の京師学務局や、京師警察庁を中心に様々な活動が執り行われていたという。こうしたあり方は以下で述べる他の地方での動向（地方名望家層が主導）といささか異なる（次章で見るように、警察庁の「社会教育」への参入は天津でも見られたが）。当時の「社会教育」のバリエーションの一つとして比較する価値があるが、残念ながらそれに対する劉の検討は一九一九年までで、それ以降については視点が専ら平民教育に移ってしまう。一九一九年以降の平民教育以外の動向についても引き続き考察していく必要があろう[2]。

ちなみに、通俗教育会に関する研究がこれまで少なかった原因は、五四、新文化運動において新文化派が各地の通俗教育会を「進歩がない」であるとか「復古的」などと言って批判したことと関連している。なぜそのように言われたのかについては以下で詳述するが、とにかくその後の「社会教育」史は新文化派の意を汲むかたちで編まれることになった。ただ、それらはあくまでも新文化派から見た「社会教育」であり、当時の「社会教育」の実情を示すものではない。彼らに「後進的」、「復古的」と映ったことを、通俗教育会に集った教育家たちはどのような論理の下で行っていたのか。そして、そうした活動は当時やその後の天津「社会教育」にどのような影響を及ぼしたのか。こうした点を明らかにできれば、近代天津「社会教育」の実情はさらに明瞭になるものと考える[3]。

一 「社会教育」の展開と通俗教育会の成立

本論に入る前に中華民国における「社会教育」の制度化の過程について概述し、あわせて通俗教育会についても簡単に説明しておく。

「社会教育」にはあまり関与しなかった清朝に比べて、中華民国政府はそれに対して当初から積極的な姿勢を示した。教育部に普通教育司、専門教育司と並んで「社会教育」を管轄する社会教育司が設立されたのは建国後間もない一九一二年五月のことであった。「社会教育」の目的は様々であったが、なかでも重要な目的とされたのが「社会の改良」であった。中国社会を改良すべきとの声は清末よりすでに挙がっていたが、それは民国期に至っても依然として盛んに議論されていた。以下は、当時中国の教育界に最も影響力のあった雑誌の一つとされる『教育雑誌』(4)に掲載された論文の一部である。

今日の国家が病んでいる原因は政治ではないということを知ってもらいたい。その原因はもはや政治ではない。ならば今日ここまで国家が落ち込んだ原因は何か。それは国家を組成する分子が不健全だからに他ならない。分子が不健全である原因は何か。社会習慣が不健全だからである。今日、救国の唯一の手段は社会の悪習慣を改良し、国民生活の知識や技能に関して現在の世界に適合させ、一種の新習慣を養成することのみである。(5)

そして「社会の日々の進化を考えることで、国家社会は全盛の域に達する」としている。その逆に社会の改良をしなければ、その国家は徐々に衰えていくと言うのである。さらにそのためには民衆の教育という「消極的な」手段だけでなく、不良少年の取り締りや、有害小説の禁止などのような「積極的」手段が必要であるという議論も見られた。(6)社会の改良は学校教育との関係でも重視された。なぜならば「家庭の子弟が父兄の善導を受け、学校の生徒が師長の良訓を受けて」も、「社会の様々な怪現象に接するに及んで、それを正当に解釈することができず、必ずや世俗に流されて汚れてしまう」と考えられていたからである。(7)そのため、学校教育の発展には「社会教育」の発展が必要とされた。

このように当時中国で論じられていた「社会の改良」論は北京政府期の「社会教育」行政に大きな影響力を及ぼした。「社会教育」の目的はもちろん民衆知識の増進であったが、教育部社会教育司がまず行ったのは「社会教育」における様々な規制の制定であった。そのため、社会教育司は「半日学校章程」（一九一四年）、「通俗教育研究会章程」、「図書館規程」、「通俗図書館規程」、「通俗教育講演所規程」、「通俗講演規則」（ともに一九一五年）、「露天学校簡章及規則」、「通俗講演伝習所辦法」（ともに一九一六年）などの「社会教育」制度を立て続けに発令し、「社会教育」の制度化を進め、「社会教育」の場で使用される書籍、講演原稿などを規定していった。そうした動きのなかで注目されるのが「通俗教育研究会章程」の制定により北京に設立された通俗教育研究会である。通俗教育研究会とは「社会を改良し教育を普及する」という趣旨の下、[8]「社会教育」を立案し普及する団体をいう。具体的には全国で出版され、上演された各種の小説、書籍、新聞、雑誌、劇本、講演原稿などを蒐集、審査し、模範的なものは表彰し、不適当なものは改良、ないし禁止するなどした。これは、独自の思想や方法のもとで各地で行われていた「社会教育」を、中央が管理統制しようとするものであった。その直接的な影響力は北京周辺に限定されていたと考えられるが、小説、講演原稿、劇本、年画などの蒐集という間接的な影響力は全国に及んでいた。[9]

ただし、このように制度化されても、それを運用し、現場における「社会教育」を遂行せねばならないのは地方の教育官庁であった。教育部が一九一二年一月二十九日に各省都督府に対し「社会教育」を重視し、実行するよう命じたのを皮切りに、[10]各省の教育官庁も「社会教育」を重視していった。はじめは省単位の「社会教育」行政に関する規定がなく、多くが普通教育の枠内で行われていたが、その後一七年に「教育庁暫行条例」が公布され、第二科が「社会教育」を担当することになった。他方、県単位においても一五年に「勧学所規定」が頒布された。その後二三年に

「県教育局規程」が出され、各県教育局に社会教育課（股）が創設されることになった。[11]しかしながら、学校教育においてすら破綻していた当時の財政状況においては、学校教育以上に費用のかかる「社会教育」に十分な予算がまわされなかった。実際には各省の教育官庁の業務は講演原稿の蒐集や省立図書館、博物館などの運営にとどまっていた。こうした状況は民国初期からすでに存在しており、南京臨時政府教育部社会教育司第三科（「社会教育」を担当）の科長であった伍達は、「社会教育」（伍は通俗教育と言っている）の「経費は地方（行政機関）が負担」し、「責任は教育会が引き受けるべき」であると述べている。[12]しかし、実際には各地の教育会だけでなく勧学所、県知事、学界人士などの提唱で「通俗教育会」という団体が形成され、地方「社会教育」行政を補佐したのである。

通俗教育会はその多くが私立・公立（半民半官を含む）を問わず清末より「社会教育」を盛んに行っていた地方名望家によって運営されていたと考えられる。こうした通俗教育会が全国各地に多数成立した（表1）。一九一五年には二三二団体が存在し、一九一八年にはそれが三四二団体に増えている。[13]それぞれの会は出版した雑誌や講演原稿などを通俗教育研究会に送付し、審査を受けていたが、活動内容はそれほど規制されなかったので、それぞれ独自の方法で活動していくことになった。そのうち天津の「社会教育」は当時の教育部社会教育司司長である高歩瀛からも「社会教育は天津を模範とすべし」と賞賛された先進的なものであった。[14]

以下では、天津の通俗教育会である天津社会教育辦事処を検討することを通して、北京政府期天津における「社会教育」の情況について明らかにしたい。その際、社会教育辦事処の機関紙である『天津社会教育星期報』と事業報告書である『天津社会教育辦事処報告』（天津社会教育辦事処編、一九一七年刊）を主な史料として用いる。『社会教育星期報』は一九一五年から少なくとも一九三六年十二月三十一日（一九二九年以降は『広智星期報』と改称される）まで発行された。民国初期から日中戦争期前まで二一年間続いたこの新聞は社会教育辦事処の活動状況を知らせてくれる基本

〔表1〕 全国通俗教育会状況（1915年）

省名	会数	公立	私立	会員数	場所
京兆	1	?	?		房山
直隷	3	2	1	292	楽城、天津、南和
奉天	16	3	13	356	撫順、海龍、寛甸、義県、東平、安東、昌図
吉林	3	0	3	90	長春、農安、東寧
黒龍江	2	0	2	158	龍江、巴彦
山東	20	8	12	1571	邱県、寿張、臨朐、魚台、莱蕪、齋河、沂水、膠県、鄒平、徳県、陽穀、朝城、日照、雒県、章邱、霑化、高苑、嘉祥、済陽
河南	30	4	26	1956	桐柏、中牟、内郷、河陰、温県、杞県、虞城、信陽、睢県、登封、新安、尉氏、郾城、淅川、遂平、固始、陝西、汲県、滑県、西華、寧陵、鹿邑、商邱、許昌
山西	8	3	5	155	夏県、解県、平魯、左雲、遼県、屯留、安邑、介休
江蘇	12	0	12	1012	太倉、上海、川沙、淮安、靖江、武進、儀徴、睢寧、江都、江陰、奉賢、泰県
安徽	2	0	2	30	銅陵、耶渓
江西	18	0	18	923	吉水、武寧、楽安、安遠、修水、南城、永新、都昌、上猶、万年
福建	6	0	6	433	浦城、吉田、順昌、連城、閩侯
浙江	9	0	9	373	楽清、黄巖、嵊県、瑞安、遂安、淳安、雲和、蘭渓
湖北	19	3	16	1441	穀城、房県、成寧、襄陽、雲夢、安陸、沔陽、崇陽、五峯、応城、広済、黄岡、通城、嘉魚、南漳、松滋、巴東、均県、夏口
湖南	4	1	3	230	攸県、沅陵、安郷、常徳
陝西	12	3	9	299	寧陝、南鄭、鳳翔、延長、扶風、永寿、汧陽、朝邑
甘粛	9	1	8	166	永昌、漳県、平涼、環県、東楽、山丹、化平、天水、鎮原
新疆	2	0	2	58	吐魯番、昌吉
四川	24	4	20	1022	邛崍、峨眉、秀山、汶川、眉山、筠連、馬邊、合江、昭代、江油、栄県、大邑、仁寿
広東	4	0	4	510	儋県、定安、新寧、広寧
広西	2	0	2	50	凌雲、柳城
雲南	24	10	14	1514	賓川、永平、大姚、塩豊、維西、広南、他郎、富県、靖江、洱源、大理、安平、邱北、晋寧、永善、澄江、宣威、易門、寧県、新平
貴州	2	0	2	283	桐梓、紫江
合計	232	42	189	12922	

（出典）「会数」～「会員数」：『教育部行政紀要』丁編、社会教育、21～31頁。「場所」：「本部行政紀要丁編（社会教育）目次見本期目録」『教育公報』3年10期、1916年。なお、表には示されていないが実際には北京にも通俗研究会があった。

史料である。そこに掲載されている記事は当時の天津の風俗（祭祀、葬式儀礼、年越し風習など）についてや、当時考えられていた理想的な生活習慣や女性像などについても我々に語ってくれる。筆者はこのマイクロフィルム版を天津図書館において閲覧した。

二　天津社会教育辦事処による「社会教育」の展開

（一）　天津における通俗教育会――社会教育辦事処の成立

第一章で述べたように、直隷省天津には、袁世凱によるいわゆる「北洋新政」期に近代教育が大いに発展し、多くの学堂が設立された。そしてそれは学校教育だけにとどまらず、「社会教育」においても確実な発展を遂げた。その最大の功労者が学堂創設でも大活躍した林兆翰であったことは先にも述べたとおりである。

さて、清朝が倒れ中華民国が成立すると、天津の教育関係機関（一九一三～一四年は教育司、一五年以降は教育庁）にも「社会教育」専門の部署が作られた。しかし、そこでは直隷省第一図書館、天津博物館などの管轄しかなされず、実際の「社会教育」事業（基本的には租界以外[15]）は天津社会教育辦事処という通俗教育会によって行われていた。社会教育辦事処は一九一五年七月一日に直隷省巡按使朱家宝の提案で天津西北角に作られたもので、その総董には巡按使公署社会教育顧問である林兆翰が任命された。社会教育辦事処は公立機関とされていたが、実際の運営は後述するようにほぼ民間においてなされていた。

社会教育辦事処で行われた事業は表2にあるように非常に広範囲にわたる。このほかにも風俗改良社、演説練習所、音楽練習所、夜間補習学校、露天学校、国文観摩社、四書補修班、武士会、国貨維持会、日本社会教育の調査、蝿取

〔表2〕 社会教育辦事処1926年度事業一覧

- 輿祭社の運営（春秋両丁祭祀及び聖誕節の準備）
- 文廟歳修辦事処の運営（文廟の修理、祭器楽器の購入など一切事業）
- 故節婦朱王氏の表彰を申請、省長・道尹・県長は賞書・匾額を授与
- 四処講演所、附設男女小学校の運営
- 民衆に警鐘を与える目的で、毎週日曜日に各講演所の外壁、北馬路及び社会教育辦事処門先に『社会教育星期報』と世間人心に益がある格言を貼付
- 講演員を各清茶館や巡廻講演に派遣
- 天津ほか各都市の古蹟を調査し、撮影し広智館に陳列
- 当代における天津の賢人の図画を集めるとともに先進図画を撮影し広智館に陳列
- 天津の旧碑の拓本や書・対聯・額を各講演所・広智館に陳列
- 採訪局の運営（現存節婦王趙氏、故節婦周李氏・蘇張氏の表彰）
- 社会教育星期報社の運営（『社会教育星期報』を定期出版）
- 半日学校の運営（貧寒子弟に将来生計の道を開くための能力を身につけさせる）
- 天足会の運営（肢体の健全、種族の強化を期すために、纏足の廃止を勧導）
- 崇倹会の運営（随時会員を徴集し、奢侈を戒める）
- 存社の運営（国粋の保存と卑俗の撤廃を宣伝するために毎月詩を募集し、『社会教育星期報』に掲載）
- 芸劇研究社・芸曲改良社の運営（各種改良詞曲の伝習、劇本の編集）
- 芸曲改良社瞽目部の運営（改良詞曲の研究、盲目の語り部の教育）
- 広智館の運営
- 禦冬儲金会の運営（会員は随時儲金し、冬に文貧に寄付）

（出典）「報告」『社会教育星期報』1927年2月20日をもとに作成。

り運動、学生服労団などの事業も行われていた。それぞれの事業の説明は次項「（二）教育活動」以下に譲る。

さて、天津の「社会教育」はいかなる人物によって担われたのだろうか。前述のように社会教育辦事処では『社会教育星期報』という機関紙を出版している。天津「社会教育」の中心人物からの投稿によって支えられていた『社会教育星期報』は、いうなれば天津「社会教育」の思想的中心であった。この新聞については後に詳述する。

表3は『社会教育星期報』に関わった人物を表している。ただし素性の分かる人物は限られており、ここに載せているのはある程度それが明らかな者だけである。しかし、中心的な人物はほぼ網羅している。この表から見出せる彼らの特徴は、（1）生員以上の資格を持ち、（2）すでに清末から「社会教育」

〔表３〕『社会教育星期報』関係人員（1915〜1928年）

身分	名前	経歴	科	社	崇	日
社長	林兆翰	第１章参照。	○	○	○	○
主筆	陳宝泉	1917年頃まで。註42参照。	○	○	○	○
	韓梯雲	註43参照。		○		
科学欄担当	劉宝慈	光緒の挙人。1901年普通学堂教員。1903年宏文学院師範科留学。1905年より天津模範両等小学堂堂長。1918年日本・朝鮮・江浙教育視察。	○	○		○
博物欄担当	陸文郁	1909年『生物学雑誌』出版。1911年同盟会入会。1914年大正博覧会に、1915年パナマ太平洋博覧会に参加。帰国後天津博物館を共同で設立、董事に就任。1921年より広智館陳列部主任。		○	○	
編輯員	王文光	1919年直隷省立第一中学校卒業。同年社会教育辦事処処員。天津地方史研究に従事。			○	
	戴玉璞	1930年代広智館技術部主任（「名」が不明につき「字」で表記）				
投稿者	高凌雯	光緒の挙人。国子監候補博士、学部普通司主事を歴任。1901年林兆翰等と普通学堂設立。その後は天津文史方志研究に従事。	○		○	
	章鈺	光緒の進士。外務部主事、京師図書館編修を歴任。辛亥革命後、金石・経史・詞章の研究に従事。1927年以後崇化学会で口授する。	○		○	
	陳恩栄	光緒の挙人。1903年宏文学院師範科留学。帰国後直隷学務処視学。1911年紅十字会天津分会設立。辛亥革命後北京高等師範学校教授、北京貧民院院長、燕京大学教授を歴任。1927年より匯文学校国文教員、ならびに国学研究者として周易を講義。	○	○		○
	張鴻来	光緒の生員。東京高等師範学校博物学専科留学。辛亥革命後北京五城中学教授。	○			○
	李金藻	註17参照。	○		○	○
	丁国瑞	附録参照。		○		
	厳修	第一章註４参照。	○	○	○	○

（註）「科」＝科挙資格の有無、「社」＝清末に「社会教育」を行っていたもの、「崇」＝崇化学会会員、「日」＝日本留学・視察経験者。不明な場合は空欄。
（参考）中国人民政治協商会議天津市委員会文史資料研究委員会編『天津近代人物録』天津、天津市地方史志編修委員会総編輯室、1987年。劉炎臣「厳範孫與崇化学会」『天津文史資料選輯』38輯、1987年。

を行っており、（３）日本留学を経験した人物が多い、ということである。すなわち、清末において科挙出身の有志が天津の「社会教育」事業を積極的に進めたが、それらの人々が民国期になっても続けて天津の「社会教育」事業を行っているのが確認できる。また、清末の教育事業が日本留学組を中心に実行されたように[16]、民国期の「社会教育」の中核も彼ら日本留学組であった。それを象徴するものとして、一九一六年四月から八月の間、社会教育辦事処は所員である李金藻[17]を日本に派遣し、日本の社会教育と女子教育を調査させている。帰国後、李はそれに基づき模範村と青年団の設立を提案している。この点では天津の「社会教育」思想における日本の影響は大きかったといえる。

ところで、天津の「社会教育」は以上に述べたような人物だけで推進されたわけではない。社会教育辦事処は「半民半官」組織であるとされ、経費は省公署より出ているといわれていたが[18]、学校教育にも手が回らない当時の財政状況から見れば、省公署からの資金は乏しかったのではなかろうか。それでも一九二八年まで辦事処が存続し、多くの事業を行い得たのは、社会教育辦事処の活動に理解を示した教育界、実業界などからの多くの寄付のためであった。

『社会教育星期報』は広告欄いっぱいに寄進者の姓名、寄付額、寄進者に対する謝辞を載せている。筆者の知る限り最も残存状況のよい天津図書館蔵の『社会教育星期報』は残念ながらマイクロフィルムに加工する際、広告欄の多くを切り落としてしまい、寄進者すべての姓名や寄付額を知ることはできない。したがってここでは社会教育辦事処それ自体ではなく、辦事処の附設機関に対する寄付について検討する。

表4はなかでも比較的まとまった寄付金リストである「壬戌年禦冬儲金会収放資助文貧款項報告[19]」、「崇倹会貧民半日学社補助基金[20]」、「社会教育星期報社基金[21]」から素性の明らかな人物を摘出したものである。その多くが教育界と実業界の人物であることが確認できる。そのうち教育界のなかでも目立つのが崇化学会という団体に所属している者である。

崇化学会は一九二七年に読経の復活を提唱し、国学を維持する目的で厳修（経歴は第一章註4を参照）という人物などによって設立された団体である。そこでは国学を学ぼうとする者に義理（宋学）、訓詁、掌故を教授した[22]。前出の**表3**からも確認できるように社会教育辦事処の中核メンバーにも崇化学会に属している者が多い。なぜならば、これ

〔表４〕　社会教育辦事処寄進者一覧

	姓名	科挙	所属（1915～1928）
個人	紀錦齋＊		敦慶隆綢布荘、康済恒塩店、天津市商会董事等
	王賢賓		日本大阪公司華賬房
	李宝謙		塩商（李善人家）、普利公司経理、新河衣場経理等
	王錫瑛		塩商（益徳王家）
	趙徳珍		裕元紗廠総経理、徳源銀号等
	厳蕉銘＊		浙江会館主持人、天津打包公司等
	王仁治		塩業銀行副理
	葉登榜		北洋保商銀行総経理、塩務同和津店、天津商会会長等
	魏長忠		横浜正金銀行買辦
	張作濤		塩業銀行経理等
	王錫彤	生員	参政院参政、のち啓新洋灰公司、開灤煤廠、北京自来水公司等
	李馨	生員	不動産、宝石、典当、銀号業
	趙元礼	生員	国会議員、天津造胰公司経理、中国紅十字会天津分会会長、城南詩社等
	厳修	進士	城南詩社、崇化学会
	華世奎	挙人	天津博物館副館長、城南詩社、崇化学会
	高凌雯	挙人	城南詩社、崇化学会
	林兆翰	生員	社会教育辦事処総董、城南詩社、崇化学会
	章鈺	進士	崇化学会
	鄧慶瀾		天津県第一学区勧学員
	孫鳳藻		直隷教育庁長、のち山東教育庁長、津浦鉄路管理局長兼浦信鉄路督辦
	趙天麟		北洋大学校長、のち開灤礦務局
	馮熙運		北洋大学法科教員、のち校長、開灤礦務局法律顧問
	馮文洵		黒龍江省泰来・海倫県県長、のち河北省北運河河務局長、城南詩社
	王治平		天津YMCA総幹事、のち衛理公会亜斯理堂主任牧師
	徐世光	挙人	道徳社、のち天津世界紅卍字会会長、城南詩社
	丁国瑞		天津敬慎医室
	韓梯雲		劇作家、『社会教育星期報』主筆

団体	永康号、慎昌号、信富号、万有号、中孚銀行、塩業銀行、裕元公司、振華軍衣荘、宝興昌、徳祥慶、玉興泰、敦慶隆、同元成、豫泰厚、城南詩社、双蔚堂、天心社、女道徳社

（註）「名」が明らかでない者は「字」で表記し、（＊）を付している。

（出典）「壬戌年禦冬儲金会収放資助文貧款項報告」『社会教育星期報』1923年２月25日。「張松泉先生来函」『社会教育星期報』1919年１月26日。「慕元甫先生提唱為本社捐集基金之辦法」『社会教育星期報』1928年８月26日。

は本章第三節で詳述するが、社会教育辦事処には中国の伝統文化をある程度擁護する性格があったからである。それは附設機関に中国伝統武術を訓練する武士会や、中国の古典を学習する国文補習夜班、国文観摩社、四書補習班などを組織していることからも明らかである。

またそれ以外の特徴は実業界からの寄付である。社会教育辦事処はその国粋的な性格とも関連して、中国貨の維持を提唱し、盛んに宣伝していた。具体的にはそれは国産品の使用を提唱した国貨維持会やこのあと「(三) 社会事業」で詳しく紹介する崇倹会などの設立に示されている。社会教育辦事処のこうした姿勢は当時の実業界に受け入れられていたと考えられる。このほか、世界紅卍字会会長の徐世光[23]からの寄付に見られるように社会教育辦事処の活動を支持していた慈善団体からの寄付も多かった[24]。

以上のように、社会教育辦事処による「社会教育」は、林兆翰を中心とした天津教育界人士が中心になって実践し、彼らを含む教育界、実業界、社会事業団体などの一部がそれぞれの思惑を持ってその活動を経済的に支えていたのである。

(二) 教育活動

社会教育辦事処が統括した事業は、既述のごとく広範にわたっていたが、以下ではそれら事業のうち代表的なものを選んで、彼らによる「社会教育」の具体的諸相と規模について見てみたい。

ところで、彼らによる「社会教育」の目的は「古くからの道徳を培養し、民衆知識を増進させ、平民の生計を計画し、不良風俗を矯正する」(『社会教育星期報』表紙)という『社会教育星期報』の宗旨に明確に述べられている。そこで本項ではそのなかの「民衆知識の増進」と「不良風俗の矯正」のために行われた教育活動について検討する。

①　講　演

講演は主に通俗教育講演所（従来の「宣講所」。以下「講演所」に略称）や遊行演説において行われた。講演所は既に清末に林兆翰などにより四ヶ所設立されていたが、民国に入るとそれらは社会教育辦事処の管轄になった。講演は毎晩約四時間行われ、無料で聴講できた。講演員の多くは小・中学校教員であったが、時には各地から弁士を呼んでくることもあった。民衆の関心を引くために、一般社会で人気のある内容の講演を選んだり、講演の前後に蓄音機を流したり、映画を放映したりした。[25] 一九一六年の記録によると聴講人数は一日約三五〇人であった。[26] また、講演所は敷地が比較的広かったので災害時には避難場所としても機能していた。例えば一七年の海河水害の際には多くの災民が講演所に避難した。講演所は二二ヶ条からなる「講演所災民之管理法」（主に災民の衛生に注意した）を定め、災民の管理をしている。また、その際災民に対し衛生、公徳、避雷などに関する教育を行い、水道情報、水勢情報、救済情報などを提供した。[27]

講演内容は一九一五年発布の「通俗講演規則」に定められた鼓励愛国、勤勉守法、増進道徳、灌輸常識、啓発美感、提唱実業、注意体育、勧導衛生などの普通講演と、緊急時に行われる特別講演であった。同規則により、講演原稿は関係官庁の認可が必要であった。当時の講演原稿は所在が定かでなく、講演の詳しい内容について知ることができない。[28]

講演所での講演のほかに、交通が不便で「風気不開」（古い風習にとらわれている）な場所などでは講演員が直接出向く遊行演説も行われた。これは一九一五年より開始され、主に天津の市街地を中心に行われていたが、成績優良につき二三年には壬串場、海河、大直沽、土城、小硝直口、楊柳青、河北大覚菴、穆家荘、北倉、宜興埠など郊外でも行われるようになった。遊行演説は普段は毎週日曜日二ヶ所で行われた。災害時には、講演所が避難民のため使用できなくなるので、遊行演説が大活躍した。このように講演活動は、講演所での演説と遊行演説を両輪として行われ、より多くの民衆に対して講演を行ったのである。(29)

一方、講演員の訓練にも力を入れ、一九一六年十一月十一日には講演員を訓練するための講演練習所も開設され、三九人の生徒を受け入れた。一八年四月十二日にはそのうち三五人が卒業を果たしている。(30) 講演練習所で教育された課目は、演説学、講演法、特別講演、衛生要素、教育原理、社会服務、心理学、社会経済、女子教育、童子軍（ボーイスカウト）、通俗教育、地方教育行政、体育要素、村民教育、法制大要、公民教育、問答演説であり、学員を教授するのは張寿春（字は伯苓、南開中学校長）、馬仁声（字は千里）、時作新（字は子周、ともに南開中学教員）、鄧慶瀾（天津県第一学区勧学員）、全紹清（天津陸軍医学校校長）などのような各分野における天津の「大教育家」であった。(31) 講演練習所の目的はもちろん適切な講演技術を身につけた講演員を育成することであったが、将来直隷省下の郷鎮で講演する人材を育成するという目的もあったらしい。その成果については詳しく分からないが、このことは社会教育辦事処の「社会教育」が、都市だけでなく郷鎮の「社会教育」をも見据えたものであったということを示している。また、入学者三九人のうち九人が直隷省外から入学した者であり、このことは天津の通俗講演練習所が省外からも注目されていたことをあらわしている。

ところで、一九二〇年に『教育雑誌』に掲載された調査報告によると、講演所の講演員の多くが「準備をせず、適当に新聞を読み上げ、雑談をしていた」としており、(32) 小林善文はこの記録を用いて、天津の「通俗講演は全くその教育的機能をはたしていなかった」としている。(33) しかし、例えば遊行講演団のメンバーである馬仁声（一八八五～一九三〇）は北洋大学を卒業し、当時南開中学の教師をしていたが、その傍らで新劇運動などの「社会教育」も行い、また五四運動では天津各界聯合会副会長、抵制日貨委員会主席を務め、「首謀者」の一人として周恩来、馬駿などとともに投獄されるという経歴を持つ[34]。五四運動以後、馬は社会教育辦事処の活動と距離を取るようになるが、少なくともそれ以前において彼のような政治的関心の高い人物が社会教育辦事処の活動に関与していたことは確かである。また、それ以後においても、天津の「社会教育」が積極的な活動をしていたことは、本書の内容から明らかであろう。調査報告で述べられているような不真面目な講演員もいたであろうが、これのみをもって天津の通俗講演が教育的機能を果たしていないと断定することはできないと考える。

②　貧民学校

「社会教育」では、貧しい人々を無償で教育する貧民学校も重要な事業の一つであった。ここではそのうち露天学校と半日学校について紹介する。

露天学校は、貧しくて学校に通えない子供のために露天で教育を行ったものである。教育内容は修身、国文、算法、遊戯、体操、唱歌などで、特に衛生の教育に重点をおいた。天津には男露天学校が一三校、女露天学校が四校あり、一九一六年当時中国で最も発展していたといわれている[35]。授業時間は一日一時間（場所によっては二時間）で、児童は一班約六〇人（女露天学校に関しては一〇〇人を超えた）であった[36]。教育家として著名な黄炎培は一九一四年一〇月に天津を訪れ、『教育雑誌』において天津露天学校の情況について紹介している。それによると各露天学校には六人の教員が配され、すべて小・中学校の教員が無償で教育を行っていた。男露天学校は日差しを避けるために高い建物の東壁面に設けられ、女露天学校は人家を借りて行われた。それぞれの学校には茶を給したが、その際生徒を班に分けて取りに来させることで秩序を教育した。また鏡と水を置いて手洗いをさせ、毎日その清潔を検査した。露天学校は特に登録のようなものはなく、自由に参加できたため、どの露天学校でも生徒はのきなみ増えていった。露天学校の開校期間は三月から八月に限られていたが、露天学校の成績優秀者は休校の間半日学校に送られた。[37]

露天学校は衛生教育に特に重点をおいていたので、災害時には避難民のために多くの臨時の露天学校が開校された。例えば一九一七年の水害時、李金藻の報告によると、天津には五万一七〇〇人の災民が押し寄せたが、そのうち学習機会を失った児童は約六〇〇〇人であった。そうした児童のために五〇地区で露天学校を開設した。そこでは衛生が重点的に教育され、その他の授業は副次的なものであった。[38]

半日学校は半日ごとに学生を入れかえて教育を行う学校である。一二歳以下の学童に入学が許され、学費は無料であった。天津では次章で述べる貧民半日学社をはじめ半日学校が多数あったが、そのうち社会教育辦事処のものは二校で、それぞれ社会教育辦事処と東馬路通俗講演所にあった。両校の学童は午前科、午後科それぞれ六〇人であった。[39]半日学校は営業部も設立している。これは半日学校の生徒の家庭を調査したところ、工業、商業を営む家が多く、彼らに工業、商業の訓練をする目的で一九一八年二月十二日に設立したものである。半日学校附属営業部で販売されたものは、半日学校で製作された学校用品および天津の各学校の製品（学生の工作品など）であった。価格は営業部と各学校で決め、なるべく安く売るよう努めた。参加した学校は工業専門学校、南開中学校などの二四校であり、それぞれの商品の質はよく、価格も安く、購買者も多かったようである。[40]

③　通俗教育新聞

多くの地域で発行された通俗教育新聞は、「社会教育」のための思想的中心となった。天津でも同様に通俗教育新聞を発刊していたが、それが本書で基本史料とした『社会教育星期報』である。『社会教育星期報』発刊辞では「機関が進展するにあたり、どこでも報紙（新聞）が鼓吹先鋒を為す。本刊の発刊もまた同じである」とあり、『社会教育星期報』が天津「社会教育」の先鋒たることが述べられている[41]。発刊に先立ち、社会教育辦事処はその附設機関として「社会教育星期報社」という団体を設立し、社長には林兆翰が就任した。前節最後でも紹介したように、『社会教育星期報』は週刊で、一九一五年九月から二九年まで発行された。それ以降は『広智星期報』と改称されて出版され続けた。一部銅圓一元（創刊当時）で、全八頁であった。天津以外にも読者がいた。内容は毎週異なるが、時事問題などを論じた「論説」・「言論」、社会教育辦事処やその附設機関の事業報告である「報告」、医学・衛生・体育などを論じた「衛生」、安価で高性能な産業商品の作り方などを提案した「実業談」、子供のしつけや母子衛生などを論じた「育児談」、倹約を重んじる生活を提案した「崇倹」、演劇改良を提唱し改良新戯（民衆啓蒙や社会改良のために行なわれた劇）の劇目を紹介した「戯劇」、すぐれた人物や商品を表彰した「表揚」、科学知識を紹介した「浅易科学」、などを掲載する。主筆は一九一七年頃までは全国的にも有名な教育家であった陳宝泉[42]が担当し、その後は劇作家である韓梯雲[43]が務めた。

『社会教育星期報』の内容は、講演所などで講演員の口伝えで民衆に伝えられたほか、直接読まれることでも効果を発揮した。しかし発行部数に関していえば、例えば一九一五年の年間発行部数は三〇〇〇部足らずであり、個人で購読していた人は少なかったと思われる[44]。むしろ掲示された『社会教育星期報』を閲読する者が多かった。その代表的なものに閲報所での閲読がある。閲報所とはいくつかの新聞を掲示して無償で閲覧させる施設であり、清末から既に設立されていた。閲報所は天津に五ヶ所あり、多くが講演所に附設されていた。一日の来訪者数は例えば一九一六年で約二二〇人であった[45]。また、社会教育辦事処の門前に閲報牌（新聞を貼る掲示板）を設け民衆に閲読させたりもした。そこには『社会教育星期報』だけでなく時事ニュースや絵図も掲示した[46]。

④　芸能の改良

当時の「社会教育」家にとって芸能が持つ社会に対する影響力は決して無視できないものであった。しかしながら当時天津で行われていた芸能には「迷信を鼓吹する」とされるものも少なくなかった。そのため社会教育辨事処ではそうした芸能を改良するためにいくつかの組織を作っている。ここではそのうち芸劇研究社と盲生詞曲伝習所を紹介する。

芸劇研究社は演劇を改良する目的で一九一三年に劇作家の韓梯雲と京劇の名優である汪笑儂によって設立された。その後、汪は上海に去り、組織は社会教育辨事処の所管となった(47)。芸劇研究社は天津の各劇場や茶館で演じられている劇の台本を収集し手直しを加えた。こうして改良された劇本は書籍として出版されたり、『社会教育星期報』に掲載されたりした(48)。また、社会教育辨事処では韓梯雲が著した『双魚珮』、『一封書』、『洞庭秋』などの改良新戯の劇本を出版している。これらは奎徳社という劇団の常演劇目となり、北京の広徳楼などで演じられた(49)。

当時多かった盲目の語り部について「社会教育」家は、迷信を言って民衆からお金を騙し取ったり、根も葉もない噂話を振りまいて民衆を混乱させたりするものと考えていた。そのため一九一五年に彼らを改良する目的で盲生詞曲伝習所（後の芸曲改良社瞽目部）が設立された。南門外沈家台と大直沽の二ヶ所に設置され、学生はそれぞれ三〇人であり学費は無料であった。卒業すると証書が与えられた。社会教育辨事処は卒業後彼らに徽章を付けさせ、また警察にもそれを検査するよう求めた(50)。

⑤　童子軍

学生を組織し、社会活動を行わせるなかで教育する方法も取られた。社会教育辦事処では、「国家の富強を図ろうとすれば、ただ多数の青年を頼みにするのみである。未入学者は補習教育をし、既に入学している者は修養を図る」必要があるという理由で、既に早い段階から青年団の必要性を提起し、その手始めとして各学校の生徒による童子軍（ボーイスカウト）の設立を説いていたが、[51]遂に一九一七年の水害の時に半日学校の生徒による学生服労隊が組織された。学生服労隊は、指定された場所で毎日災民のために服務した。その規約には信義、威重、輔助、親愛、勇敢、順従、礼譲、清潔などを実践すること、毎日少なくとも二つの有益なことをすること、無償で奉仕することなどが定められた。学生は災民の危険を救ったり、重荷を背負ったり、傷の手当てをしたりして頗る効果があったとされる。[52]

童子軍教育に対する教育者の関心は第一次大戦の頃より高まり、すでに各地に童子軍組織が作られつつあった。天津でもいくつかの学校やＹＭＣＡ（基督教青年会）、勧学所などで童子軍が組織されていた。この流れに社会教育辦事処も乗ったと考えられる。学生服労隊に関する記事はその後なく、その詳細については知ることができないが、それまでの社会教育辦事処の活動にはなかった青年の組織化の端緒として注目すべきである。

⑥　図書館・博物館

社会教育辦事処では児童図書館と、広智館という名の通俗博物館も設立している。そのうちここでは広智館に注目したい。広智館は、山東省済南でイギリス人により設立され、効果があったとされる山東広智院をモデルにしたものである。一九二五年一月五日に開設され、館長には林兆翰が就任している。同月に董事会が成立し、初代董事長には厳修が就任した。広智館には陳列室が五つあり、美術品、出土品、動物の剥製、生活文化を紹介した模型、文廟祭礼で使用する儀器などが展示されていた。広智館にはこれに加えて新旧書籍を所蔵する図書閲覧所が附設されていた。[53]

以上、天津社会教育辦事処の活動のうち通俗講演、貧民学校、通俗教育新聞、芸能改良、童子軍、図書館、博物館といった諸形態について概観し、そこから民国初期天津では様々な場所で幅広い年齢層に対して「社会教育」が行われ、かつ機能していたことを確認した。それらは清末における「社会教育」以来の教育を受け継ぎ、それをさらに発展させたものであった。

(三) 社会事業

天津社会教育辦事処の目的の中に「平民の生計を計画する」というものがある。この文意は『社会教育星期報』創刊号で以下のように述べられている。

教と養の二者はどちらが先に行われるべきか。孔子は、まず富ませた後に教える、と答える(『論衡』巻九問孔第二十八)。これは「養為教之先」である。管子曰く。「穀倉満ちて礼節を知る。衣食足りて栄辱を知る」と(『管子』巻二十三軽重甲第八十)。これもまた「以養為先」の説である。蓋し教が養より先では、人民の死を救うことができないだろう。それでどうして礼義を保つことができようか。教より養を先にすれば、一家の生活を維持することができ、家庭のことを心配することもなく、廉恥の心は自然と生まれてくる。教を以ってこれを促進すれば、即ち民を変え、俗を成すのは難しくない(54)。

このように、教育をする前にまず民衆に費用のかからない暮らし方を教え、彼らを裕福にした後に様々なことを教えるべきだとしている。そして、この思想を具体化させたのが一九一八年に社会教育辦事処の附属機関として成立した崇倹会と禦冬儲金会であった。

崇倹会は「各人の能力や地位によって社会にはびこる一切の浮華を取り除く」ことを宗旨に発足した団体であり、

文字通り会員は各人の地位により管轄している団体職員などに贅沢をしないよう教育する義務を負った[55]。会長には発起人の一人である林兆翰が就任し[56]、会員数は一九二七年の段階で三四二〇人あまりであった[57]。崇倹会にこれだけの人数の会員が集まった原因は、入会資格がゆるやかで比較的入会しやすかったこともあるが、それ以上に崇倹と抵制外貨運動（国産品愛用運動）が連動していたからであると考えられる。この考え方は『社会教育星期報』主筆である韓梯雲が崇倹会例会（一九一九年五月二十五日開催）で行った以下のような講演に表されている。

抵制外貨の決心と方法については、皆さんが崇倹を提唱するのがよい。数十年来中国人が浪費しているのは、外国貨を愛用しているからである。外国貨を愛用する原因は奢侈心が発達しているからである。……百種の外国貨のうち九九種は使う必要がない。これは中国貨を救う上で第一の要事である。中国はこんなに貧しくなってしまったが、それは薬で治すことはできない。しかしもし皆さんが善心を持って、一年間外貨を使わなかったら、中国はすぐに転機が訪れるだろう。三年で貧しさから解放され、五年後には豊かになっているだろう。国人がほんの少し崇倹の意思を持てば、すぐにこのような効果が出るのだ[58]。

このように社会から贅沢をなくすことと外国貨を買わないこととがうまく結び付けられている。すなわち崇倹会の活動そのものが中国貨の愛用を宣伝するものであり、そのため多くの中国の企業家がこれに参加したのである。

崇倹会の活動で重要なのが、社会事業的な活動である。その一つに同会会員である塩業銀行経理張作濤[59]を中心に行われた慈善基金がある。これは張の誕生日である旧暦十二月十一日に誕生会を開かず節約した七二五元と友人からの祝金二七五元を併せた一〇〇〇元を直隷省銀行に預金し、毎月一〇元の利息がついたもので、崇倹会はこの利息を「無限の人材を創出し、無業遊民を無くす」ために、天津警察庁所轄の貧民半日学社に寄付した[60]。貧民半日学社とは一九一五年に天津警察庁長の楊敬林によって設立された貧民学校である。この学社は学制改革のせいで義学や私塾がなくなってしまったために教育がさらに困難になった人々に対して無料で教育を受けさせるために設立された[61]。学社の経費はすべて寄付に頼っていた[62]。一九一九年の統計では三六社に三三四二人の学生が学んでいた[63]。この貧民半日学社に崇倹会は一九一九年から二六年までの七年間に八四〇元を寄付し、この寄付は恐らく二七年も継続して行われたと考えられる[64]（同学社の活動については第三章で詳述する）。

また崇倹会は他の社会事業に対する寄付の受け入れ窓口にもなっていた。例えば一九二〇年に華北で大旱魃が発生した際には崇倹会は広く義捐金を募り、最終的には一五〇〇元あまりを集めて天津警察庁に贈っている[65]。このように崇倹会は単なる修養組織ではなく、社会事業組織でもあったのである。

他方、禦冬儲金会は行政機関から解雇され貧しい生活を送る「文貧」に生活費を給付し、彼らを救済する団体であった。『社会教育星期報』にも「現在各機関では仕事が少ないのに人が多く、暇を与えられる者が少なくない。……みな文貧の資格があるのだから、みな文貧を援助する義務があるのだ」とあるように、当時文貧の問題は深刻であった[66]。禦冬儲金会は会員が公式の宴会を催した際に、食事代の百分の一を寄付するというもので、一九二二年に林兆翰によって提唱された[67]。集められた寄付金は社会教育辦事処を通して大業銀行に預金された。二八年に大業銀行が倒産して儲金会が一時機能停止されるまで全体としてどれほどの寄付が集まったのかは不明であるが、例えば二二年には六八三元五角六分の現金、一五一〇斤の玉麵（トウモロコシの粉）、二五身の棉衣などが集められ、会員の紹介によりそれぞれの文貧に配布された[68]（表5）。

崇倹会や禦冬儲金会の活動から、社会教育辦事処が単なる教育団体ではなく、当時の民衆の情勢をよく把握した上で彼らを経済的に救っていくのを目的として活動した社会事業団体であったことが確認できる。そしてその究極の目的は前述したように、民衆を豊かにしたのち教育し、ひいては社会全体を改良しようとするものであったのである。

〔表５〕　壬戌年禦冬儲金会収放資助文貧款項報告（1922年度）

		寄付・紹介者	総額
現金（元）	収入	(特捐のみ)劉蘭軒＊(１)、朱燮辰＊(２)、某君尊堂范太淑人逝世三十週年経価移助本会(20)、某君継妣王宜人逝世二十週年経価移助本会(10)、某君尊堂范太淑人七旬冥寿経価移助本会(20)、隠名氏(15)、張阿寅病気全快記念特捐(４)、喩爻吉＊(２)、醉墨(４)、馮俊甫＊(５)、韓梯雲(５)、游仲瑜＊(48)、周岣芝＊(66)、社会教育辦事処同人共捐(3.2)、馮文洵(５)、造胰公司(11.57)、王少泉＊(200)、城南詩社(4.88)、厳蕉銘＊(10)、王錫彤(20)、劉介丞＊(50)、張蔭南＊(10)	683.56元 (前年繰越115.62元)
	放出	厳修(40)、王守恂(５)、林兆翰(43)、李華甫＊(12)、劉蓉生＊(55)、朱潤山＊(４)、張澤民＊(18)、鄧慶瀾(８)、李寰生＊(11)、王庸卿＊(10)、薛賛青＊(22)、李毓如＊(４)、孟徳官＊(13)、徐念曾＊・孟嗣宗＊(４)、王鳴九＊(12)、蕭維三＊(13.2)、単式如＊(６)、王筱亭＊(５)、厳江孫＊(５)、厳智開(22)、丁国瑞(６)、王晋卿＊(９)、張紹山＊(５)、張蔭南＊(６)、金栄軒＊(５)、解忱清＊(13)、楊寿忱＊(11)、劉漸逵＊・柳江村＊(17)、韓梯雲・林兆翰(６)、朱化南＊(４)、趙元礼(48)、孫鳳藻(25)、周支山(６)、王文光・劉絜齋＊(30)、穆錫九＊(17)、徐洞秋＊(８)、王育生＊(２)、王蔭齢＊(２)、劉蘭甫＊(２)、杜振齋＊(10)、游仲瑜＊(10)、李玉生＊(１)、王文翰＊(１)、馬仁山＊(３)、張省三＊(７)、李子松＊(９)、王瑞麟＊(３)、劉問洵＊(３)、朱子衡＊(７)、徐指升＊(４)、丁国洪＊(４)、張秉権＊(６)、馬吉祥＊(４)、劉紹先＊(４)、社会教育辦事処同人(15)、楊寿忱＊(44)	669.2元
玉麺（斤）	収入	双蔚堂(500)、天心社(200)、厳蕉銘＊(400)	1510斤 (前年繰越410斤)
	放出	林兆翰(230)、劉蘭甫＊(30)、李毓如＊(20)、朱潤山＊(20)、厳江孫＊(230)、劉漸逵＊(120)、張省三＊(10)、朱子衡＊(20)、李玉生＊(20)、王文翰＊(50)、戴玉璞＊(30)、馬吉祥＊(30)、王文光(30)、展馥庭＊(30)、馬仁山＊(40)、孫貴手＊(230)、張桂森＊(40)、丁豫西＊(50)、劉蓉生＊(130)、楊西侯＊(30)、王筱亭＊(20)、劉問洵＊(50)、薛賛青＊(50)	1510斤
棉衣（着）	収入	女道徳社(棉衣25)、羅長光＊(棉襖10、棉褲８)	棉衣25着 棉襖10着 棉褲８着
	放出	戴玉璞＊・馬吉祥＊・王文翰＊・王文光・展馥庭＊・馬仁山＊・時作新・張桂森＊・厳江孫＊・劉蓉生＊・楊西侯＊・王庸卿＊・穆錫九＊・呉召棠＊・孫貴手＊(棉衣25)、王文光・楊寿忱＊・林兆翰・劉蓉生＊(棉襖10、棉褲８)	棉衣25着 棉襖10着 棉褲８着

(註)「名」が明らかでない者は「字」及び「号」で表記し、(＊)を付している。

(出典)「壬戌年禦冬儲金会収放資助文貧款項報告」『社会教育星期報』1923年２月25日。

三　社会教育辦事処による「社会教育」の「伝統」的性格

前節では社会教育辦事処による「社会教育」の具体的な活動内容について検討したが、本節ではその理念について考察し、そうした理念を持った社会教育辦事処が新文化運動に対してどのようなスタンスを取っていたのかについて論じてみたい。

社会教育辦事処が掲げた目的の一つである「古くからの道徳の培養」とは、不良風俗を矯正する一方で、古くからの道徳は培養するということを意味する。つまり古いものをすべて否定するのではなく、良くない風俗や迷信は断固反対するが、古くからある道徳や古くから伝わっている正しいことについてはこれを残し、伝えようとしているのである。こうした「伝統」で彼らが特に保存したかったのは儒教道徳であった。この儒教道徳こそ社会教育辦事処による「社会教育」の重要な要素であった。そのため彼らは文廟（孔子廟）の管理や道徳的に優れた人物の表彰を行ったのである。

社会教育辦事処と文廟との関係がいつから始まったかについては特定できないが、林兆翰はすでに一八八〇年代から文廟の事業に関わっていたとされている。[69] 天津には元来「與祭社」という春と秋の祭礼を取り仕切る団体があったが、[70] 社会教育辦事処はそれを附設機関として引継ぎ、以後文廟祭礼を主導した。[71] この與祭社もやはり寄付により成り立っていた。例えば一九二二年には三五二元の寄付を集め、春秋祭礼と聖誕節の費用に当てている。[72] さらに二三年には当時非常に荒廃していた文廟を再建するために文廟歳修辦事処が設立され、林兆翰が永久主任に就任し、社会教育辦事処が一切の経理を取り仕切った。[73] この際にも修築費として少なくとも四万元の寄付が集められた。[74] このように社会教育辦事処はその後二九年に国民政府によって文廟祭祀が一時廃止されるまで、一貫して聖誕節、春秋の祭礼をとりしきり、文廟の運営を行ったのである。

　また、社会教育辦事処は道徳的に優れており人々の模範となる天津人を表彰するために、一九一八年に附設機関として「採訪局」を創設した。採訪局とは蘇州に倣って郷紳の沈兆澐らが一八七五年に設立し、天津府属七県の表彰事

〔図１〕 文廟祭礼（1912年）

（出典）『近代天津図志』天津、天津古籍出版社、1992年、171頁。

業を行ったものであるが、その後しばらく停頓していたのを社会教育辦事処が引き継いだのである。表彰資格者は註冊費（登録費）さえ払えば表彰された。他の諸経費は辦事処によって負担された[75]。表彰資格は（1）親孝行をした者、（2）著しい義行をした者、（3）公益に心を尽くした者、（4）芸術において功があった者、（5）徳の高い者、（6）仲睦まじい夫婦、（7）節を守った、および節を守って殉じた婦女、（8）年齢が一〇〇歳に達した者、であったが[76]、表彰されたのは特に節を守った婦女（節婦）が多かった。こうした表彰者の記録は天津県の修志局に送られ、将来編纂する地方志の資料とされた。

　これら採訪局による表彰のほかにも上記の資格に達したものについては『社会教育星期報』においても紹介された。また社会教育辦事処では『天津崇祀郷祠諸先生事略』や『天津郷賢賛』[77]など郷土の仁人孝子を称える書籍を出版し、先人に学び道徳を

重んずるよう説いた。このような模範人物については、文廟の例祭時においても肖像画つきで紹介された[78]。

こうした姿勢は社会教育辦事処の教育内容にも現れている。例えば『社会教育星期報』では父母が亡くなった後に行われる風習について改良と保守の二通りの意見を述べている。すなわち、よい日を選んで納棺する風習については「〔暑い〕天気のなかで長い間〔死体を〕置いておくと、必ずや悪臭を発し……悪臭が臓腑に入って簡単に瘟疫が発生してしまう」と批判し、さらにそのことは「公共衛生においても実際大きな障害である」ため改良すべきとしている[79]。その一方で『社会教育星期報』の主筆は、親が亡くなってからまだ一〇〇日も経っていないのに喪を開けている人について批判する際、旧来行われていた「父母が死去した場合三年の喪に服す」という教えを紹介している。彼は「私は厳格に三年間喪に服せとは主張しないが」と断りつつも、結局は儒教的観点からその人物の行いを批判しているのである[80]。

しかし、こうした彼らの姿勢は新文化運動期に批判を浴びた[81]。一九二〇年に『教育雑誌』に掲載された報告には『社会教育星期報』に関して次のように感想が述べられている。

彼らが討論する題目はみな小さなことから大きな問題を切り、注目するものであり、とても良いものである。しかし残念なのは、思想がやや古く、新時代の人類にとっては何も得るものがない[82]。

また『社会教育星期報』について「出版界の妖怪」、「進歩がない」と厳しい批評をする者もあった[83]。しかし、こうした批判に対する彼らの反論の中には、彼らなりの「社会教育」に対する考えが明確に見て取れる。その一人である韓梯雲は次のように言う。

私は近年の思想家が言っている系統的で根拠のある文化革命説は認めるが、まずなんとしても固有の文化を破壊しなければならない、というのだけは理解できない……文化は実際根本的に東西で相容れない部分があり、従ってそれは良好な道徳に革命せねばならないが、東西ともに通用するものについては革命する必要はない。現在流行っているからといって専ら固有の良好道徳を破壊する者がいるが、このような者は〔中国の〕西洋化にとっても罪人である[84]。

このように彼らは文化の革命それ自体に反対するのではない。彼らは当時において通用する道徳をも破壊することに反対したのである。なぜなら、彼らは当時の問題に対処するために伝統的な道徳を利用することを唱えていたからである。例えば、韓は道徳と社会風紀の維持との関係について次のように主張している。

中国一切の礼教はすなわち旧社会において最も力のある風紀である。諸公が作っている新しい風紀が成功するまではくれぐれも専ら旧風紀を破壊することなきよう[85]。

以上のように社会教育辦事処の人々は、中国古来の道徳を基礎に、近代に合わない道徳は改革し、中国人の進歩をはかり、社会風紀を保とうと考えていた。従って徹底的な西洋化によって良好な道徳を破壊しようとする言動は彼らにとっては中国の進歩を遅らせるものと映った。そのため、彼らはあらゆるものを西洋式に変えようとする当時の風潮に対しては批判的であり、特に思想がないのに時流に乗って専ら固有の文化を破壊しようとする行為を徹底的に批判したのである。

では、彼らはどのように社会を進歩させようと考えていたのであろうか。彼らの「社会教育」活動の目標は以下のようであった。

社会の真の進歩とは瀕死の状態から生き返るための真の力量を求めることであり、粉飾であってはならず、また偽造であってもいけない。本報は永遠に社会の真の情形を気にかけ、国人を喚起するものであり、小さいことから真の力量を用いていつも種々の論を発表し、社会に施している。それでもまだ（一般民衆と知識人との間には）

互いの距離はある。それは社会は一般民衆の社会であり、もっぱら数人の知識階級の社会ではない。一般民衆が一歩前進すれば、社会も一歩前進する。本報が考えている社会とは急いで強国を唱えるのではなく、亡国を緩めることを希望しており、亡国を止めることができないのであれば、根本を培植し、他日に国を復興する種子を残すことを希望する。(86)

急いで強国を唱えず、民衆の状況に合わせて少しずつ社会を進歩させるという考え方は社会教育辦事処が開設されて以来続いてきたものである。それゆえ社会の真の進歩が見られないうちは、どんなに「進歩がない」といわれようと、彼らはそれを続けていった。

なお、こうした新文化派からの批判によって社会教育辦事処の活動は縮小したのかというとむしろ逆で、五四運動後彼らの活動はますます広範にわたるようになった。上記表2は一九二六年度事業の一覧だが、このうち講演所、附設男女小学校、巡廻講演、採訪局、社会教育星期報社、半日学校、天足会、崇倹会、存社、芸劇研究社、芸曲改良社の運営と、格言を書いた紙の各施設の軒先への添付以外の事業はみな一九一九年以降に開始されている。つまり、新文化派からの批判と道徳の腐敗という状況は、社会教育辦事処の人々に危機感を抱かせ、「社会教育」活動をますます活発化させる結果となったのである。

おわりに

これまで述べてきたことをまとめると以下のようになる。

中国の近代に登場した「社会教育」の目的は「社会の改良」であり、社会の改良はすなわち社会の進歩、そして中国の進歩につながるものであった。こうした議論を受けて、実質的には実行能力のない中央政府に代わって地方の「社会教育」を行うために多くの通俗教育会が設立された。そのうち清末の「社会教育」を統合する形で登場した天津社会教育辦事処は、天津の教育界や実業界などからの寄付を基に数々の「社会教育」事業を行っていた。それは演説活動、貧民学校・図書館の運営、通俗教育新聞の出版などのような教育活動だけでなく、崇倹会による貧民半日学社経費の補助や、禦冬儲金会による文貧の生活保護など社会事業活動をも含むものであった。しかし、天津社会教育辦事処は民衆の社会道徳を向上させるために儒教道徳をも重視した。そのため社会の進歩のために展開された「社会教育」で、かえって文廟の再建や節婦の表彰が復活することになった。こうした姿勢は五四運動後に新文化を掲げる人々から批判されることになるが、社会教育辦事処は儒教道徳の保持こそ社会を進歩させるものであり、中国を進歩させるものであると考えていた。そして、こうした考えに同調した教育界、実業界、社会事業界の少なからぬ者たちの援助によって、社会教育辦事処は事業規模を拡大させつつ一九二八年まで「社会教育」を行い続けることができたのである。

なお、この時期天津には社会教育辦事処以外にも「社会教育」に従事する団体が存在した。次章ではそのうち比較的大規模な活動を展開した天津警察庁と天津県教育局の動きについて見ていく。そうすることで、北京政府期天津の「社会教育」の総体的な像をつかんでいきたい。

註

（1）例えば北京政府期の通俗教育について長期的に論じたベイリーの研究と李建興の研究は北京政府や国民政府が公表した統計データの収集に終わっており、あくまでも概括的なものにとどまる（Paul J. Bailey. *Reform the People: Changing Attitudes*

Towards Popular Education in Early Twentieth-Century China, Edinburgh: Edinburgh University Press, 1990. 李建興『中国社会教育発展史』台北、三民書局、一九八六年）。一方、通俗教育会の先駆けである中華通俗教育会の活動および当時の「通俗教育」概念について検討した上田孝典の研究は注目に値するものであるが、この会の活動期間は一年半ほどであり、その後の状況については論じられていない（上田孝典「近代中国における『通俗教育』概念に関する考察――伍達と『中華通俗教育会』の活動を中心に――」『日本社会教育学会紀要』三八号、二〇〇二年。上田孝典「民国初期中国における社会教育政策の展開――『通俗教育研究会』の組織とその役割を中心に――」『アジア教育史研究』一四号、二〇〇五年）。また、王兆祥の研究は新聞などを利用して華北全体の「社会教育」を広く見たものであるが、個々の社会教育活動の具体的な動向は見えてこない（王兆祥「近代華北城市社会教育形成與発展初探」『天津社会科学』総第一二八期、二〇〇三年）。そのほか、周慧梅は著書のなかで当該時期に存在していたいくつかの通俗教育館（南京、成都、北京など）について紹介しているが、それぞれの活動について深く検討しているわけではない（周慧梅『近代民衆教育館研究』北京、北京師範大学出版社、二〇一二年）。

（2） 劉は著書第三章第二節において、「北京における平民教育の二つの典型」として熊希齢によって一九一七年に創設された香山慈幼院と、北京大学において一九一九年に設立された北京大学平民教育講演団を挙げている。後者は平民教育の代表例としてよく取り上げられる団体だが、前者はあまり知られていない。教育の内容から察するに、デモクラシーの教育を標榜するいわゆる狭義の平民教育とは関係がそれほど強くない団体だったのではなかろうか（一九一九年以降狭義の平民教育よりも広い意味、すなわち「社会教育」と同じような意味で平民教育という語を使用する例が多々見られた）。その香山慈幼院が京師学務局や京師警察庁などが行う「社会教育」とどのような関係にあったのかは、彼女の著書から判然としない。なお、香山慈幼院については例えば以下の論考がある。大江平和「熊希齢と北京香山慈幼院――一九一九年から一九二七年までの財政を中心に――」『人間文化創成科学論叢』一五巻、二〇一三年。

（3） なお、「社会教育」は当時通俗教育とも呼ばれたが、本書では固有名詞を除き以降「社会教育」に統一する。

（4） 『教育雑誌』（商務印書館編）は一九〇九年から四八年まで刊行された教育関係の雑誌である。黄炎培や荘澤宣などが論陣を張り、プラグマティズムの教育思想導入にも積極的であった。この雑誌については、阿部洋『中国近代学校史研究――清末における近代学校制度の成立過程――』福村出版、一九九三年、三七八～三九五頁、に詳しい。
（5）錫鑫「教育家対於国家社会之責任」『教育雑誌』七巻九号、一九一五年、一六九頁。
（6）陸規亮「社会教育之意義及種類」『教育公報』二年四期、一九一五年。陸はこの論文を書くにあたり吉田熊次『社会教育』敬文館、一九一三年、および新渡戸稲造「欧美視察社会教育談」を参考にしているが、新渡戸の文章については新渡戸稲造全集編集委員会編『新渡戸稲造全集』教文館、一九六九～二〇〇一年、に見当たらず、内容も不明である。
（7）賈豊臻「吾国今後宜注意於社会教育」『教育雑誌』一一巻二号、一九二〇年。
（8）「通俗教育研究会章程」『教育法規彙編』一九一九年、所収、四七三頁（多賀秋五郎編『近代中国教育史資料』民国編上、日本学術振興会、一九七三年、所収、五〇〇頁）。
（9）Bailey, *op. cit.*, pp.185–194. 通俗教育研究会は一九一二年に組織されたが、その後消滅し、一五年に再度組織されている。なお、社会教育司第一科科長を務めた周樹人（魯迅）と通俗教育研究会との関係については、竹内実「周樹人の役人生活――通俗教育研究会との関係――」『東方学報』京都、五九冊、一九八七年、で論じられている。
（10）「大事記」『教育雑誌』三年一〇期、一九一二年、六九頁。
（11）李建興前掲書、一五八～一五九頁。
（12）伍達「各地教育会対於通俗教育之責任」上海経世文社編『民国経世文編』三三冊、一九一四年、所収、一八～一九頁。伍達（一八八〇～一九一三）、字は博純、江蘇武進の人、光緒の生員。宣統二（一九一〇）年に日本学事考察を行い、日本の社会教育事業に注目する。辛亥革命の後、臨時政府教育部社会教育司第三科科長に就任する。北京に政府が移ると退職し、上海で中華全国通俗教育研究会（のち中華通俗教育会に改名）を組織する（劉紹唐主編『民国人物小伝』第一冊、台北、伝記文学出版社、一九九二年）。
（13）李建興前掲書、一六二頁。
（14）李瑞芬「林墨青六十寿言」『天津林墨青寿言』天津、広智星期報社、一九三三年、所収。高歩瀛（一八七三～一九四〇）。

河北覇県人、光緒の挙人、光緒二十八（一九〇二）年日本に留学。帰国後は直隷省視学、学部侍郎などを歴任し、一九一五年より二七年まで教育部社会教育司司長。その後は北京師範大学教授などを務めた（徐友春主編『民国人物大辞典』石家荘、河北人民出版社、一九九一年、七三九頁）。

(15)　一九一七年の天津租界区の人口は一一万九一五〇人で、それを除いた天津の人口は六〇万〇七四六人だった（李競能主編『天津人口史』天津、南開大学出版社、一九九〇年、二八八頁）。

(16)　朱鵬「厳修の新学受容過程と日本――其の二・天津の紳商と近代初等学堂をめぐって――」『天理大学学報』一九二輯、一九九九年、一九四頁。

(17)　李金藻（一八七一～一九四八）、字は芹香または琴湘、天津人、光緒の生員。一九〇三年に日本宏文学院師範科に留学、帰国後は直隷省視学などに就任する。辛亥革命後は直隷省巡按使公署教育科主任、天津社会教育辦事処処員、江西教育庁長、広智館館長、天津市教育局長、河北省教育庁長などを歴任した（中国人民政治協商会議天津市委員会文史資料研究委員会編『天津近代人物録』天津、天津市地方史志編修委員会総編輯室、一九八七年、一六一～一六二頁）。

(18)　種因「天津社会教育状況」『教育雑誌』一二巻七号、一九二〇年、六頁。

(19)　『社会教育星期報』一九二三年二月二十五日。

(20)　「張松泉先生来函」『社会教育星期報』一九一九年一月二十六日、所収。

(21)　「慕元甫先生提唱為本社捐集基金之辦法」『社会教育星期報』一九二八年八月二十六日、所収。

(22)　劉炎臣「厳範孫與崇化学会」『天津文史資料選輯』三八輯、一九八七年。「崇化」とは『漢書』武帝本紀の「郷党の化を崇ぶは、賢才を厲(たの)むを以ってす」による。従って授業で用いた書は『論語』、『史記』、『漢書』、『詩経注疏』、『通鑑輯覧』、『段氏説文』などであった。

(23)　徐世光（一八五九～一九二九）、字は友梅、天津人、徐世昌の弟、光緒の挙人。青州知府、済南知府、登萊青膠道台などを歴任した。辛亥革命後は濮陽河工督辦を務めた後、道徳社を組織。その後世界紅卍字会会長に就任した（前掲『天津近代人物録』三〇三頁）。

(24) このほか寄進者の中には「城南詩社」と呼ばれる団体に加入している者も多い。城南詩社は一九二一年に厳修によって創設され、一九四七年に解散するまで天津の文化人の多くが加入した（章用秀『天津地域與津沽文学』天津、天津社会科学院出版社、二〇〇〇年、一六七～一六八頁）。また、社会教育辦事処は附設機関として「存社」と呼ばれる詩社を設立している。こうした団体が天津の地方名望家のネットワーク形成にいかに作用したのかは今後検討される価値がある。ちなみに清代天津の塩商について論じた以下の研究では塩商と芸術団体の関係についても検討されている。Kwan Man Bun, *The Salt Merchants of Tianjin: State-Making and Civil Society in Late Imperial China*, Honolulu: University of Hawai'i Press, 2001, pp.73-88.

(25) 「報告」『社会教育星期報』一九一八年四月十四日。

(26) 直隷教育庁編『（中華民国五年）直隷教育統計図表』第三編、出版年不明、八六頁。

(27) 「報告」『社会教育星期報』一九一七年十月七日。

(28) 一九二九年に天津市立第一通俗講演所で行われた講演の原稿は東京大学東洋文化研究所に保存されている。范紹韓等『天津市立第一通俗講演所講演文稿』（二二冊）、一九二九年。

(29) 「致警察庁公函」『社会教育星期報』一九一五年八月八日。「遊行講演第二次会議」『社会教育星期報』一九一七年十一月十八日。「函達警察庁勧学所」『社会教育星期報』一九二三年十月十日。

(30) 「咨直隷省長所送通俗教育講演練習所畢業学員分数表准予備案文」『教育公報』四年一〇期、一九一七年、三二頁。

(31) 「通俗教育講演練習所開幕紀実」『社会教育星期報』一九一六年十一月十九日。

(32) 前掲「天津社会教育情況」五頁。

(33) 小林善文『中国近代教育の普及と改革に関する研究』汲古書院、二〇〇二年、三二九～三三〇頁。

(34) 馬はその後天津達仁女校の創設をしたほか、河北省教育会委員、天津紅十字会副会長、国民党天津党務指導委員会委員などにも就任している（前掲『天津近代人物録』九頁）。

(35) 侯鴻鑑「天津教育講演録（第六章　社会教育及家庭教育）」『教育雑誌』八巻四号、一九一六年、三二一～三二三頁。

(36) 「報告」『社会教育星期報』一九一六年七月九日。天津社会教育辦事処編『天津社会教育辦事処報告』、一九一七年、一頁。

(37) 黄炎培「参観京津通俗教育記」『教育雑誌』七巻一号、一九一五年、二一～三頁。
(38) 「災民児童輿露天学校」『社会教育星期報』一九一七年十月十四日。
(39) 「報告」『社会教育星期報』一九一六年七月十六日。前掲『天津社会教育辦事処報告』一～二頁。
(40) 「半日学校附設販売部」『社会教育星期報』一九一七年十一月十八日。「営業部代售成績辦法」『社会教育星期報』一九一八年一月二十日。「学生営業部開市」『社会教育星期報』一九一八年二月二十四日。
(41) 「本報発刊辞」『社会教育星期報』一九一五年八月一日。
(42) 陳宝泉（一八七四～一九三七）、字は筱庄、天津人、光緒の生員。光緒二十九（一九〇三）年に日本宏文学院師範科へ留学し、帰国後直隷学務処処員、学部郎中、実業司司長を歴任した。辛亥革命後は教育部普通教育司司長に就任。北京通俗教育会や北京高等師範学校の設立にもたずさわり、その後は天津県教育会会長、市立通俗教育会会長、整理海河委員会総務処処長、河北省政府委員兼教育庁庁長などに就任した（前掲『天津近代人物録』二〇〇～二〇一頁）。
(43) 韓梯雲（生没年不詳）、字は補青、号は補菴、河北涿鹿の人。民国初期より林兆翰らと戯曲の改良に取り組む。長らく『社会教育星期報』、『広智星期報』の主筆を務める。（中国戯曲志編輯委員会『中国戯曲志・天津巻』北京、文化芸術出版社、一九九〇年、四一三～四一四頁）。
(44) 「報告」『社会教育星期報』一九一六年七月十六日。しかし三〇年代の記録によると一回で数千部出版されたとある（宋蘊璞『天津志略』北平、北京蘊興商行、一九三一年、二四六頁）。ちなみに他の新聞の一回における発行部数（一九二〇年当時）は、『漢文泰晤士報』八一九部、『天津日日新聞』六六九部、『益世報』一五一九部、『白話晩報』二八四九部、『白話晨報』二五四二部、『白話午報』一一五九部であった（前掲「天津社会教育状況」一頁）。
(45) 前掲『(中華民国五年) 直隷教育統計図表』第三編、九二頁。
(46) 「掲示教育」『社会教育星期報』一九一七年十月七日。
(47) 林兆翰「介紹奎徳社新劇兼述天津改良戯曲之歴史」『社会教育星期報』一九二一年一月九日。汪笑儂と天津の演劇改良運動との関係については中村忠行「晩清に於ける演劇改良運動――旧劇と明治の劇壇との交渉を中心として――」（一・二）『天理大学学報』七・八輯、一九五二年、においても触れられている。

(48) 前掲『天津社会教育辦事処報告』二頁。

(49) 前掲『中国戯曲志・天津巻』四一三～四一四頁。

(50) 「盲生詞曲伝習所開学紀実」『社会教育星期報』一九一六年十二月十七日。「報告」『社会教育星期報』一九二七年二月二十日。

(51) 前掲『天津社会教育辦事処報告』五頁。

(52) 「組織学生服労隊」『社会教育星期報』一九一七年十月七日。

(53) 天津広智館編『天津広智館十周年紀念報告』一九三五年、一～六頁。

(54) 「本報発刊辞」『社会教育星期報』一九一五年八月一日。

(55) 「天津崇倹会簡章」『社会教育星期報』一九一八年九月一日。

(56) 発起人は林のほかに劉炳炎（塩業銀行董事）、王之傑（直隷省銀行行長）、劉嘉琛（前四川提学使）、高凌雯（前学部主事）、華澤沅（天津県勧学所長）、鄧慶瀾（天津県視学）、王仁沛（挙人）、鄧崇光（長蘆綱総）、宝栄光（長蘆綱総）、劉光嶲（長蘆綱商）、趙延賓（長蘆綱商）、楊瑞年（長蘆綱商）、王維瑢（怡和斗店経理）、姜履升（怡和斗店副経理）、徐恩齢（玉興泰洋貨店経理）、宋寿恒（天津工業售品総所総理）、張玉珍（洽源銀号経理）、王慶泰（永康銀号経理）、王化清（直隷省銀行協理）、杜郥銘（志通銀行経理）、呉元棻（挙人、塩業銀行文牘主任）、張作濤（塩業銀行経理）、王仁治（塩業銀行副経理）がおり、塩業関係者が目立つ（「崇倹」『社会教育星期報』一九一八年九月一日）。総董の林兆翰やその協力者の厳修なども塩商の家の出身であり、ここから社会教育辦事処と塩商の関係は深かったと考えられる。なお、崇倹会の名誉会長には前出の厳修、徐世光のほか、李家駒（前資政院総裁）、范源濂（前教育総長）、曹鋭（直隷省長）、邊守靖（直隷省議会議長）、王章祜（直隷教育庁長）、厳智怡（直隷実業庁長）、汪士元（直隷財政庁長）、姒錫章（津海道尹）、齊耀瑄（天津県長）、李兆珍（前安徽省長）、梁建章（前直隷実業司長）などが就任した（「崇倹」『社会教育星期報』一九一九年三月三十日）。姓名下の（　）内は一九一八年当時の職名を示す。

(57) 「本処覆天津県議会函」『社会教育星期報』一九二七年十一月十三日。

(58) 韓補菴「崇倹與抵制外貨」『社会教育星期報』一九一九年六月一日。
(59) 張作濤（一八四九～一九三五）、字は松泉、天津人、天津宮北大街の銭舗の学徒から名を上げその後隆茂洋行、永豊洋行で買い付けを担当する。一九一五年に劉紹雲らと塩業銀行を立ち上げ、経理に就任する。その他にも多くの銭荘を経営した（前掲『天津近代人物録』二二〇～二二一頁）。
(60) 「張松泉先生来函」『社会教育星期報』一九一九年一月二十六日。
(61) 朱啓明『天津貧民半日学社紀略』天津、中外印字館、一九二〇年、一～二頁。楊敬林（一八七三～一九四四）。字は以徳。天津人。天津警察庁長および直隷省警務処長などをつとめる。退職後は不動産業、地方公益事業などを行う（前掲『天津近代人物録』一四〇～一四一頁）。
(62) 前掲『天津貧民半日学社紀略』六九頁。
(63) 前掲『天津貧民半日学社紀略』四九～五二頁。
(64) 「本処覆天津県議会函」『社会教育星期報』一九二七年十一月十三日。
(65) 「天津崇倹会臨時大会紀事」『社会教育星期報』一九二〇年十月十七日。
(66) 「文貧」とは「貧乏文士」のこと。禦冬儲金会が科挙の受験勉強のために身を持ち崩した貧乏文士にも援助をしていたかは不明であるが、同会の性格を考える上でも文貧の実態に関しては今後検討する必要がある。
(67) 「禦冬儲金会成立原委」『社会教育星期報』一九二二年三月二十六日。
(68) 「壬戌年禦冬儲金会収放資助文貧款項報告」『社会教育星期報』一九二三年二月二十五日。
(69) 前掲『天津志略』九一頁。
(70) 張燾『津門雑記』（光緒十年刻）巻中「與祭会」。與祭社は生員の郭傑立が設立した。設立年は不明である（同治『続天津県志』巻八「風俗附義挙」）。
(71) 姚惜雲「天津孔廟春秋祭丁典礼」『天津文史資料選輯』九〇輯、二〇〇一年、四四頁。民国における文廟の祭礼の制度化は袁世凱が行った尊孔運動にさかのぼる。まず一九一三年に「尊孔令」を発表し、教育部は孔子の誕生日である旧暦八月二十七日を「聖節」と定め、学校で儀式を行うことを決めた。また一九一四年には春秋両季に祭礼を行うことを決め、その儀式の規模を祭天と同じものに格上げした（林嘉言『中国近代政治と儒教文化』東方書店、一九九七年、六九頁）。
(72)「孔廟與祭社壬戌年捐款収支報告」『社会教育星期報』一九二三年三月十八日。
(73)「孔廟整理大会議第二次記事」『社会教育星期報』一九二三年三月二十五日。
(74)「文廟歳修辦事処報告第三十七次」『社会教育星期報』一九二四年六月二十二日。
(75)「請設天津県採訪局呈文併指令」『社会教育星期報』一九一八年九月十五日。前掲『津門雑記』巻中「採訪局」。
(76)「特別啓示」『社会教育星期報』一九一九年三月十六日。
(77) 王守恂『天津崇祀郷賢祠諸先生事略』天津、天津社会教育辦事処、出版年不明。李金藻『天津郷賢賛』天津、天津社会教育辦事処、一九二一年。
(78)「聖誕節紀盛」『社会教育星期報』一九二一年十月九日。
(79)「演説」『社会教育星期報』一九一五年八月八日。
(80) 韓補菴「説服制」『社会教育星期報』一九一八年一月十三日。
(81) 民国初期天津における学生の思想状況については、片岡一忠「五四前夜天津学生の意識――南開学校『校風』を中心に――」『東方学報』京都、六一冊、一九八九年、に詳しい。それによると、南開学校の学生たちは当初救国のために国学研究をするよう提唱したが、それは帝制運動を推進する袁世凱も利用するものでもあった。そのため、彼らは民国を守るために保守を打破し、「新しい」ものを取り入れることを主張するようになった、としている。
(82) 前掲「天津社会教育状況」六頁。
(83) 韓補菴「本報十週年紀念之感想」『社会教育星期報』一九二五年八月二十三日。
(84) 韓補菴「文化革命疑問」『社会教育星期報』一九二〇年七月四日。
(85) 韓補菴「説社会風紀」『社会教育星期報』一九二二年十一月五日。
(86) 前掲「本報十週年紀念之感想」。

第三章　「社会教育」の組織化②
――天津警察庁と天津県教育局の取り組み――

はじめに

近代中国の「社会教育」ではこれまで見てきたように様々な活動が展開されていたが、本章ではそのうち半日学校や平民学校、民衆学校、夜間学校、識字班、冬学のような、正規の学校教育ではない場所で行われたクラス形式の教育に注目する（本書では、このような形態の「社会教育」を以下「学校式『社会教育』」と呼ぶことにする）。

近代中国の学校式「社会教育」については、これまで平民教育運動という側面から検討する研究が多かった。平民教育運動とは、周知のように晏陽初などによって始められた、不就学者に対する識字およびデモクラシー教育運動である。その歴史研究における重要性については、筆者にも異論はない。しかし同時に、平民教育に注目するあまり、従来の研究はそれ以外の学校式「社会教育」を軽視しすぎているようにも思える。実際、学校式「社会教育」には平民教育運動との関係が薄いものも多く、またそのありようも地域によって様々だったのである。

そのため本書では、天津の学校式「社会教育」を、平民教育だけでなくそれ以外の教育活動をも含めたトータルな視点から捉える。それによって以下の三点を明らかにしたい。（1）平民教育以外に天津にどのような学校式「社会教育」があったのか。（2）各学校式「社会教育」は互いにどのような関係にあったのか。（3）各学校式「社会教育」

は地域社会とどのような関係を取り結んでいたのか。

　こうした成果によって、天津の学校式「社会教育」の全体像が解明できるだけでなく、平民教育の相対化も可能になると考える。また、天津の学校式「社会教育」の独自性の一端をあぶり出すこともできるだろう。

　第一節ではまず一九一〇年代から二〇年代における学校式「社会教育」の全国的な動向について概観する。第二節以降では天津における動向を見ていくが、そのうち第二節では天津警察庁による学校式「社会教育」について考察する。そして、第三節では学生団体や天津県教育局による平民教育運動について、第二節で扱う警察庁による学校式「社会教育」との関係に留意しつつ検討する。

一　学校式「社会教育」の変遷

（一）　清朝末期

　中華民国北京政府期における学校式「社会教育」は、清末におけるそれとの間に強い連続性を有する。そのため、北京政府期の動向について述べる前に清末の動向についても簡単に紹介しておく(1)。

　教育の義務化に向けた動きが中国で始まったのは、清朝末期のことである。一九〇四年に発布された「奏定学堂章程」には、「入学しない者はその家長を罰する」との文言が明記された。また、地方長官（総督、巡撫）が強力なリーダーシップを発揮して義務教育化を進める省もその頃から出てきた。さらに、一一年には、学部主催の中央教育会において義務教育の具体的な方法が審議され、最終的には、四年間の義務教育について規定した「試辦義務教育章程案」が議決された。このように、清朝末期には義務教育に向けた動きが様々なかたちで見られた(2)。ゆえにそれ以後、中国各地では、府、県学や書院などのような伝統的な教育機関を小学堂や中学堂のような近代学校へと改組する動きが急速に進んだ。それにつれて、近代学校に通う学生も徐々に増えていった。とはいえ、それら学生の数は、学齢児童全体の数から見れば微々たるものだった。実際、ほとんどの児童は、最末端の小学校にすら通っていなかったのである。また、学校に通ったとしても、数年で退学してしまう者があとを絶たなかった。

そうした人たち――すなわち失学者の問題は、当時の中央政府や地方政府だけでなく、地方の名望家層にも共有されており、特に地方においては切実であった。そのため、一部の地方政府は、地方名望家層と協力して、正規の学校とは異なる学校を設置した。それが半日学校と簡易識字学塾である。

半日学校とは、午前と午後の二回、または午前、午後、夜間の三回に分けて授業を行う学校のことである。午前、午後の両方に出席を求められる全日制の学校と違い、半日学校では午前、午後（または夜間）のいずれかの授業に出席すればよい。

一方、簡易識字学塾は識字教育を主とした学校である。半日学校にすら通えない人々に対して、生活する上で最低限必要な知識を施すために創設された[3]。

陳翊林『最近三十年中国教育史』によると、「半日学校など」（そのほとんどが半日学校であったと考えて差し支えない）は一九〇九年の段階で全国に九七五校存在し、そこで二万五五四五人の生徒が学んでいた[4]。簡易識字学塾については史料がないためその全体像は不明であるが、順天府での情況を例に挙げれば、一九一一年の時点で塾数が六六二ヶ所、学生が九三二九人であった[5]。これらの学校の多くは基本的に学費を取らず、そのことが、学生の増加に寄与したと考えられる。

それでも、これらの学校に通っていた人は、失学者全体から見ればほんのわずかであったと言わざるをえない。結局、失学者問題の解決がなされないままに、その後まもなくして清朝は滅んでしまった。

（二）　中華民国北京政府期

清朝を継いだ中華民国北京政府も、当然のことながら義務教育の普及に熱心であった。なかでも注目すべきは、一九一二年に「学校系統令」（壬子学制）を発布したことである。これは、先ほど言及した「試辦義務教育章程案」を正式に学制上に位置づけたものに他ならない。これにより、四年間の義務教育が中央政府の発布した法令において初めて規定された。

また、学齢期についても同時期に規定された。中華民国教育部は、一九一二年に「小学校令」を発布し、学齢期を満六歳から一四歳と定めている(6)。

さらに、一五年四月、教育部長の湯化龍は、義務教育を普及するための具体的な手順を示した「義務教育施行程序」を当時の大総統である袁世凱に対して上申している。それによると、手順は二期に分かれており、第一期（～一五年十二月）では法令の制定や就学児童の調査などを重点的に行い、第二期（一六年一月～十二月）では、第一期での成果を踏まえ、学区分けや教員の検定、資金の確保、教科書の配布、各省での義務教育普及計画の取り纏めなどを行うなどとしている。この上申は、一ヶ月後に袁世凱から裁可を得た(7)。

このように、義務教育化に向けた動きは、民国初期の段階でいよいよ本格的に始動したと言うことができる。ただし、それは実態を伴うものでは必ずしもなかった。例えば、「学校系統令」で四年間の初等教育を義務づけたと言っても、学校に来ない子供たちを強制的に通学させたり、そうした親たちを罰したりするような仕組み（就学督促）がで

〔表１〕　各省における小学校数および各「社会教育」施設数

	京兆	直隷	奉天	吉林	黒竜江	山東	河南	山西	江蘇	安徽	江西	福建	浙江
小学校	1,327	**13,314**	5,710	678	986	**13,491**	6,334	9,296	5,982	1,135	3,969	1,552	6,986
半日学校	3	**118**	1	13	——	29	17	**314**	17	10	42	21	28
簡易識字学塾	248	**1,511**	5	86	4	73	**932**	260	33	69	108	13	84
通俗講演所	5	100	150	20	13	**655**	51	109	69	21	60	23	168
閲報所	10	124	45	17	5	113	139	77	**187**	30	106	52	170

	湖北	湖南	陝西	甘粛	新疆	四川	広東	広西	雲南	貴州	熱河	察哈爾	合計
小学校	9,045	7,130	4,561	1,294	80	**14,951**	5,051	1,989	5,258	1,579	474	129	122,301
半日学校	73	29	6	33	11	**345**	53	28	7	——	——	——	1,198
簡易識字学塾	165	8	14	230	20	160	54	224	28	6	**264**	——	4,599
通俗講演所	**239**	18	18	88	2	37	52	**177**	47	2	3	——	2,127
閲報所	103	39	15	91	5	**156**	**149**	54	99	16	6	——	1,808

(註) 各項目の上位３つについてはゴシック体で示した。
(出典) 小学校の欄は、教育部『中華民国第三次教育統計図表』1917年、１～18頁。それ以外の欄は、「本部行政紀要丁編（社会教育）目次見本期目録」『教育公報』第３年第10期、1916年、13～15、42～49頁。

きたわけではなかった[8]。また、上で挙げた「義務教育施行程序」についても、実行に向けた動きが始まってまもなく袁世凱が死去してしまったため、一部の例外（山西省、江蘇省など）を除けばほぼ有名無実化してしまった。

以上のような状況は、結果として大量の失学者を生み出した。失学者については、清末の段階ですでに問題となっていたが、民国期でもやはり同様であった。それゆえ、そうした問題を解決するために政府が当初取り組んだのが、清朝時代と同様、半日学校と簡易識字学塾の普及であった。

そのせいもあってか、こうした学校の数は清末に比べると増加した。一九一六年に『政府公報』に収録された「本部行政紀要丁稿（社会教育）目次見本期目録」には省別のデータが掲載されており、それによると直隷、山西、四川の各省が特に多いことが分かる（表１）。清末期（山西省の場合は民国期も）において、教育の普及に理解がある長官がそれらの省を統治していたことにも起因するのであろう。なお、簡易識字学塾については、それ以外に湖北、河南、甘粛、広西、熱河の各省も比較的多い。

しかし、半日学校、簡易識字学塾の増加をもってしても、失学者の問題を解決することはできなかった。実際、こうした学校に関する記述は、一九二〇年代以降ほとんど見られなくなる。第二節で述べる天津貧民半日学社など一部の事例を除き、経費の問題など何らかの理由によって、そのほとんどが廃校されてしまったと考えられる。

反面、半日学校と簡易識字学塾に取って代わる形で、一九一〇年代後半、特に五四運動以後になると新たな学校式「社会教育」の様式が登場した。それは「平民学校」と呼ばれるもので、当時全国的に盛況を見せた平民教育運動のなかで生まれたものであった。平民学校では、老若男女を問わず読み書きのできない民衆に対して識字教育が行われた。その点でそれまでの学校式「社会教育」施設と変わらないが、決定的に違うのは、平民学校がデモクラシー社会の建設を念頭において教育をしていたという点であった。それゆえ、五四運動以降、「新文化」に目覚めた多くの学生が、教師として平民学校の教壇に立ち、『平民千字課』という、平民学校の教科書として特別に編まれた教科書を使って民衆に対し識字教育を行ったのである。

一九二二年に湖南省の長沙で本格的に始まった平民教育運動は、まもなく山東省の煙台、浙江省の嘉興、杭州にも派生し、その後全国に広まっていった。平民教育を組織する平民教育促進会という団体が各地に叢生し、二三年にはそれらを指導する平民教育促進会総会が北京に成立した。このような動きのなかで平民学校がどれだけ設立されたかは史料がないため分からないが、『平民千字課』の出版部数が累計で三六〇万部を数えたことから、相当多くの人々が平民学校で教育を受けたことが推測できる。

このように非常な盛り上がりを見せた平民教育運動であったが、軍閥の混戦が激しくなる二五年以降になると徐々に衰退していった。平民教育運動の指導者の多くは、その後、都市を離れて農村での教育に邁進するようになる。(9)

二　中華民国北京政府期天津における学校式「社会教育」

（一）　学校式「社会教育」登場の背景

ここからは、中華民国北京政府期の天津における学校式「社会教育」の動向について述べていく。序章でも述べたように、天津で教育改革が始まったのは二十世紀初頭のことである。時の直隷総督であった袁世凱がイニシアチブを執り、天津の名望家たちがそれを支える形で改革は進められた。この改革によって、わずか九年の間に天津には官立と民立（後に私立と呼ばれる）の小学校が多数設立された（一九一一年の段階で天津県全体に一一二校、初級簡易小学堂〔八校〕は除く）[10]。その様子は当時「学校林立」[11]と形容されたほどで、全国的にも非常に目立つものであった。

ただし、北京政府期に入ると、学校増加のスピードが鈍り始める。表2は、一九一一年から四八年までの間に天津市[12]に存在した小学校の数について表わしたものだが（数値の算出方法については第四章で詳述する）、それを見ると、一一年から二八年までの一七年間で、学校増加のペースが若干落ちているのが分かる。しかも、実際に増えているのはほとんどが私立小学校であり、官立小学校は三校しか新設されていない。要するに、官による教育改革の勢いが北京政府期に入り急速に落ち込んだことが、ここから見て取れる。

官による教育改革にブレーキをかけた要因は何か。やはり大きかったのは、教育のための資金が不足していたことであろう。この時期、中国では軍閥による内戦が続いており、各省の教育費はその影響を強く受けていた。教育費が軍事費に流用されることすらしばしば見られたのである[13]。そうした情況は、天津にも当てはまることであった。後述するように、天津県を所轄する直隷省の教育費が一九二五年に破綻した事実が、それを物語っている。

以上のような経緯により、辛亥革命後の約一五年間、天津に新たに開設された官立小学校はほとんどなく、それによる小学校の不足は、私立小学校の新設によって補塡された。しかし、それも十分ではなかった。

〔表2〕 天津市における小学校数の変遷

西暦	学校総数	公立	私立	典拠
1911年	45	28	17	(a)
1928年	103	31	72	(a)
1938年	187	52	135	(b)
1945年	262	105	157	(b)
1948年	325	126	199	(c)

(註) 私立小学校数には、民立・区立小学校の数も含まれる(教育局から認可を受けていないものは含まない)。

(典拠) (a)「市立小学校概況表二」「私立小学校概況表二」天津特別市教育局編『民国二十八年度天津特別市教育統計』天津、出版者不明、1940年、所収。(b) 高艶林『天津人口研究』天津、天津人民出版社、2002年、252頁。(c)「天津市教育局関與一年来小学教育概況(1950年1月)」中共天津市委党史資料徴集委員会ほか編『天津接管史録』上巻、北京、中共党史出版社、1991年、所収、796頁。

〔表3〕 天津市の人口(1906~1948年)

西暦	市内人口(人)	
	典拠(a)	典拠(b)
1906年	424,553	356,503
1910年	601,432	—
1917年	719,896	—
1925年	1,072,691	—
1928年	1,122,405	869,139
1938年	1,391,171	1,114,029
1945年	1,721,502	1,759,513
1948年	1,913,187	1,860,818

(註) 近代天津の人口については李競能と高艶林のものがあるが、使用している史料が双方で異なるため、記述に齟齬がある。従って、ここでは両者の数字を載せておいた。いずれにしても、当該時期の天津において絶え間ない人口増加があったことは理解できよう。なお、1906年から1925年までの数字は、天津警区のものである。

(典拠) (a) 李競能主編『天津人口史』天津、南開大学出版社、1990年、82頁。(b) 前掲『天津人口研究』92~93頁。

なぜなら、天津の人口がこの時期に猛烈な勢いで増加していたからである。表3は、一九〇六年から四八年までの天津市の人口の動向について表わしたものだが、北京政府期(一九一二年~二八年)に人口が大幅に増えたことが分かるだろう。[14] その主な原因は移民の流入にある。当時天津には、直隷省をはじめとする近隣各省からの移民が大量に流れ込んでいた。彼らが天津にやってくる理由は主に、(1)自然災害や戦争災害を避けるため、(2)天津の工場へ出稼ぎするため、の二つに分けられる。[15]

上記のうち自然災害や戦争災害を避けるために天津にやってきた人たちの中には、子供連れの家族も少なからず存在した。[16] また、工場へ出稼ぎに来た人たちの中にも、天津で結婚し、子供をもうけ、そのまま定住する者がいた。そのため、移民による人口の増加は、すべからく学齢児童の増加を伴うものであったということができる。しかも、その多くは下層民の子供であった。

この時期に学齢児童が正確にどのくらい存在したのかについては、史料の制約から依然としてよく分からない。ただ、これら児童の多くが失学者であったということは、様々な史料から明らかになっている。試みに一九二八年の動向について見てみると、学齢児童数一〇万八八五人に対し、就学児童数は一万六六〇二人となっており、九万人以上の児童が失学者であったことが分かる。[17]これだけの人数を受け入れることは、当時の学校数からすると不可能であった。つまり、私立小学校の増設だけで官立小学校の不足を補うことは無理だったのである。

このような事実を受け、天津では、失学者を小学校以外の場で教育する動きが見られた。ただし、そうした活動は、本来天津県の教育行政を担うべき教育局とは別の組織によって行われた。

そのうちの一つが、第二章で見た天津社会教育辦事処による「社会教育」活動であった。社会教育辦事処は、講演所や閲報所、通俗博物館などの運営に当たり、それを通して民衆を啓蒙しようとした。

もう一つが、各団体によって行われた学校式「社会教育」活動である。なかでも比較的早くからそれに取り組んでいたのが、天津警察庁が運営する天津貧民半日学社であった。[18]その具体的な動きについては、次節以降で述べることにしたい。

（二）　天津警察庁と天津貧民半日学社

①　天津警察庁について

天津貧民半日学社について説明する前に、それを運営した天津警察庁について簡単に紹介する。天津に警察が創設される契機となったのは、義和団討伐のために派遣された八ヶ国連合軍による天津占領であった。八ヶ国連合軍は一九〇〇年七月に天津を占領すると、まもなく天津統治のための機関である天津都統衙門を設置した。この都統衙門によって、天津に初めて巡警（警察）が創設された。都統衙門は、二年後に天津が中国に返還された際に解消されたが、

〔図１〕　天津貧民半日学社の教員と学生たち

（東区第五分駐所貧民半日学社）

（出典）朱啓明編『天津貧民半日学社紀略』天津、出版社不明、1919年、16頁。

その業務の多くは中国側に引き継がれた。巡警も例外ではなく、その後、巡警総局、天津警察庁と名称を変えながら、その規模を拡大させていった（以降、呼称を天津警察庁で統一する）(19)。

天津警察庁の主な任務は、天津市内の治安を維持することであった。そのために警察庁は、（1）人力車、露天商、娼婦などからの登録料の徴収、（2）道路の整備と不法占拠者の取り締まり、（3）軽犯罪に対する裁判、などを行った。上記のうち特に（1）と（3）は、天津県の本来の統治者である知県の業務（徴税と裁判）と競合しているように見えるが、吉澤誠一郎が指摘しているように、両者の棲み分けは、当初はある程度できていたようである。要するに、開港後に都市行政の規模が大きくなるなかで、増え続ける知県の業務の一部を警察庁が担っていたということができよう(20)。ただし、その後都市機能が拡大する過程で、天津市政における警察庁の存在感は次第に大きくなっていき、民国期には知県のそれを完全に凌駕するようになった（中華民国が成立すると知県の名称は知事へと変わり、その後まもなくしてさらに県長へと変わる）。ここに至り、天津警察庁は、天津都市部（租界を除く）の事実上の管理者としての地位を確固たるものとした[21]。

なお、北京政府期のほとんどの期間（一九一二年～二五年）、警察庁長のポストは楊敬林という人物によって占められていた。楊の人生は波乱に富んでいる。没落した塩商の家に生まれた彼は、天津駅の駅員としてしばらく働いた後に警察に転じ、短期間で天津警察庁長にまで出世した。一九二五年にはついに直隷省長にまで上り詰めたが、直後に失脚、晩年は不動産業を営み、そこでも成功して莫大な利益を上げた。このように、当該時期天津について語る上で欠くことのできない人物であるが、五四運動を弾圧するなど〝悪評〟もかなり多く、従来の研究においても〝悪玉〟として捉えられることが多かった。そのため、彼が行なった教育および慈善活動などを客観的な視点から論じた研究は、これまでのところそれほど多くない[22]。

②　天津貧民半日学社が創設された経緯とその活動内容

天津貧民半日学社に関する史料はそれほど多いとは言えないが、幸いなことに一九一五年から一九年までの活動についてまとめた『天津貧民半日学社紀略』（朱啓明編、一九二〇年刊）という書籍が天津図書館などいくつかの図書館に残っている。以下では、これを主な史料とし、適宜、他の史料でそれを補足しながら、貧民半日学社が設立された経緯とその活動内容について見ていきたい。

天津貧民半日学社は、一九一五年四月頃に天津警察庁長の楊敬林によって創設された。学社の開設に当たって楊は、「天津は大きく、至る所に学社を設けないと普及の効果を収めることができない[23]」と考えていたが、普通のやり方で学社を建てたのではとても予算が足りない。そこで彼は、次のような方法を採用した。（１）公有財産を借りて校舎を設置。（２）文理に通じた非番の警官を教師に採用、無償で教育に当たらせる。（３）地域の紳商に協力を要請。

〔表4〕 中区内の学社の動向と各社への寄付金

分駐所	学社番号	場所	学生数	教室間数	寄付金（元）			
					省長	警察庁長	紳商	計
第一	第一	侯家後清静庵	85	3	342.2	275.7	1,611.8	2,229.7
	第二	侯家後老君堂	65	3				
第二	第三	河北関上火神廟内	82	6	248.3	885.9	1,796	2,930.2
	第四	河北関上火神廟内	56	3				
	第五	梁家嘴香廟内	80/107	3/2				
第三	第六	河北関下慕安寺内	80	3	113.9	327.7	916	1,357.6
	第七	河北竹林寺北首	100	3				
第四	第八	大夥巷韋駄庵	360	5/5	258.8	1,411.4	2,450.5	4,120.7
第五	第九	芥園廟内	40	3	115.5	254.7	137	507.2
	第十	芥園廟内	60	2				

（註）第五学社と第八学社は、教室が2つに分かれている。寄付金については分以下を四捨五入した。また、金銭以外の寄付についてはすべて省略した。
（出典）前掲『天津貧民半日学社紀略』72～99頁をもとに筆者が作成。

（4）楊庁長みずから、学社の開設費として五〇〇元を各区の警察署長に寄付（例として、一九一九年時点での中区[24]における寄付の情況を表4に示す）。
（5）入学資格を特に定めず、誰でも入学できるようにし、かつ学費を無料にした。以上の措置が功を奏し、その後三ヶ月の間に二七の学社が設置され[25]、一六四七人の生徒がそこで学ぶようになった[26]（学社と学生の数はその後も増加した。一九一九年：三六社（ほかに天津郊外に数社）、学生三三〇〇人余[27]。一九二四年：学社数不明、学生六七〇〇人余[28]）。

その成果にある程度手ごたえを掴んだ楊はまもなく、貧民半日学社をさらに「普及させ、永続させる」よう、直隷省巡按使の朱家宝を通じて大総統の袁世凱に上申した。それに対して袁は、「社会に対して功績がある」としてその活動を称賛し、内務、教育の両部に対して認可するよう命じている[29]。

次に、貧民半日学社の教学方法について見てみよう。学社は午前三時間、午後三時間の半日制で、授業は週六日（月曜日～土曜日）あった。修学年限は三年だが、家が貧しく長期間勉学に勤しめない者は、地域を管轄する警察署の証明書があれば、一年半で卒業することができた（「速成」と呼ばれた[30]）。

学社において教授された教科は表5のとおりである。正規の小学校（当

〔表5〕　天津貧民半日学社の授業時間割

	日／時	第一日 甲	第一日 乙	第二日 甲	第二日 乙	第三日 甲	第三日 乙	第四日 甲	第四日 乙	第五日 甲	第五日 乙	第六日 甲	第六日 乙
午前	一時	修身	修身	国文	習字	国文	習字	国文	習字	国文	習字	手工	手工
	二時	筆算	筆算	習字	国文	習字	国文	習字	国文	習字	国文	珠算	珠算
	三時	体操	体操	珠算	珠算	筆算	筆算	珠算	珠算	聯字	聯字	体操	体操
午後	一時	修身	修身	国文	習字	国文	習字	国文	習字	国文	習字	手工	手工
	二時	筆算	筆算	習字	国文	習字	国文	習字	国文	習字	国文	珠算	珠算
	三時	体操	体操	珠算	珠算	筆算	筆算	珠算	珠算	聯字	聯字	体操	体操

（出典）前掲『天津貧民半日学社紀略』31頁。

時は国民学校と呼ばれた）と同様に、国文と算術関連の比重が高い。一週間の総時間数は国民学校第一学年の約八割であり、意外に多いように感じられるが、卒業に必要な授業時間数で考えれば、やはり国民学校（四年間、男子一〇六時間、女子一〇八時間）に比べ、少ないと言わざるを得ない（貧民半日学社は三年間、五四時間）。半日制の限界であろう。

　貧民半日学社の学生は、制服の着用を義務付けられていた。ただ、その制服というのは、警察官の制服のお下がりを支給されたものであったから[31]、生徒にとって金銭的に負担ではなかったはずである。

（三）天津警察庁が教育に携わった理由

①「慈善」活動として

　地域の教育を主管するのは、通常、地域の教育官庁である。それなのになぜ教育官庁ではなく警察庁が地域の教育に携わったのだろうか。『天津貧民半日学社紀略』の著者は、半日学社創設の理由として以下の三つを挙げている（長文のため大意のみ載せる）。

（1）清末以来、「官」（県政府）と「私」（紳士）によって教育の振興が提唱されてきたが、教育の普及はいまだ十分でない。また、義務教育の必要性が論じられているけれども、経済的な理由で学校に通えない人々も依然として多い。このような情況において、「官」と「私」の活動を補助し、教育を普及させるために、貧民半日学社を設立した。

（2）近代学校がなかった時代には義学や私塾が天津の至るところにあり、貧しい少年はそうした場所で『三字経』や『百家姓』を読むことができた。現在は教育が改良されたために、大多数の貧民は識字の路をかえって絶たれてしまった。こうした欠陥を埋めるためには慈善的な教育の普及をはかるしかない。そのために貧民半日学社を設立した。

（3）貧しい人は、学ぶよりも前に生計を立てることで精一杯である。そのような人でも教育を受けられるよう貧民半日学社を設立した。学社は年限を設けず、学費も徴収しない。勉強は一日の半分でよく、残りの半分で働くことができる。また、卒業生に食い扶持の紹介もする。慈善的な方法で義務教育を与えようとするものである[32]。

以上からは、義務教育を受けることができない貧しい人々に対し、彼らの事情を勘案した慈善的な教育を、県政府でも紳士でもない警察が行うという意図を読み取ることができよう。要するに、教育を主管すべき教育官庁やそれを補助する紳士たちの努力だけでは貧民に対する教育をどうすることもできないため、彼らを救済するために警察が一肌脱いだということになる。そうであるとするならば、彼らが自分たちの活動を「慈善的」と言うのも理解できる。

② 治安対策として

ただ、警察庁が貧民半日学社を設立した理由はそれだけではないようである。それは、楊敬林が袁世凱へ宛てた上申書のなかに見ることができる。

欧米が富強なのは、遊民や愚民が少なく、中等以下の社会の人々の多くが一般的な智識を有しているからです。……

十数年来、〔中国は〕軍隊の訓練や学業の振興の面で、非常に優れた成績を残しています。従前の腐敗は一掃されましたが、実業はいまだ発展せず、遊民は日に日に増え、教育はいまだ普及せず、愚民は依然として多く存在しています。また、人口は日ごとに増加し、生存の機会は日一日縮小しています。一般の貧民は一日中働いています。たくさんの人が死にかかっているのに彼らに対して施すことはありません。

ここで注目すべきは「遊民は日に日に増え」という記述である。このあと、文章は次にように続く。

津邑〔天津〕は大貿易都市ですが、恒久的な財産を持つ家は多くありません。持っている者は栄えますが、一〇のうち八、九は生活が非常に苦しいと思われます。しかも、ヨーロッパでの戦争が勃発して以来、貧民で失業する者がはなはだ多く、地方や都会の貧民で遠くから近くから〔天津に〕流入する者が実に多くなっています。ただし、これら人民は生活の道を講ずるのがすでに困難になっています。教育など望むべくもありません。これらの人民に等しく教育を失わせることは、市面〔都市〕に対する妨害が甚大なだけでなく、国家の前途にも大きく関係します。[33]

ここでも、天津に流入する貧民に対して榻が問題視しているのがわかる。彼が言うように、清末以来、災害からの避難や出稼ぎを目的とする移民が天津に多数流入していた。こうした移民の多くは貧民であり、物乞いをするような者までいた。[34]そのうえで「市面に対する妨害が甚大」とあるように、天津の治安上、重大な問題となっていた。こうした貧民の存在に対しては榻だけでなく天津の他の名望家層も早くから注意を払っており、彼らの手により教養院（一六八七年創建、もとは育黎堂と呼ばれ、一九一五年に警察庁によって接収された）、広仁堂（一八七八年創建）などといった慈善施設がすでに設立されていた。[35]こうした点を考慮に入れると、貧民半日学社が単なる教育機関ではなかったということが見えてこよう。要するに、貧民半日学社の創設は、治安対策の一環でもあったのである。

〔表6〕　天津貧民半日学社の学生数と進路情況（1919年）

区	学社数	学生数	保護者紹介	卒業生
中　区	10	1,115	1,020	133
東　区	6	572	221	71
南　区	10	640	240	105
西　区	6	509	41	85
北　区	4	500	23	55
小計	36	3,336	1,545	449

（註）「保護者紹介」とは、保護してくれる人が見つかったために退学した者のことを指す。
（出典）前掲『天津貧民半日学社紀略』43～48頁をもとに作成。

そのため、貧民半日学社では学生を自活（「謀生」）させることに力を注いだ[36]。表6は一九一九年段階での各区貧民半日学社の学生数と、それまでに職場を紹介した学生数および卒業生数を表したものである。その数は決して多くなく、区ごとのばらつきもかなりあるものの、貧民半日学社の紹介によって就職できた学生が一定程度存在したことがこの表から伺える。ただし、就職者数が卒業生数をはるかに上回っていることから、卒業を待たずに職に就く学生が多数を占めたこともあわせて見えてこよう。

他方、貧民半日学社は、学生に対して秩序意識を植えつけることにも熱心であった。例えば、柔軟体操（表5で「体操」となっているものか）という科目での行動規範として定められた「操場規約」には、次のような文言が見える。

第一条　行進の際、順序を乱してはならない。
第二条　教員の号令に背いてはならない。
第三条　休息時間でない限り、隊から離れてはならない。
第四条　病気でない限り、欠席してはならない。
第五条　体操時に児戯に等しいものと笑ってはならない[37]。

また、音楽では軍楽隊の練習が行われた。練習の成果は警察庁が主催する教練において披露された。例えば一九二四年五月四日（五四運動の五周年目という点に注意）に華商競馬場で行われた教練では、警官や保安隊、衛生隊、消防隊などに混じって貧民半日学社の学生も武術、柔軟体操、唱歌、ダンス、軍楽隊の演技を行っている。警察庁長および各界からの来賓合わせて、約一〇〇〇人を前に行われたものであったことを考えると、かなり厳しい練習が課されたものと推測される[38]。

秩序意識の涵養は他の授業でも徹底されていたようである。それは、一九二一年にコロンビア大学教授のポール・モンローが「第八貧民半日学校」（中区第八学社のことであろう）を参観した際、その通訳として同行していた教育家の王卓然が残した以下のような記録に見ることができる。

国文教師が学生に質問すると、当てられた学生は大きな声で朗読し、その様は気勢雄壮であった。教師はみな警士が兼任しており、無給である。学生はみな警士の色合いを帯びていた[39]。

このように、貧民半日学社は、貧民出身の学生に働き口を紹介する一方で、彼らが都市で生活、就職するために体得しておくべき知識、規律を教化していた。そうすることで、天津の治安維持を達成しようとした。本来教育事業を担当する必要のない警察庁が、わざわざ貧民半日学社の運営に取り組んだ理由は、そこにあったのである。

三　平民教育をめぐる不調和——警察庁と教育局

（一）　天津における平民教育

第一節で述べたように、五四運動後になると平民教育運動が全国的に盛んになる。その影響は、当然のことながら天津にも及び、平民学校や補習学校などと呼ばれる学校が登場するようになった[40]。

そうした動きの端緒は、学生連合会（天津の五四運動を先導した学生たちが結成した団体）による平民学校の設置である。一九一九年十月、学生連合会教育科は義塾（貧困のため学校に通えない人たちを教育する）、平民学校（学校に通わないまま大人になってしまった人たちを教育する）、星期日校（毎日仕事で忙しい労働者を日曜日に教育する）を設立することを

〔図２〕　天津工余補習学校開学式の風景

（註）天津貧民半日学社の写真（図１）と比べると、雰囲気の違いがよくわかる。
（出典）天津歴史博物館ほか合編『近代天津図志』天津、天津古籍出版社、1992年、248頁。

決定した[41]。その後、計画はさらに具体化され、最終的には、平民夜学校、国民半日学校、工人星期日学校、学徒義務学校、各工廠補習学校、平民義塾、露天講演団および人力車夫休息処などが設立されることになった[42]。

なお、この計画を遂行するための資金に、老頭票（朝鮮銀行券か）の売買をしていた店に対する罰金一五〇〇元を当てるとする報道があるが、実行に移されたかどうかは不明である[43]。

このように天津では、五四運動直後から平民学校が登場していた。ただ、その活動期間は極めて短かった。ほどなくして平民教育を主導していた学生連合会が天津警察庁によって弾圧されてしまったからである[44]。

その後、一九二一年になると平民教育の動きは再び盛んになった。ここでは代表的なものとして、（１）于樹徳と安体誠による天津工余補習学校、（２）天津学生同志会による児童義務学校、（３）ＹＭＣＡ（基督教青年会）による平民学校の動きについてそれぞれ紹介する。

① 天津工余補習学校

天津工余補習学校は、天津法政専門学校の卒業生である于樹徳と安体誠が、同校のクラスメートであった李大釗の指導のもとで一九二一年九月に創設した学校である。「専ら工場労働者に補習教育を施し、その覚悟を促す」ことを宗旨とし、約四〇人を普通部と特別部に分けてそれぞれ教育した。普通部では常識、国文、数学、手紙の書き方を、特別部では国文、英語、数学を教えた。その他、ロシア十月革命やマルクス主義の基礎知識についても宣伝した。ちなみに工余補習学校には天津最初の中国共産党青年団支部が置かれた。

工余補習学校の活動は約一年に及んだが、マルクス主義を宣伝していたこともあり、最終的には警察によって活動を禁止させられた(45)。

② 児童義務学校

児童義務学校は、天津学生同志会（学生連合会とは別の組織、ＹＭＣＡとの関係が深いか）によって一九二一年八月二十三日に設立された(46)。学校はその後増加し、一九二二年七月の段階で六校（うち一校は婦女義務学校）あったとされる。そこでは、二七名の教員（主に同志会会員、南開中学の学生が多かった）のもとで男女合わせて二五〇人の学生が学んでいた。修学期間は一般の児童義務学校が二年、婦女義務学校が一年であった(47)。児童義務学校の活動は、天津の平民教育の中でも比較的長く存続し、一九三二年まで続いたとされている(48)。

③ ＹＭＣＡの平民学校

ＹＭＣＡも平民教育に熱心だった(49)。まず一九二二年三月四日に天津ＹＭＣＡ社会服務団が、平民学校の運営を専門に行う組織として、天津ＹＭＣＡ会長の雍剣秋の提唱のもとで結成された[50]。その後まもなくして、社会服務団は河東地区（海河左岸）水梯子の教会内に第一平民義務学校を開校した。天津を代表する日刊紙であった『益世報』の記事によると、平民学校での教育や事務は、河東の社会服務団員が担当したとされている[51]。また、一九二四年七月には、同じく河東地区の沈王荘の教会内にも女子用の平民学校が開設されている[52]。

以上のように、五四運動以降、天津では平民教育の動きが様々なところで見られた。これ以外に、例えば天津維一社や回教連合会なども平民学校の運営に携わっている[53]。ただ、天津学生同志会による児童義務学校を除けば、活動期間はどれも比較的短かったようである。

（二）　天津県教育局による平民教育運動

民間団体を中心とした平民教育の動きが活発になるなかで、本来地域の教育を主管するはずの天津県教育局は、それまで平民教育にほとんど関与してこなかった。しかし、一九二四年になると、天津県教育局もついに平民教育に参入するようになった。その背景には次のような事情があった。

（１）山西省での成功が呼び水となって、一九二〇年代になると義務教育の普及に向けた動きが全国で見られるようになった[54]。そのような雰囲気のなかで天津県も、一九二四年一月に直隷省教育庁からの命令を受け、義務教育の普及に着手するようになった。その際、主に学齢児童以外の不就学者を対象とした平民教育にもあわせて取り組んだ[55]。

（２）全国的にも平民教育の動きはいよいよピークに達していた。また、その中心人物であった朱其慧、晏陽初、傅若愚が、天津県教育会の招きに応じて一九二四年六月に天津を訪問した。それ以後、平民教育の普及を求める

声が教育会などを中心にいっそう盛り上がった。(56)

以上のような流れを受けて、天津県教育局は一九二四年一月に平民学校を設立する計画を立てている。それによると、平民学校は平民補習学校ないし夜間学校と呼ばれ、正規学校の授業終了後と夜間に開講される。教育内容は識字（『平民千字課』を使用）と算術（実用的で簡明なもの）ということであった。(57) この計画が実行に移されたかどうかは史料が不足しているためよく分からないが、直隷省教育会が主宰する平民教育籌備組の会議（一九二四年六月）を報じた『益世報』の記事の中に、参加者の一人である馬仁声(58)が「平民教育を担当しているのは〔天津県〕教育局である」と発言しているのが見えることから、ある程度実施されていたと考えられる。(59) とはいえ、それ以外に新聞報道がほとんどなされていないことを勘案すると、その規模はそれほど大きくなかったのではなかろうか。

平民教育に関する教育局の動きが勢いを増すのは、同年六月以降のことである。六月中旬、天津県県長の齊耀珹は平民教育と義務教育に関する新たな計画を立ち上げた。その内容については、『益世報』の六月十七日と二十三日の記事に掲載されており、それをまとめると次のようになる。

（1）平民学校（「平民教育学校」と書かれる場合もある）を二〇〇校開設し、非識字の農民に入学を勧める。天津県の学校〔公立の小学校か〕はすべて平民学校を併設し、各校の教員が平民学校の教師も勤める。教材には『平民千字課』を使用する。各村村長および村差に対し、学生を募集し、四ヶ月を一期として合計一万人を教育するよう命じる。私財を投じて義務学校や平民学校を設立した者がいれば表彰する。取り急ぎ、各界人士を集めて「義務教育兼籌平民教育大会」を開く。また、各平民学校が設置されるまでの措置として、東西南北四つの郷〔天津県内の農村地域〕にある六つの講演分所〔講演所分館〕にそれぞれ平民学校を開設する。

（2）私塾を改良して、義務学校を一〇〇〇校設立する。義務学校では、「初級国民学校」〔国民学校の低学年次か〕

の教材を用いる。また、各校の毎学期の経費として三〇元程度を見込んでいるが、この経費は、天津県が貸し出している公有財産からの地代収入によって充てる。さらに、各小学校の財産に余剰があるかどうか調査し、もし余剰があれば、それを財源に初級国民班を設立する。

（3）天津県全体を四つの学区に分け、私塾教師を教育するための師範伝習所を各区に三つずつ設立する。各伝習所には五〇人の私塾教師を入学させ、三ヶ月間研修を行う。これにより合計六〇〇人の教師を養成する。(60)

計画の実行に先立ち、教育局はまず義務教育と平民教育を担当する「義務平民教育幹事総会」という会を設立した。そして、天津の紳商や学界人士に対して次のような公文を出し、幹事総会への協力を呼びかけた。

義務教育と平民教育について調べることは、国家立国の根本のためであり、国民の失学を救済するためでもある。天津は〔近代〕教育を〔中国で〕最初に始めた地域であり、〔以来教育の普及が〕急速に進んでいる。いささかも緩めることは許されない。人材を求めることは今後特に必要なことである。このような重大なことを、補助する機関なしに準備をしても速やかに効果を収めることができるだろうか。そこで義務平民教育幹事総会を組織することにした。つとに熱心に教育を執り行えば大衆は信服する。すぐに該会の幹事を担当し、全面的に協力されたい。(61)

幹事総会が各団体に対し要請したのは、主に平民教育運動の宣伝である。例えば、天津商務総会〔商業会議所〕は、幹事総会より「本月〔六月〕二十八、二十九日午後四時に東南城角の教育局に集合し、市民大デモ行進を行う」ので、「デモの日以前に各同業公会を招集」するよう求められた。参集した各同業公会の長に対しては、「デモへの参加を同業者たちに促す」ことが依頼されることになっていた。(62) 幹事総会からのこうした動きによって、天津商務総会から実際にどの程度の人がデモに参加したかはよく分からない。ただ、同様の要求は他の団体にも出されていたようで、『益世報』の報道によると、河東平民教育運動促進会、自強救国団、北馬路售品所などといった団体がそれぞれ宣伝隊を組織して宣伝活動に参加した[63]。また、天津郊外の葛沽鎮でも、平民教育幹事会の会員である燕麗宸（官立小学校校長）と胥品青（民立二三小学校校長）が和袁学校と崇義学校の教職員を集めてデモ行進を行った[64]。

こうした宣伝活動がある程度効を奏したのか、直後から平民学校の創設が相次いだ。例えば、西郷第四区には七月二日までに八つの平民学校ができている。ほとんどが公、私立の正規ないし代用小学校に附設されたもので、各平民学校の学生数は四〇～五〇名程度であった[65]。同様の動きは他の地域でも見られた。

また、私塾教師の再教育機関である師範伝習所の設置も順次進められた。七月中旬に第一学区の教育局と陳家溝小学校に師範伝習所が誕生し、二十六日に入学式が挙行された[66]。この時の入学者数については不明であるが、開設に先立ち学区教育委員の馬仁声が調査したところでは、第一学区だけでも私塾教師一〇〇人の再教育が必要とされていた[67]。

以上のように、一九二四年六月以降教育局は、従来の態度と対照的に平民教育の推進に積極的になった。その成果は大きなものであり、一九二五年一月九日付けの『益世報』の記事によると、新たに開校された平民学校は合計で二二六校にも上った[68]。これらの学校にどのくらいの数の学生が通っていたのかは史料がないため分からないが、一校の学生数を少なく見積もって二〇人程度と仮定しても四〇〇〇人程度にはなる。これは、先述した天津貧民半日学社の学生数にも匹敵する数である。

（三）　教育局による平民教育の頓挫と貧民半日学社の存続

しかし、教育局による平民教育運動はそれほど長続きしなかった。平民教育について報じた新聞記事も、天津学生同志会や基督教団体が主宰したものを除けば、一九二五年春以降ほとんど見られなくなった。史料の関係上正確な時期については不明だが、以下で述べる天津県の教育財政との兼ね合いから考えると、遅くとも一九二五年の下半期までは活動を終えていたと考えられる。

なぜ活動が停滞してしまったのであろうか。その要因として想定できるのは大きく分けて以下の二つである。

① 教育財政の崩壊

教育局による平民教育の財源は、基本的には公費であった。それゆえ、活動を維持するためには教育財政が安定していることが不可欠である。しかし、天津県の教育財政は戦争災害や自然災害の影響から一九二〇年代に入ると悪化の一途をたどるようになっており、特に一九二四年九月に江浙戦争が勃発すると正規の小学校に勤める教員の給料すら支払えない状態に陥った。(69) 当時の状態を『益世報』は次のように報じている。

天津の官立各小学校および各単級小学校は、月給の支払いが止まっているので、困難な状態を極めている。……各小学校の職教員はすでに二ヶ月の間給料をもらっていない。一方、単級小学校の〔教職員に対する〕手当はすでに数ヶ月〔の停止〕であり、みな生活を支えることができない。(70)

こうした情況を打開するために、一九二五年一月に齊耀珹に代わって天津県長に就任した張仁楽は、自治経費や屠殺税収入の一部を教育費に回したりしたが、焼け石に水であった。(71) 結局、この問題に対しては学費の増額（四、五元の維持費を徴収）という手段で対処するほかなかった。(72) ただし、この措置が天津県の義務教育にとってマイナスの影響を与えたことは言うまでもない。

正規の小学校ですら以上のような状態であるなかで、各小学校の余力を利用して展開されていた平民教育運動が維持できたとは考えられない。財源というはしごを外された以上、平民教育は停滞するほかなかったのである。

②　警察庁との不調和

第二節で述べたように、天津では、平民教育運動が始まる以前から警察庁による貧民教育がなされていた。貧民半日学社と平民教育とでは、教育の方法や目的という点で異なるところが確かに多い。ただし、非識字かつ不就学の貧民を教育対象とする点で両者には共通点があった。それゆえ、互いに協力できることも多かったはずである。にもかかわらず、両者が協力関係を結ぶことはほとんどなかった。むしろ、教育局の平民教育運動に対する警察庁の動きは、対抗的ですらあった。というのも、一九二四年六月に天津県長の齊耀珹が平民教育に関する計画を発表したのとほぼ同じ時期に、警察庁も貧民半日学社の改組計画を公表しているからである。その計画とは、次のようなものであった。

（1）魯嗣香[73]を教務主任として招聘する。

（2）各区の紳商に呼びかけ董事会を組織する。董事は各区の董事から三人ずつ選ぶ（各区で事前に董事を二五～三〇人選ぶ）。

（3）董事会の組織後、速やかに速成単級教育伝習所を設立し、各区の貧民半日学社の教員はみな入所させる。

（4）教育局に働きかけ、教員を派遣するよう請う[74]。

ただし、この計画が実行されたかどうかは不明である。

また、これに先立つ四月十六日付けの『大公報』（『益世報』と並び天津を代表する日刊紙）には、警察庁が貧民半日学社を警察紳商平民義務学校と改名したとの報道が見られる[75]。警察庁によるこうした動きは、新聞記者たちにも奇異に映ったようである。『益世報』の記者は、天津県署の呉象賢科長へのインタビューの中で、「警察庁と争っているのではないか」と疑問を呈している。それに対して呉は次のように答え、疑念の払拭を試みた。

この種のデマは捉えどころがなさすぎると言わざるを得ない。……思うに天津県には教育局があり、全県の初級教育の責を負うべきである、……警察庁は貧民教育を取り扱っている。警察庁は熱心に行っており、本署〔教育局〕との間に何ら障害はない(76)。

とはいえ、その後も教育局と警察庁に協力関係がなかったのだから、両者の間に何らかの「障害」があったと言わざるを得ないだろう。

両者が協力的でなかったのはなぜであろうか。やはり、教育の方法や目的が双方で大きく異なっていたことが挙げられる。デモクラシー社会の建設を目指す平民教育と、貧民を訓練、自活させることで社会秩序の安定を図る貧民半日学社とでは、目指すところがあまりに違いすぎる。正反対であるといっても過言ではない。

また、両者には人間関係上の対立もあった。教育局の平民教育では馬仁声という人物が中心的な働きをしたが、この馬仁声と天津警察庁との関係が決して良くなかった。というのも、第二章でも述べたように、馬仁声は五四運動の際、南開学校の教員として積極的に運動に参加しており（天津各界聯合会副会長などに就任）、最終的に首謀者の一人として周恩来や馬駿らとともに逮捕され、約半年のあいだ獄中で過ごした経験を持っているのである。以来、馬は警察庁に対し何らかのわだかまりを持つようになったと思われる。その後、馬は『新民意報』（一九二四年に直隷派軍閥によって本社が封鎖され、まもなく停刊）の編集長や達仁女校校長、次いで天津県教育会評議員などを歴任し、天津の教育界における実力者としての地位を着実に築いていったが、その一方で警察庁との関係修復はついになかった。

このように見ると、警察庁と教育局とのあいだに対立を惹起させた根本的な背景とは、五四運動ないしそれに付随した「新文化」に対する両者のスタンスの違いであったことが分かる。そこに生まれた超えがたい溝が、平民教育の普及に向けた両者の関係構築を阻んでいたといえよう。

以上、教育局による平民教育が頓挫した背景について考察した。ところで、それに対抗した貧民半日学社はその後どうなったのであろうか。それについて示す史料は決して多くない。ただ、一九二六年に貧民半日学社の教員が表彰されていたり、一九二七年に天津社会教育辧事処が貧民半日学社に対して一二〇元の寄付を行っていることなどを鑑みると[77]、少なくとも一九二七年までは存続したと考えられる。貧民半日学社が存続した理由については不明な点も多いが、やはり地域社会からの寄付によるところが大きかったのではなかろうか。それは裏返せば、貧民半日学社が地域社会の一部、特に紳商層にある程度支持されていたことの反映であると考える[78]。

おわりに

以上、北京政府期天津における学校式「社会教育」の動きについて検討してきた。平民教育だけでなく、警察による学校式「社会教育」にも視野を広げたことで、当該時期の学校式「社会教育」をある程度総体的に見ることができた。また、各学校式「社会教育」相互の関係、およびそれらと地域社会との関係についても明らかにすることができた。その内容についてはもはやここで繰り返さない。

最後に、本章から見えてきた天津の学校式「社会教育」の地域性について簡単に述べておきたい。まず挙げるべきは、警察が教育に関与したという点である。こうした例は、全国的にも非常に珍しく、北京や長沙などいくつかの都市を除けばほとんど見ることができない。それは、租界の存在を盾にして、天津警察庁が市政運営の面で絶大な力を持っていたことに起因しているが、それだけではなかろう。絶え間なく流れ込む移民の存在、そしてそれによる治安の悪化も、警察を教育に参入させた背景として考えなければならない。それゆえ、貧民半日学社では知識の伝授だけでなく、秩序意識の植え付けも行われたのである。

なお、貧民教育に対するこうした認識は、当時天津で、「旧道徳」（＝儒教道徳）を軸に「社会教育」を展開していた社会教育辦事処にも共有されていた。さらに、その貧民半日学社と社会教育辦事処を、紳商をはじめとする天津の名望家層が金銭的な面でバックアップしていた。

警察庁、社会教育辦事処、そしてそれらを支持した名望家層、これら天津の秩序を重んじる人々にとって、五四運動後に活発になり、天津の秩序を乱すことさえあった「新文化」の動きは、それなりの共感は覚えても心から同調できるものではなかった。先行研究も明らかにしているように、「新文化」運動とそれに付随する様々な動き――平民教育もそれに含まれる――に対し、警察庁は威圧的な態度で臨み、社会教育辦事処は不信感を示し、名望家層の一部は消極的な態度を取った[79]。つまるところ、天津社会のこうした側面が、天津における学校式「社会教育」の二つめの特徴――平民教育の不振となって現れたと考えられるのである。

北京政府期になり、天津の「社会教育」は清末に比べると活動範囲が広がった。さらに、天津社会教育辦事処、天津警察庁、天津県教育局などによって、「社会教育」の組織化も進められた。その過程で、「社会教育」に接する人々も、特に租界以外の地域において確実に増えていった。こうした人々のなかには、「社会教育」を通して字の読み書きを学んだり、時事問題に関する知識を蓄えていったりする者も多かったと考える。また、そうした知識を生かして新たな職を得たりした者もいた。

ただ、教育の目的に関して言えば、組織間で明確な差異があった。すなわち、社会教育辦事処と警察庁の関心は社会管理に、教育局のそれはデモクラシーの扶植に、より強く向いていた。そして、以上のうち社会教育辦事処と警察庁のような教化的要素の強いものが地元の名望家の支持を獲得し、逆に教育局による活動が後退を余儀なくされたことは、当時の天津における「社会教育」の性格を考える上で示唆的である。それでは、天津「社会教育」のかような情況は、南京国民政府の成立以後の党国体制下および日中戦争期にどのように変容したのであろうか。以下の章で検討していきたい。

註

（1）本節の記述は、特に断りのない限り以下の文献に拠っている。多賀秋五郎『中国教育史』岩崎書店、一九五五年、第二章。熊賢君『中国近代義務教育研究』武漢、華中師範大学出版社、二〇〇六年、第三章。
（2）熊前掲書、一一八～一二八頁。なお、中国において義務教育が始まった正確な時期については、一九〇四年開始説や一九一一年開始説など諸説ある。
（3）清末における簡易識字学塾については以下に詳しい。世良正浩「晩清の簡易識字学塾に関する研究」『人間の発達と教育――明治学院大学教職課程論叢――』五号、二〇〇九年。なお、世良は「簡易識字学塾の制度自体は、清朝の滅亡とともに雲散霧消したと思われる」（四二頁）と述べているが、表1からも分かるように、民国初期にも依然として簡易識字学塾は存在した。民国初期の簡易識字学塾がどのような制度のもとに運営されていたのかについては今後検討が必要であろう。
（4）陳翊林『最近三十年中国教育史』上海、太平洋書店、一九三〇年、九七～一〇〇頁。
（5）「順天府奏第五届籌辦憲政情形摺」（宣統三年二月二十九日）佚名輯『清末籌備立憲檔案史料』下冊、所収（沈雲龍編『近代中国史料叢刊』続編、八一輯、台北、文海出版社、一九八一年、八一五頁）。
（6）「教育部公布小学校令」『教育雑誌』四巻八号、一九一二年。
（7）「教育部呈擬具義務教育施行程序呈請核示施行暨批令」『教育公報』一二冊、一九一五年。
（8）一九一三年に教育部より出された「強迫教育辦法」の第四条には、「児童当人の年が八歳になったら一律に入学すること、違反者はその父兄を重く罰し、あわせて学董を処罰する」と書かれているが、それが実行に移されることは少なかったという（熊前掲書、三一〇～三一一頁）。

（9）この時期の平民教育運動に関する研究は非常に多い。日本語で書かれた代表的なものとして以下を挙げる。小林善文『平民教育運動小史』同朋舎出版、一九八五年（後に同『中国近代教育の普及と改革に関する研究』汲古書院、二〇〇二年、第七～九章に収録）。大原信一『中国の識字運動』東方書店、一九九七年、第三章。本節の平民教育運動に関する記述も、基本的に以上の文献に拠っている。

（10）民国『天津政俗沿革志』巻十、学堂。

（11）国立故宮博物院故宮文献編輯委員會編輯『袁世凱奏摺専輯』台北、国立故宮博物院、一九七〇年、一六七六頁。

（12）天津市（天津特別市と呼ばれた時期もあった）は、もともと警区と呼ばれていた地域が一九二八年に天津県から独立したことで成立した。要するに天津の中心市街区のことで、当初は五〇平方キロメートルほどであったが、その後郊外に向かって拡大し、一九三六年には一五〇平方キロメートルほどになった。これは、ほぼ現在の和平区、河北区、河西区、河東区、南開区、紅橋区を合わせた地域に相当する（李競能主編『天津人口史』天津、南開大学出版社、一九九〇年、七九～八〇頁）。なお、当然のことながら、現在の天津市（直轄市としての）とは意味合いが異なる。

（13）李華興主編『民国教育史』上海、上海教育出版社、一九九七年、五三四～五三五頁。

（14）もちろん、現代に比べると当時の統計の精度は決して高くなかった。ただ、それを十分に加味しても北京政府期に人口が急激に増加したという事実に間違いはないだろう。

（15）高艶林『天津人口研究（一四〇四―一九四九）』天津、天津人民出版社、二〇〇二年、九八～一〇二頁。

（16）天津の工場労働者については以下に詳しい。Gail Hershatter, *the Workers of Tianjin, 1900–1949*, Stanford: Stanford University Press, 1986.

（17）「天津特別市学齢児童統計　一七年度」『天津特別市教育局教育公報』一九三〇年二四期、付録。

（18）天津貧民半日学社については以下の文献に詳しい。肖素蘭「天津的貧民半日学社」『天津史志』一九八九年二輯。ただし、本章で扱うような問題、すなわち貧民半日学社と社会秩序維持との関係および平民教育との関係については論じられてない。

(19) 天津における巡警の創設とその意義については以下に詳しい。吉澤誠一郎『天津の近代――清末都市における政治文化と社会統合――』名古屋大学出版会、二〇〇二年、第五、六章。

(20) 吉澤前掲書、一七六～一七七頁。

(21) また、諸外国との取り決めで、一九一二年以降、中国軍の天津の周辺三〇キロメートル以内への侵入が禁止されたため、天津警察庁は、当該地域（租界を除く）の治安維持を担当する唯一の機関となった。こうした情況が、天津における警察庁の立場をさらに強くしたものと思われる。

(22) 楊敬林の経歴については以下を参照。夏琴西「楊以徳其人」『天津文史資料選輯』三輯、一九七九年。劉楊氏口述、于淼整理「我所知道的楊以徳」『天津文史資料選輯』七六輯、一九九七年。

(23) 朱啓明編『天津貧民半日学社紀略』天津、出版社不明、一九二〇年、三頁。編者である朱啓明の経歴については不明。天津警察庁と何らかの関係がある人物と思われる。

(24) 天津警察庁は、一九一〇年以来管轄地域を東、西、南、北、中の五つの警区に分けていた。この警区の領域が一九二八年にそのまま天津特別市の領域となる。天津における警区の設置過程については以下に詳しい。王培利「近代天津〝警区〟的形成」『歴史教学』二〇〇六年一二期。

(25) 前掲『天津貧民半日学社紀略』三頁。

(26) 「為飭知事拠教育科主任李金藻査報該庁各文署設立貧民半日学社等請（一九一五年）八月二五日〔直隷〕巡按使第六二四九号飭文）」『天津貧民半日学社紀略』七～一一頁。

(27) 「要件」『天津社会教育星期報』一九一六年四月二日・九日・十六日。

(28) 「貧民半日学校改組計劃」『益世報』一九二四年六月十八日。

(29) 前掲『天津貧民半日学社紀略』一二～一四頁。

(30) 前掲『天津貧民半日学社紀略』三〇～三二頁。

(31)　前掲『天津貧民半日学社紀略』三三頁。
(32)　前掲『天津貧民半日学社紀略』一～二頁。
(33)　天津警察庁楊敬林より大総統袁世凱への呈文（一九一五年七月二十二日）（前掲『天津貧民半日学社紀略』四～五頁）。
(34)　時代がやや下るが、一九二八年の天津市公安局の調査によると、当時天津市には男女約三〇万人の失業者がいたという（外国籍人は除く）。それは、労働能力を持つ総人口の約三四パーセントを占めており、そのうちの三分の一が男性の失業者であった。また、一九二九年に同局が行った調査によれば、天津の総人口（天津県属の各村荘を除く）に占める貧民人口は約一〇パーセントであった。「中華民国十七年度天津市公安局所轄五区八郷及三特別市市民有無職業比較図」、「天津市県貧民統計」（ともに天津市政府社会局編『天津市社会局統計彙刊』天津、出版社不明、一九三一年、所収）。なお、これら貧民のなかには黒社会と関わりを持つ者もいた。彼らは、南市（天津県城と日本租界との間）、侯家後の鳥市（天津県城の北東）、地道外（天津東駅の裏）、鬼市（天津県城の南西）、謙徳荘（イギリス租界と旧ドイツ租界の南）などを拠点に活動していた（天津地域史研究会編『天津史――再生する都市のトポロジー――』東方書店、一九九九年、一六四～一七一頁）。
(35)　楊大辛「近代天津的慈善公益事業」『天津史志』一九九五年二期、一二頁。
(36)　職業紹介に当たって、天津貧民半日学社は次のような基準を設けていた。「(子)年齢が二〇歳以上で身体強壮な者は軍警に任命する。(丑)年齢が幼稚で、聡明かつ向学心のある者は各小学校に編入させる。(寅)急ぎ生計を立てようとする者は、各種工廠や商号に送り学徒とする」（前掲『天津貧民半日学社紀略』三三～三四頁）。
(37)　前掲『天津貧民半日学社紀略』三五頁。
(38)　「警察庁前日校閲之情形」『大公報』一九二四年五月六日。
(39)　王卓然『中国教育一瞥録』上海、商務印書館、一九二三年、三九一頁。
(40)　天津の五四運動については以下に詳しい。片山一忠『天津五四運動小史』同朋舎出版、一九八二年。
(41)　「学聯会教育科討論辦校事宜」『益世報』一九一九年十月十六日。
(42)　「『少年世界』介紹天津学生辦教育的情況」天津歴史博物館・南開大学歴史系『五四運動在天津』編輯組編『五四運動在天

津』天津、天津人民出版社、一九七九年、所収、五八九～五九二頁)。
(43)「学生会教育科成立委員議事」『益世報』一九一九年十二月十三日。
(44)片山前掲書、六一頁。
(45)以上、天津工余補習学校に関する記述は、以下の文献に拠った。趙宝琪・張鳳民主編『天津教育史』上巻、天津、天津人民出版社、二〇〇二年、二三四頁。
(46)「第一児童義務学校開学式」『益世報』一九二一年八月二十五日。
(47)「義務学校観感会誌盛」『益世報』一九二三年七月十七日。
(48)汪桂年「天津早期的平民教育」『天津文史資料選輯』四四輯、一九八八年、二六頁。
(49)天津におけるYMCAの動向についてはまずは下記を参照のこと。天津中華基督教青年会編『天津中華基督教青年会與近代天津文明』天津、天津人民出版社、二〇〇五年。近代中国のYMCAに関する基礎的な研究であるギャレットによる著作も、その天津での活動について比較的多く言及している。Shirley S. Garrett, *Social Reformer in Urban China: the Chinese Y. M. C. A., 1895–1926*, Cambridge: Harvard University Press, 1970. なお、近代中国のYMCAに関するこれまでの研究動向については、以下を参照のこと。拙稿「中国、特に華北YMCA史研究の動向」『歴史評論』七六五号、二〇一四年。
(50)「社会服務団開成立会」『益世報』一九二三年三月五日。
(51)「服務団設立平民学校」『益世報』一九二三年三月二十二日。「第一平民学校開幕之盛況」『益世報』一九二三年三月三十日。
(52)「河東平民教育之進行」『益世報』一九二四年七月十五日。
(53)「維一社拡充義務教育」『益世報』一九二三年三月二十四日。
(54)熊前掲書、一三九～一五〇頁。
(55)「教育庁令辦義務教育」『益世報』一九二四年一月二十三日。
(56)「平民教育之積極進行」『益世報』一九二四年六月十二日。
(57)前掲「教育庁令辦義務教育」。

(58) 馬仁声(一八八五年~一九三〇年)。字は千里(字の方が知られている)。天津生まれ(原籍は紹興)のプロテスタント。彼の経歴については以下に詳しい。馬翠官編『二十世紀初天津愛国教育家馬千里先生誕生百周年紀念』天津、中国人民政治協商会議天津市委員会文史資料研究委員会、一九八五年。廖永武「愛国教育家和社会活動家馬千里」中国人民政治協商会議天津市委員会文史資料委員会編『近代天津十二大教育家』天津、天津人民出版社、一九九九年、所収。浜口允子「馬千里日記考(一)」『放送大学研究年報』二四号、二〇〇六年。同「馬千里日記考(二)」『放送大学研究年報』二五号、二〇〇七年。同「馬千里日記考(三)」『放送大学研究年報』二六号、二〇〇八年。

(59) 前掲「平民教育之積極進行」。

(60) 「天津普及教育之計劃」『益世報』一九二四年六月十七日。「県署辦平民教育計劃」『益世報』一九二四年六月二十三日。

(61) 「組織辦理教育幹事会」『益世報』一九二四年六月二十一日。

(62) 「総商会為平教運動開会」『益世報』一九二四年六月二十七日。

(63) 「津人宣伝平教之踊躍」『益世報』一九二四年六月二十九日。

(64) 「葛沽鎮之平教運動」『益世報』一九二四年六月三十日。

(65) 「積極進行之平民教育」『益世報』一九二四年七月二日。

(66) 「師範伝習所定期開幕」『益世報』一九二四年七月二十四日。この時の入学者は同年十一月二十五日までに卒業した(「第一二簡易師範卒業」『益世報』一九二四年十一月二十五日)。

(67) 「一区師範講習所已成立」『益世報』一九二四年七月二十日。

(68) 「教育局呈報平教数目」『益世報』一九二五年一月九日。

(69) 「教育界之窘況」『益世報』一九二五年十一月五日。

(70) 「張県長維持小学経費」『益世報』一九二五年十一月七日。

(71) 前掲「張県長維持小学経費」。「飭撥天津小学校経費」『益世報』一九二五年十一月七日。

(72) 「各小学実行増加学費」『益世報』一九二六年五月六日。

（73）　魯嗣香（生没年不明、一八七七生まれか）。五四運動においては排日派の頭目と目され、その後も馬仁声らとともに『新民意報』の編集に携わったが、一九二三年に「北洋法政大学教授の李伯勲」（詳細不明）とともに来日し、まもなく親日派に転じる。著作に『国民外交実録――魯李両代表東行日記――』天津、民報社、一九二一年、や、『求是集』（中日外交問題専号）天津、天津民報社、一九三四年、などがある。魯の経歴については、彼の渡日について報告した以下の外交資料からある程度知ることができる。外務省外交史料館「三．魯嗣香」（JACAR〔アジア歴史資料センター〕Ref.B03040748400、B03040748500、B03040748600、B03040748700、宣伝関係雑件／嘱託及補助金支給宣伝者其他宣伝費支給関係／外国人ノ部　第九巻）。

（74）　前掲「貧民半日学校改組計劃」。

（75）　「天津急賑会開会記」『大公報』一九二四年四月十六日。

（76）　前掲「県署辦平民教育計劃」。

（77）　「本処覆天津県議会函」『天津社会教育星期報』一九二七年十一月十三日。

（78）　上述のように、当時の天津には中国軍が進駐することが許されなかった。それゆえ天津警察庁は、租界に駐留する外国軍を除けば、天津で最も強い力を持った組織であったといえる。そのトップに立ち続けた楊敬林は、地域の紳商などの協力を得ながら市政や治安維持に力を注いだ。その意味で、楊の天津での地位はかなり軍閥的であったと言える。

（79）　小松由美「五四運動期、天津における対日ボイコット運動について――商人の対応を中心として――」『近きに在りて』三二号、一九九七年。

第Ⅱ部　「社会教育」の拡大化と緻密化

――南京国民政府期～国共内戦期――

第四章　一九二〇年代後半～四〇年代天津における義務教育の進展とその背景

はじめに

南京国民政府期に入り、中国における義務教育普及のスピードは急速に速まった。それによる小学生の増加は、教育現場、ないし現地社会のあり方に様々な変化をもたらした。また、本書の問題関心から言えば、それは失学者（特に失学児童）の減少を意味した。ゆえに、この時期以降「社会教育」の対象は、徐々に年長の失学者、すなわち失学民衆へと移っていくことになる。

そもそも、なぜこの時期に義務教育が進展したのであろうか。そうした問題について深く検討した研究は、意外にも多くない[1]。実際、当該時期の義務教育については、学校数や学生数といった基本的な事実の解明すら十分に進んでいないのが実情である。そこで本章では、一九二〇年代後半～四〇年代天津における義務教育の進展とその背景について考察する。

以下では、まず南京国民政府期以降の中国における義務教育政策の変遷について先行研究を参考に概説し、次に同時期の天津における小学校の増加とその背景について検討する。その上で、小学校が増加した結果、義務教育がどの程度普及するようになったのかを教育弱者（特に都市下層民）と義務教育との関わりという点から考察する。

一　義務教育政策の変遷

（一）　南京国民政府期

南京国民政府は、教育に対して北京政府よりも積極的であった。それは、国民党が教育を非常に重視したことによる（中でも強調されたのが党化教育および三民主義教育）。それゆえ、この時期に至り義務教育にもいくつかの点で変革が加えられた。以下、本書に関わるものについて指摘する。

①　教育経費が比較的安定

北京政府期以前に義務教育が不振だった主な原因の一つに教育資金の不足という問題があった。本来教育費として割り当てられていた資金が、軍閥政権により軍事費に流用されていたことがその背景にある。こうした状況に対しては、すでに一九二〇年代より「教育経費独立運動」というかたちで、教育人士などから不満が表明されていた。その結果、江蘇省などのように、教育経費の独立を一時的に達成した省もあったが[2]、それを果たせない省が圧倒的に多かった。

南京国民政府は、教育経費の独立に積極的であった。一九三〇年に国民政府教育部は、「確定教育経費計劃及全方案経費概算」を公布し、教育経費の出所と分配方法について規定している。また、三一年に国民政府が公布した「中華民国訓政時期約法」でも、第五二条で「中央および地方は教育上必要な経費を広く徴収しなければならない、また、法によって独立しているその経費は保証されなければならない」と明記している。そうした措置が功を奏し、国家予算や地方予算に占める教育経費の割合は、北京政府期に比して明らかに増大した[3]。もちろん、それによって各地の教育経費問題が即座に解決されたわけではない。朝倉美香が指摘するように、南京国民政府期以降でも農村では依然として教育経費が不足していた(4)。けれども、総体的に見て教育経費はそれまでの時代に比べるとそれなりに安定するようになったのである。

②　失学者対策の変化

失学者を教育するために、北京政府は半日学校や簡易識字学塾などを普及させたが、一部の例外を除き、その効果は必ずしも大きくなかった。状況の打開に向けて、南京国民政府は、それらに代わる新しい学校――短期小学校を開設した。

短期小学校とは、要するに一般の小学校に比べて就学期間の短い小学校のことである。一九三二年に出された「短期義務教育実施辦法大綱」では、短期小学校について、一〇歳から一六歳までの失学児童に対して、修業年限一年の間に、五四〇時間教育する学校、と規定している(5)。

短期小学校が登場した背景には、義務教育普及に対してある程度現実的な視点が中央政府内に現れていたということが挙げられる。当時の中国では、小学校に四年間通うことができる子どもは限られており、大多数の子どもは家の事情などから学校に通えなかったり、通ったとしても四年を待たずに退学してしまったりした。そうした流れを受けて国民政府は、四年制小学校とは別に短期小学校を設けて義務教育の普及をはかったのである。

なお、短期小学校は一時的な措置であった。国民政府は、一九三五年に「義務教育実施暫行辦法大綱」を公布し、その中で短期小学校が四四年までの暫定措置であることを明記している(6)。

(二) 日中戦争期以降

日中戦争が始まると、国民政府の義務教育政策はさらなる変化を遂げる。これは、国内の戦時体制を整備するために国民政府が実施した新県制と連動したものであった。新県制とは、簡単に言えば十戸を甲、十甲を保、十保を郷鎮とし、一五郷から三〇郷を一区として県政府に所属させるものである[7]。国民政府は、この新しい行政制度の下で義務教育を徹底させるため、一九四〇年に「国民教育実施綱領」を公布した。それによると、郷鎮には六年制の中心国民学校を、保には四年制の国民学校を設けるとされた。これにより、従来の小学校(短期小学校を含む)はみな国民学校に再編された。また各校では、児童のための普通教育(=学校教育)と文盲のための識字教育(=「社会教育」)を行うとされた[8]。

一九四四年になると、国民学校についてさらに詳しく規定した「国民学校法」が公布された[9]。注目すべきは、そこにおいて国民学校における教育の無償化が明記されたことである。義務教育の無償化については一九三二年に出された「小学法」(第一六条)においてすでに規定されていたが、そこでは「ただし地方の状況を酌量して徴収することができる」とも書かれており、学費の徴収は実際のところ引き続き行われていた[10]。ここに至ってようやく例外が取り除かれたことになる。なお、義務教育の無償化については、一九四七年に公布された「中華民国憲法」第一六〇条にも明記されている。

一九四四年には、さらに「強迫教育条例」という法令が公布された。これは、県内における学齢児童の調査や就学督促などについて規定したものである。そのうち、就学督促の順序については、第八条に次のように明記されている。

勧告　およそ入学すべきにもかかわらず未入学の学齢児童がいれば、保長は中心国民学校または国民学校の校長と共同して、その父母あるいは保護者に対し、期限までに入学するよう書面または口頭で勧告する。
警告　勧告を受けたにもかかわらず、その後も父母または保護者が期限までにその子女あるいは被保護者を入学させない場合については、期限満了後の五日以内にその姓名を掲示して警告し、期限内に入学するよう勧告することができる。
罰金　警告の掲示をしても従わない者は、期限満了後の七日以内に郷鎮の強迫入学委員会で一〇元以下の罰金を議決し、期限を切って入学させるとともに県政府に報告することができる。[11]

このように国民政府は、学費を無償化しつつ未入学者を強制的に入学させる体制を構築しようとした。ただし、その成果については今後さらなる検証が必要と考える。

二　天津における小学校の増加とその背景

以下では、近代天津における義務教育の普及とその背景について検討する。なお、当時小学校には公立（官立・市立・省立、天津市成立後、市内の官立はすべて市立に）のものと私立（民立、区立と呼ばれるものもこれに含まれる）のものがあったが、本書では基本的に公立小学校だけを検討対象とする（ただし、省立小学校は検討対象から除外する）。

（一）　全体的な動向

天津は、中国の中でも比較的早い時期から近代教育に取り組んだ都市であった。従って初等教育について言えば、早くも一九〇二年に天津最初の小学校――民立第一小学堂が誕生している。[12]その後、小学校の数は順調に増え、一九四九年には三九六校を数えた（天津市内区のみ、私立を含む）[13]。

清末、民国期の天津における小学校数の動向については、高艶林『天津人口研究（一四〇四～一九四九）』（天津、天津社会科学院出版社、二〇〇二年）、天津市地方志編修委員会編著『天津通志——基礎教育志——』（天津、天津人民出版社、二〇〇〇年）などの記述からある程度知ることができるが、不明な点もなお多い[14]。そこでまず本節において、天津の小学校の増加に関する正確な状況について可能なかぎり明らかにしておきたい。

なお、現在天津市は市内区、濱海区、郊区、県区の四つの区域に分かれるが、本書では市内区のみを検討の対象とする。天津市内区とは、現在和平区、河北区、河西区、河東区、南開区、紅橋区の六区によって構成されている地域で、要するに天津の市街地のことである（図1）。一九二八年の市政施行以降、天津の市街地は「天津市（ないし天津特別市）」として、それまでに属していた天津県とは別個に扱われるようになった。その後、近郊地域を取り込みながら市街地の領域は徐々に拡大し、一九三六年にほぼ現在の広さになった（ただし、一九四三年まで市街地の一部は租界であった）[15]。

この天津市内区の学校数について、南京国民政府期と日中戦争期の状況についてはこれまでの研究である程度判明しているが、清末と中華民国北京政府期の動向についてはよく分かっていない。なぜなら、中華民国北京政府期以前には、市内区を対象とした調査が行われていないからである。関連する史料に直隷学務公所などによって編集された『直隷教育統計図表』（中華民国元年から七年まで毎年編纂）などがあるが、それは直隷省ないし天津県全体に対する調査であり、そこから天津の市内区の状況について知ることができない。そこで筆者は、天津特別市教育局編『民国二十八年度天津特別市教育統計』（天津、出版者不明、一九四〇年）[16]という史料を使用して、この問題を解決することにした。『民国二十八年度天津特別市教育統計』には、一九三九年度に存在した各市私立小学校の創立年月（私立学校につい

〔図１〕 天津特別市行政区域図（1944年4月）

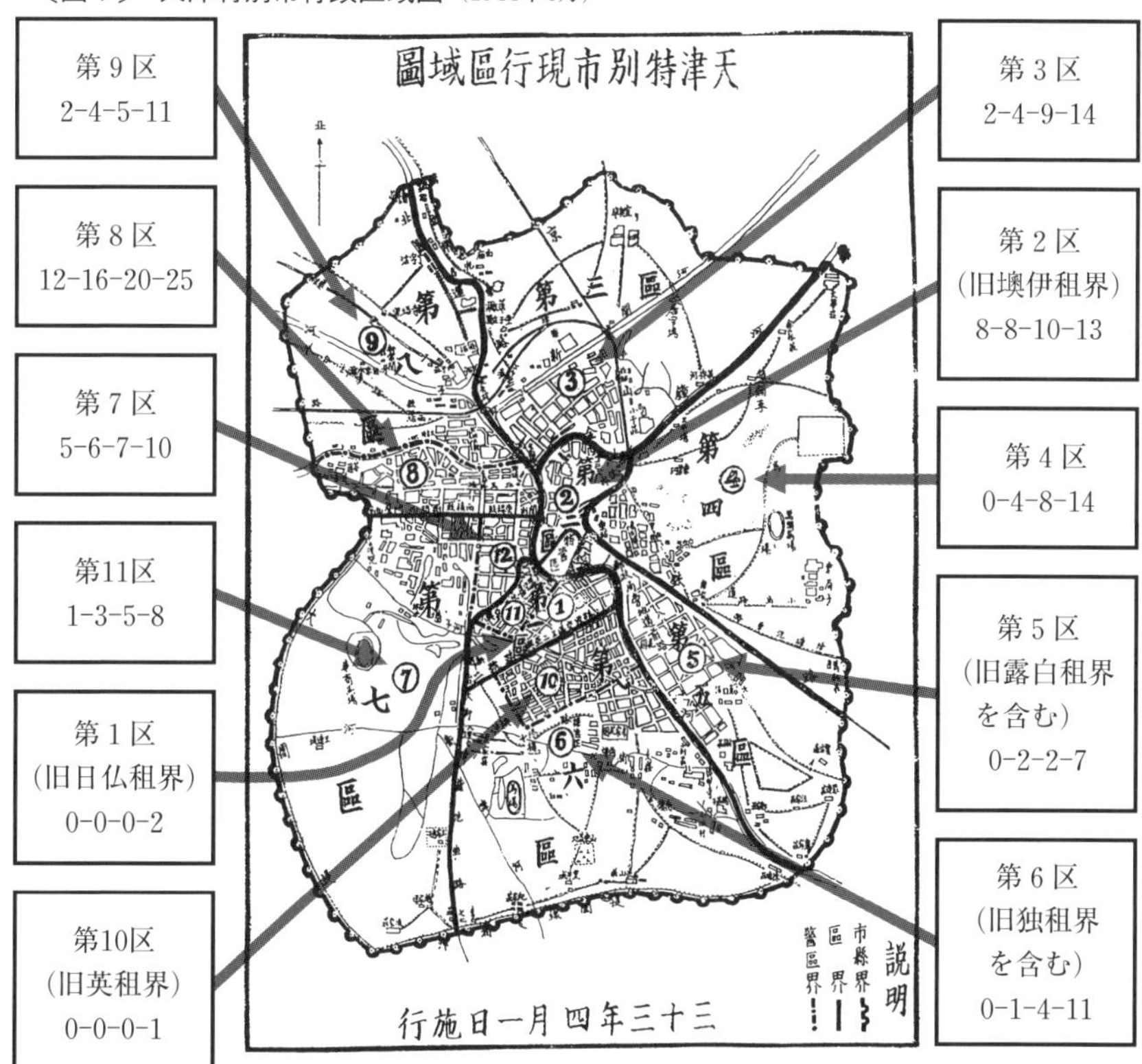

（註：地図内）日中戦争後、第７警区（⑦）が第11区に、第９警区（⑨）が第９区に、第10警区（⑩：旧英租界）が第10区に、第12警区（⑫）が第７区になる。また、特管区（旧伊租界）は第２区に編入された。天津市規劃和国土資源局編著『天津城市歴史地図集』天津、天津古籍出版社、2004年、109頁。
（註：地図外）枠内は、1947年時点での行政区域名と区内の公立小学校数の変遷（左から1928年－1937年－1941年－1947年）を示している。

〔表1〕 天津市における公・私立小学校数の変遷

西暦	学校総数	公立	私立
1911年	*45(a)*	*28*	*17*
1928年	*103(a)*	*31*	*72*
1929年	117	33	84
1930年	122	37	85
1931年	131	39	92
1932年	142	40	102
1933年	137	41	96
1938年	187	52	135
1939年	194	51	143
1941年	230	75	155
1945年	262	105	157
1946年	261	107	154
1947年	—	*115(b)*	—
1948年	*325(c)*	*126*	*199*
1949年	*396(d)*	—	—
1953年	*404(d)*	—	—

（註）私立小学校数には、民立・区立小学校の数も含まれる（教育局から認可を受けていないものは含まない）。なお、「—」の箇所はデータがないため不明。

（典拠）高艷林『天津人口研究』天津、天津人民出版社、2002年、252頁。ただし、(a) ～ (d) の典拠はそれぞれ以下のとおり。(a)「市立小学校概況表二」「私立小学校概況表二」天津特別市教育局編『民国二十八年度天津特別市教育統計』天津、出版者不明、1940年、所収。(b)「天津市国民学校小学暨幼稚園便覧」天津市教育局統計室編『天津市中小学校社教機関便覧』天津、出版者不明、1947年？、所収。(c)「天津市教育局関與一年来小学教育概況（1950年1月）」中共天津市委党史資料徴集委員会ほか編『天津接管史録』上巻、北京、中共党史出版社、1991年、所収、796頁。(d) 天津市地方志編修委員会編著『天津通志——基礎教育志——』天津、天津社会科学院出版社、2000年、396頁。

ては行政機関から認可された年月）についての記載がある。それを利用すれば、清末と北京政府期の学校数についてある程度明らかにできる（一九三九年以前に廃校になったものを除く）。また、この史料には幸いなことに、各学校の所在地も明記されているため、各時代に、どのような場所に小学校があったのかも知ることができる（学校の所在地については、天津特別市教育局編『民国三十年天津特別市教育統計』（天津、出版者不明、一九四二年）、天津市政府統計室『天津市政統計及市況輯要』（天津、同所、一九四六年）、天津市教育局統計室編『天津市中小学校社教機関便覧』（天津、出版者不明、一九四七年？）にも記載されているが、そのうち最も古いものを使用した）。さらに、一九四〇年代においても、筆者の調査で新たに学校数が判明した年度がある。

以上のような経緯で完成したのが、**表1**である。清末から一九四九年までの間に、天津市内区に小学校がどのくらい存在していたのかがこの表から明らかになる。また、各公立小学校の地理的分布については**表2**に示した（私立小学校は数が多いため掲載していない）。

これらの表からは、いくつか興味深い事実が判明するが、学校数の増加という点に限って言えば、学校数の急増した時期が何度かあることが見いだせる。一九二〇年代後半以降では一九三〇年前後、

〔表２〕 天津における公立小学校の変遷（清末～1947年）

区	清　　末		1939年		1941年		1946年		1947年	所　在　地	類型
一区									１区中心	万全道	5
									１区３保	迪化街	5
二区							100	→	２区中心	博愛路	4
	聖慈庵（1905）	→	29	→	29	→	29	→	２区５保	学堂街	1
	大仏寺（1910）＊	→	26	→	26	→	26	→	２区６保	糧店後街	1
	行宮廟（1903）	→	28	→	28	→	28	→	２区７保	糧店後街	1
	西方庵（1905）	→	27	→	27	→	27	→	２区９保	于廠大街	1
	官立第４女子（1908）	→	25	→	25	→	25	→	２区10保	水梯子大街白衣庵	1
									２区13保	華安大街	5
	陳家溝（1907）	→	22	→	22	→	22	→	２区14保	娘娘廟中街	1
			14短（1936）	→	54	→	54	→	２区17保	錦衣衛橋街	3
			５短（1937）	↗							
	民立第54（1908）	→	（直隷第一師範附小第二部）	――	――	――	――	→	２区18保	錦衣衛街	6
			15短（1937）	→	錦衣衛張家胡同短	↗？					
			13短（1936）	→	錦衣衛橋永安里短	↗？					
	学校名不明	→	24	→	24	→	24	→	２区21保	小関大街	1
							104	→	２区23保	海潮寺	4
	官立第８女子（1908）	→	7	→	7	→	7	→	２区25保	獅子林大街	1
三区									３区中心	河北月緯路	5
	直指庵（1904）	→	23	→	23	→	23	→	３区２保	四経路	1
									３区５保	黄緯路	5
			80短（1936）	→	65	――	――	→？	３区６保	日緯路多福里	3
			28短（1936）	↗							
			79短（1937）	→	58	→	58	→	３区11保	宿緯路	3
			56短（1937）	↗							
					63（1941）	→	63	→？	３区15保	東六経路	4
			43（1936）	→	43	→	43	→	３区20保	楊橋大街	2
	堤頭村（1906）	→	21	→	21	→	21	→	３区25保	堤頭前街	1
			94短（1936）	→	71	→？	103	→	３区26保	朝陽寺後	3
			65短（1936）	↗							
			88短（1933）	→	66	――	――	→？	３区27保	辛荘大街	3
			53短（1933）	↗							
							86	→	３区28保	蓆廠村	4
			41（1934）	→	41	→	41	→	３区30保	白廟前街	2
			区立宜興埠	→	私立宜興埠	→	93	→	３区32保	宜興埠後街	6
			91短（1937）	→	天斉廟短	→？	71	→	３区33保	天齊廟大街	3

四区			36(1930)	→	36	→	36	→?	4区中心	公議大街	2
			29短(1933)	→	郭荘子短	↗?					
			23短(1937)	→	56	→	56	→	4区4保	旺道荘石橋大街	3
			22短(1937)	↗							
			6短(1936)	→	72	→	72	→	4区7保	三元里	3
			24短(1933)	↗							
			33(1930)	→	33	→	33	→?	4区10保1	楊旗下坡天福里	2
			1短(1933)	→	姚家台義生里短	→	77	→?	4区10保2	楊旗下坡宜生里	3
			44(1936)	→	44	→	44	→	4区15保	三益里	2
			35(1930)	→	35	→	35	→	4区16保	復興荘靶档道北	2
			9短(1933)	→	52	→	52	→	4区22保	沈荘大街仁和里	3
			10短(1937)	↗							
			20短(1933)	→	55	→	55	→	4区24保	学校大街三慶胡同	3
			21短(1936)	↗							
							89	→	4区26保1	沈荘子養魚池	4
							76	→	4区26保2	和平村	4
			区立趙沽里	→	区立趙沽里	→	90	→	4区30保	趙沽里	6
			区立大畢荘	→	私立大畢荘	→	91	→	4区31保	大畢荘	6
									4区33保	東局子	5
五区			30(1927)	→	30	→	30	→	5区中心	七経路	2
			39(1931)	→	39	→	39	→	5区5保	一号路	2
			区立大直沽第一・第二	→	私立大直沽第一・第二	→	92	→?	5区6保	大直沽中街	6
			27短(1936)	→	大直沽短	→?	99	→	5区7保	大直沽義和街	3
									5区9保	馬路街	5
									5区14保	婁家荘永学街	5
							78	→	5区15保	張達荘	4
六区			(河北省立女子師範学校小学部(1938))	→	51	→	51	→	6区中心	杭州道	6
					(79(1940年代?))	→	97	→	6区1保	威爾遜道	4
									6区10・11保	哈内路	5
			49(1936)	→	49	→	49	→	6区25保	賀家口後街	2
			45短(1936)	→	掛甲寺短	→	79	→	6区26保	掛甲寺橋西街	3
			(北洋紗廠子弟(1918))					→	6区28保	楊家荘楊家胡同	6
			49短(1937)	→	楊家荘短	↗?					
			区立土城第一・第二	→	私立土城第一・第二	→	87	→	6区29保	土城村裕泰街	6
			47短(1937)	→	陳塘荘短	→	80	→	6区30保	陳塘荘	3
			区立陳塘荘	→	私立陳塘荘	↗					
							88	→	6区32保	西楼村学堂路	4
									6区34保	何興村新万慶里	5
			(南開八里台(1928))	→	40	→	40	→	6区35保	馬場道	6

七区	広北(1906)	→	1	→	1	→	1	→	7区中心	東南角草廠庵	1
	官立第9女子(1910)	→	5	→	5	→	5	→	7区3保	東南角如意胡同	1
	営務処(1905)	→	3	→	3	→	3	→	7区4保1	東門外	1
	官立第2女子(1907)	→	4	→	4	→	4	→	7区4保2	東門内弥勒庵胡同	1
			31短(1933)	→	大費家胡同短	→	101	→	7区5保	東門内大費家胡同	3
	県署西(1906)＊	→	8	→	8	→	8	→	7区6保1	南馬路	1
									7区6保2	南門内大樹胡同	5
			33短(1933)	→	69？	→	81	→	7区7保	南門東官溝街	3
			74短(1937)	↗							
									7区20保	十一区四馬路	5
			48(1936)	→	48	→	48	→	7区22保	南門外陞安大街	2
八区	放生院(1905)	→	19	→	19	→	19	→	8区中心	梁家嘴放生院	1
	薬王廟(1904)	→	2	→	2	→	2	→	8区2保	大胡同東大街	1
							82	→	8区4保	天后宮	4
	官立10女子(？)	→	6	→	6	→	6	→	8区10保	城内戸部街無量庵	1
	官立第3女子(1908)	→	12	→	12	→	12	→	8区13保	鼓楼西	1
	(天津師範附小(1905))	→	(直隷第一師範附小第一部など)	→	50	→	省立に回帰	→	8区14保	西北城角	6
	城隍廟(1903)	→	10	→	10	→	10	→	8区15保	西北城角城隍廟	1
			34(1930)	→	34	→	34	→	8区16保	西北城角衛生局	2
			31(1921)	→	31	→	31	→	8区17保	二道街	2
	慈恵寺(1904)	→	11	→	11	→	11	→	8区18保	慈恵寺大街	1
							83	→	8区20保	西関街	4
			55短(1933)	→	57	→	57	→	8区21保	西関外大街	3
			57短(1936)	↗							
									8区22保	南頭窰街	5
	如意庵(1907)	→	9	→	9	→	9	→	8区23保	如意庵街	1
			46(1936)	→	46	→	46	→	8区26保	小西関大街	2
	官立第6女子	→	14	→	14	→	14	→	8区27保	皇姑庵	1
			15(1916)	→	15	→	15	→	8区28保	西頭老公所胡同	2
			61短(1933)	→	双忠廟短	→	96	→	8区29保	西頭双忠廟	3
					60(1941)	→	60	→	8区30保	西頭同議会所北	4
			60短(1937)	→	59	→	59	→	8区33保	梁家嘴永安里	3
			64短(1937)	↗							
	育徳庵(1905)	→	18	→	18	→	18	→	8区34保	育徳庵	1
	官立第5女子(1908)	→	20	→	20	→	20	→	8区35保	太平街	1
			58短(1936)	→	大夥巷短	――	――	→？	8区36保	西北角大夥巷156号	3
			47(1936)	→	47	→	47	→	8区37保	北閣西河沿二大街	2
			38(1931)	→	38	→	38	→	8区43保	侯家後中街	2

九区	河北大寺(1903)	→	16	→	16	→	16	→	9区中心	大寺前街	1
							84	→	9区1保	河北関下三官廟	4
	玉皇廟(1905)	→	17	→	17	→	17	→	9区7保	河北大街石橋	1
			83短(1933)	→	三条石短	→	70	→	9区8保	三条石普渡庵胡同	3
							85	→	9区10保1	河北関上抬埋会	4
			84短(1933)	→	67	→	67	→	9区10保2	趙家場耿家園	3
			100短(1936)	↗							
							102	→	9区14保	趙家場河沿	4
			37(1930)	→	37	→	37	→	9区15保	佟家楼後秀徳里	2
			87短(1933)	→	西于荘短	——		→?	9区22・23・24保	西于荘大街	3
			32(1929)	→	32	→	32	→	9区26保	西沽三官廟街	2
			区立丁字沽	→	私立丁字沽	→	94	→	9区28保	丁字沽大街白衣寺前	6
十区									10区中心	馬場道46号	5
十一区	学校名不明	→	13	→	13	→	13	→	11区中心	南大道養病所	1
			34短(1933)	→	68	→	68	→	11区2保	南門外大街孫家胡同	3
			51短(1933)	↗							
			35短(1936)	→	太平荘短	→	66	→	11区3保	太平荘興樹里	3
			45(1936)	→	45	→	45	→	11区8保	天海路	2
			68短(1937)	→	61	→	61	→	11区19保	南大道王家台	3
			61短(1933)	↗							
			42(1936)	→	42	→	42	→	11区29保	西市大街5号	2
					(培新(1945)など)	——		→	11区32保	衛津路2号	6
			32短(1936)	→	南門西短	→	64	→	11区37保	南門西利学南胡同	3

（説明）
①1947年時点で存在する小学校と継承関係のある学校のみを載せている。つまり、1947年以前に廃校してしまったものについては掲載していない。
②「→」は右欄の学校への継承を、「↗」 は一列上の学校との統合を表す。
③学校名はすべて略称である（例：市立第1小学→1、市立第3短期小学→3短）。なお、学校名横の（ ）内の数字は、創立年を表す（＊が付いたものは創立年について異説あり）。
④「類型」欄の数字の意味：1．清末に設立された学校　2．民国成立から1939年までに設立された学校　3．短期小学校として成立した後に普通小学校に改組された学校　4．1939年から1946年3月までに設立された学校　5．1946年3月から1947年までに設立された学校　6．省立や私立小学校を市立に改組したもの
なお、各欄の記述は、以下の文献に基づいている。
・清末、1939年：「1939年天津特別市教育統計概覧」前掲『民国二十八年度天津特別市教育統計』（前掲『近代以来天津城市化進程実録』646～658頁に所収）。
・1941年：「市立小学校概況表一、二」、「市立短期小学改組及更名対照表」前掲『民国三十年天津特別市教育統計』16～27、52頁。
・1945年：「表13　本市市立小学校（35年3月底）」前掲『天津市政統計及市況輯要』26～29頁。
・1947年および所在地：「天津市国民学校小学暨幼稚園便覧（36年度第2学期）」前掲『天津市中小学校社教機関便覧』7～25頁。
また、各学校の変遷について調べる際には、上記のほかに、以下の資料も参考にした。張紹祖編著『津門校史百彙』天津、天津人民出版社、1994年。王守恂撰『天津政俗沿革記』巻十、文化。天津市地方志編集委員会編著『天津通志—基礎教育志—』天津、天津社会科学院出版社、2000年。天津市規劃和国土資源局編著『天津城市歴史地図集』天津、天津古籍出版社、2004年。『天津市』編集委員会編『中華人民共和国地名詞典　天津市』北京、商務印書館、1994年。

四一年前後、四〇年代後半がそれに当たる。次節では、各時期において小学校が増加する様子とその背景について検討してみたい。

（二）　各時期における小学校増加のありようとその背景

①　一九三〇年前後

表1からも分かるように、天津では、清末の数年間に小学校の創立ラッシュがあったが、中華民国北京政府期に入ると、その動きが大きく鈍る。私立小学校は租界地区などを中心に順調に増えていったが、一方公立はと言うと三校しか設立されていない。

公立小学校がほとんど増えなかったのは、第一節で述べたのと同様、天津でも教育に対する予算が不足していたことによる。その状況は一九二〇年代に入ると一層深刻になり、学校の設立はおろか教員給与の支払いすら困難な状況に陥った[17]。それにもかかわらず、この時期天津の人口は増え続け、それと連動して学校に入学すべき学齢児童の数も増大した。この時期における私立小学校の新設（または認可）は、そうした状況に対応したものであったと言うことができる。

それが一九二〇年代後半になると公立小学校が再び増加するようになる。その背景として考えられるのが、①天津市教育局の成立と②教育経費独立の達成という二つの要素であった。

上述したように、天津では、一九二八年に市政が施行されたが、その際市政府の下部組織として教育局という機関があらたに誕生した。教育局は、天津市の教育行政全般を統括する組織で、三つの科から成っていた。教育行政機関としては、北京政府期にも天津県教育局という機関があったが、組織の規模や実行力という面から言えば、市教育局のほうが断然勝っていた。以後、市教育局のもとで様々な活動が行われるようになる[18]。

そうした活動を財政的に支えたのが、「教育専款」と呼ばれる教育専用経費であった。これは、ブリティッシュ・アメリカン・タバコ会社が代理徴収していた巻きタバコ税の一部（年間七二万元）を教育専用経費として確保したもので、新たに誕生した天津市教育専款保管委員会という組織（教育局の下部組織）によって管理されていた[19]。要するに、天津では、これをもって教育経費の独立が達成されたことになる。それ以降、天津の教育財政は従来に比べるとかなり安定するようになった。この時期に公立小学校が多数新設されたのは、天津の教育行政を取り巻く以上のような組織的・財政的変化があったことに起因するものと考えられる。

② 一九四一年前後

一九三七年七月に日中戦争が勃発すると、天津の租界以外の地域（華界）は日本軍の統治下に入り、まもなく「地方治安の維持、秩序の回復、人心の安定」を宗旨とする治安維持会が成立した。その後、同年十二月に、傀儡政権の中華民国臨時政府が北平に興ると同会は解散し、その業務は天津特別市公署に引き継がれた。

日本による占領が天津の教育に与えた影響は少なくない。この時期を境に、中国人に対する日本語教育が盛んになったり、学校教育や「社会教育」の現場において対日協力を求める宣伝がなされたりするようになった。その裏に占領統治の円滑化を目指す意図があったことは明らかであろう。こうした教育は、中国において「奴隷化教育（奴化教育）」と呼ばれ、現在でも批判の対象となっている[20]。その事実から決して目をそらしてはならない。

以上のような問題を含むものの、天津の教育行政のあり方それ自体は、日本による占領後もそれほど変わらなかった。基本的には、戦前の体制を継承したものであったと言える。従って、小学校についても従来のものがそのまま使用された。

一九三八年の段階で小学校の数は一八七校（公立五二校、私立一三五校）で、しばらくの間その数に大きな変動はなかった。しかし、四一年になると学校数は大幅に増加し、二三〇校となった。なかでも、公立小学校の増加率は著しいものであった。その背景には、短期小学校の正規小学校化という事情がある。

短期小学校についてはすでに第一節で説明したが、天津でも一九三三年以降順次設置されるようになった。ただ、当初その数は四〇校程度ということで、それほど多くなかった。しかも、当初短期小学校はその存在意義すら疑われていた。次のような文章が、短期小学校の機関誌である『短小教育』に掲載されている。

短期小学校が天津に成立してから、すでに一年以上が経つ。しかし、その意義や使命、そして現在の情況について知らない人も少なくない。甚だしきは、それが不明瞭であるという理由で種々の誤解が生じている。そうしたことを聞かされると、我ら短期教育を行なう者としてがっかりするし、悲しくも思う。[21]

ただ、一九三五年に国民政府より前述した「義務教育実施暫行辦法大綱」が発布されるとそうした状況は一転した。学校数は一挙に増えて一〇〇余校に達した。一九三九年の統計を見ると、それらの学校に九一〇七人の学生が学んでいたことが分かる。[22]

さて、日中戦争が勃発すると、戦禍を逃れてきた人々などで、天津市の人口は飛躍的に増加した（後述）。人口の増加は学齢児童の増加を意味していたため、ただでさえ少ない小学校に、児童が殺到することになった。そうした状況を改良するために取られたのが短期小学校の普通小学校化であった。すなわち、一〇〇校あまりあった短期小学校のうち約五〇校を、二校を一校にする形で統廃合し、普通小学校を新たに二四校創出したのである。この措置によって、もともと五一校あった公立小学校は、一気に七五校に増加した。

なお、日中戦争勃発後には、公立小学校だけでなく私立小学校も増加している。それはやはり天津市の人口増加による小学校の不足が影響したものと考えられる。

③　一九四〇年代後半

日本の敗戦によって、一九四五年八月に日中戦争が終結した。以後、四九年一月に共産党によって「解放」されるまで、天津はふたたび国民政府のもとで統治された。

「光復」後に教育局が直面したのもやはり小学校数の不足という問題であった。それゆえ、教育局は状況を打開すべく尽力し、結果として小学校の数は二六二校（一九四五年）から三二五校（四八年）へと増加した。

この時期に、どうしてそこまで小学校を増やすことができたのだろうか。史料を十分に集め切れていないため、その背景を確定することはできない。ただ、先述した「国民学校法」の存在が、小学校を増加させる主要なプレッシャーとなったのは確かであろう。

日中戦争期の一九四四年に国民政府によって発布された「国民学校法」が、いよいよ天津でも施行されることになった。この規定には、各保につき一校の割合で国民学校を設置することが定められているが、天津は、戦後直後の段階でそれを達成できていなかった。一九四六年に出版された『天津市政統計及市況輯要』によると、天津市には、四六年二月の段階で三一一の保があり、そこに一〇一校の市立小学校があったという（一一、一九頁）。要するに、これでは三保につき一校しかない計算になる。そのため、「国民教育法」の規定に合わせるべく、教育局は国民学校、なかんずく市立の国民学校増設に向けて努力することになった。

この時期に増加した市立国民学校の多くは新設のものであったが、それ以外の方法で設立されたものもある。そのうちの一つが、短期小学校の国民学校化である。前項で述べたように、一九三〇年代後半に、短期小学校は全部で一〇〇校あまりあった。そのうち約半数の五〇校は四一年に普通小学校へと改組されたが、それでも依然として四八校の短期小学校が残っていた。これらの短期小学校がその後どうなったのかについては、史料がないためはっきりしないが、四五年以降の史料を見ると、いくつかの国民学校が、それまで短期小学校のあった場所に建てられているのが分かる。学校の新設に莫大な経費がかかることを考えると、おそらく短期小学校の一部は、日中戦争期か戦後直後に普通小学校に改組され、それが後に国民学校となったと想像できる。

また、市立国民学校の増加という点について言えば、一部の私立小学校の公立化もこの時期に行われた。これは主に天津市郊外にあったいくつかの私立小学校（民立または区立小学校と呼ばれた時期もある、多くが私塾を改良したもの）を市立に改組したものである。

ただ、それでも小学校は足りなかった。結局、それを補うかたちで四〇校以上の私立小学校が新設されることになった。

以上、天津における小学校の増加のありようとその背景について検討した。学校増加のあり方について言えば、一九二〇年代後半までの段階で小学校全体に占める公立小学校の割合は低かったけれども、一九三〇年代以降になると徐々に上昇し、全体の三、四割近くに達したことが明らかになった。最終的に、天津の小学校は一九五三年にすべて公立化されるが(23)、それ以前の段階である程度公立化が進んでいたことが本書で確認された。

また、学校の増加には、天津市教育局成立による教育行政の整備、教育経費独立の達成、人口増加による小学校の不足、「国民教育令」への対応など各時代固有の背景があったことが分かった。「国民学校令」への対応については比較的全国で共通するものと言えるが、それ以外の要素については大都市（特に沿海部）特有のものであると考えられる。なお、教育行政の整備および経費の独立が不十分で、人口の流出も激しかった農村ではまた違った様相を呈していたであろう。当時の農村における教育普及については、今後の課題としたい。

三 教育弱者への義務教育普及度の変化

(一) 人口増と学生増との関係

前節で述べたように、一九三〇年代以降、天津の小学校数は激増した。それは、当然のことながら小学生数の増大を意味していた。ただし、この時期天津で増えていたのは、小学生数だけでない。市内人口全体も同様に増え続けていた。それでは、当該時期天津における小学生数の増加とは、単に人口増に合わせただけのものであったのだろうか。それとも、人口増を上回る勢いを持ったものだったのだろうか。本節では、まずこの点について確認しておきたい。

表3には、天津市が成立した一九二八年以降三〇年間の天津市の人口が示されている。近代天津の人口については、李競能主編『天津人口史』(天津、南開大学出版社、一九九〇年)や、前出した『天津人口研究』に掲載されているけれども、使用している史料が双方で異なるため、記述に齟齬がある。従って、ここでは両者の数字を載せておいた。当該時期の天津において絶え間ない人口増加があったことは、この表からもうかがえよう。

人口を増加させた最も大きな要素は、外部からの流入人口であった。天津は古来より「五方の民の雑処する所[24]」と呼ばれるほど、各地からの移民が多い都市であったが、近代になるとその流れに一層拍車がかかった。工場などへの出稼ぎ者や自然・戦争災害の被災者が大量に天津市に流れ込み、それゆえ人口は大いに増加した。

それ以外に、天津市の領域が拡大したことも人口増加の要因であった。天津市の市域は、南京国民政府期(一九三四年と三六年)と日中戦争期(四二~四五年)に拡大した。南京国民政府期における拡大は大直沽や土城など旧天津県の

〔表3〕　天津市の人口と小学生数との関係（1928年～1953年）

	市内人口（人）		小学生数（人）		小学生率（%）	
	①（A）	②（A'）	①（B）	②（B'）	A/B	A'/B'
1928年	1,122,405	869,139				
1929年		884,226	22,854	22,923		2.59%
1930年	1,068,121	864,477	25,774	25,088	2.41%	2.90%
1931年			28,592	27,892		
1932年			30,972	30,841		
1933年	1,033,642	1,110,567	32,485	33,359	3.14%	3.00%
1934年	1,188,883	1,021,671	42,442		3.57%	
1935年	1,237,292	1,071,072				
1936年	1,254,696	1,081,072	43,863		3.50%	
1937年	1,262,261	1,132,263	33,577		2.66%	
1938年	1,391,171	1,114,029	39,361	44,433	2.83%	3.99%
1939年	1,448,985	1,232,004	41,934	48,926	2.89%	3.97%
1940年	1,502,088	1,274,792	45,601		3.04%	
1941年	1,644,663	1,210,150	50,044	71,970	3.04%	5.95%
1942年	1,725,422	1,426,098	53,796		3.12%	
1943年	1,776,323	1,524,365	57,521		3.24%	
1944年	1,762,608	1,800,039	60,212		3.42%	
1945年	1,721,502	1,759,513	78,802	78,802	4.58%	4.48%
1946年	1,677,000		104,470	81,152	6.23%	
1947年	1,715,534	1,710,910	88,132	*113,595*	5.14%	6.64%
1948年	1,913,187	1,860,818				
1949年		*1,895,702*		*134,363*		7.09%
1950年		*1,919,149*		*179,629*		9.36%
1951年		*2,067,785*		*301,612*		14.59%
1952年		*2,175,522*		*230,507*		10.60%
1953年		*2,317,316*		*245,602*		10.60%

（出典）①前掲『天津人口史』82、235～237頁。②（1929年～1946年）前掲『天津人口研究』92～93、252頁。（1947年）前掲「天津市国民学校小学暨幼稚園便覧（36年度第2学期）」。（1949年～1953年）天津市地方志編修委員会編『天津簡志』天津、天津人民出版社、1991年、1174頁、前掲『天津通志——基礎教育志——』348頁。

領域の一部が天津市へ編入されたことによるもの、そして日中戦争期における拡大は租界の返還によるものである。その過程で人口が増えている。[25] ちなみに**表3**に掲載されている人口数には、返還前の租界の人口が含まれている。

　次に、小学生数の変遷について見てみる。これも前掲の『天津人口史』と『天津人口研究』に記載があるが、やはり双方のデータ間に食い違っているところがある。そこで、**表3**には、両者の数字を掲載しておいた。なお、『天津人口研究』の欄のうち斜体の数字は、筆者が入手した別の史料に記載されていたデータをもとに書き加えたものである。

小学生数の増加は、当然ながら小学校数の増加と連動している。従って、一九三〇年前後、一九四一年前後、一九四〇年代後半にそれぞれ学生数が増えているのが確認できる。

それらが天津市人口の増加との間にどのような関係にあったのかについては、人口に占める小学生の割合の変遷から明らかになる。表3を見ると、人口に占める小学生の割合は、『天津人口史』・『天津人口研究』のデータのいずれでも上昇しているのが分かる。特に、一九四五年以降の上昇は甚だしい。これは要するに、当該時期天津において、小学生数増加のスピードが人口増加のそれを上回っていたということであり、また学齢児童数に占める学生数の割合（＝就学率）が上昇したということでもある。この結果については、当時の行政機関によって調査された天津市の就学率の動きともある程度合致している（第一章表1参照）。

（二）　教育弱者と義務教育との関係

前項において天津市の就学率が一九三〇年代以降に上昇し、特に四〇年代後半に急上昇したことを確認したが、それでは就学率が高くなった分、新たにどのような人々が小学校に通うようになったのだろうか。

長い間天津の就学率を引き下げてきた主な要因として、下層民と女性に不就学者が多かったことが挙げられる。従って、天津の義務教育普及度が上昇した背景には、小学校数の増加に加えて、こうした人々が新たに学校に通うようになったこと、または彼らの就学期間が従来に比べ長くなったことといった要素があったと考えられる。

このうち、女性の就学率上昇については、すでに『天津人口史』で明らかにされている。それによると、天津の小学生全体に占める女性の割合は一九二九年の段階で二五・九％であったが、それが一九四七年には三二・三％になっ

〔表４〕 小学生の親の職業（1933年を100とした場合の増減）

	人口	小学生	農業	工業	商業	公務	軍警	交通	自由
①1933年	100	100	100	100	100	100	100	100	100
②1938年	100.3	106.7	222.5	135.4	133.5	74.9	141.5	203	106.8
③1941年	108.6	362.2	626.6	460.2	452.7	90.4	175.1	387.1	150

（註）天津市民の職業構成は、1936年、1938年、1942年のデータを見ると、大きく変化していない（前掲『天津人口史』449～456頁）

（典拠）①②「天津特別市市立初等学校各年級学生家長職業統計表（1938年度）」『天津特別市公署二十七年行政紀要』第５編。③「各級学生家長職業統計表」前掲『民国三十年度天津特別市教育統計』。

ている。徐々にではあるが、女性の就学者の割合が確かに増えているのが分かる。(26)

一方、下層民の動向については、これまでよく分かっていない。そこで、本項ではそれについて検討したい。なお、下層民の範囲について定義するのは、実際のところ非常に難しい。一般的に社会階層を分類する場合、所得水準を目安とすることが多いが、目下のところ筆者は、当時の天津市民の所得水準について伝える史料を発見できていない。そこで本書では、家計支持者が従事する職業によって社会階層の分類を行う。当時の天津においては、農民、工場労働者、家庭服務（メイドや乳母など）、交通業が相対的に見て所得水準の低い職業とされている。従って、それらの人々をひとまず下層民としておく。

彼ら下層民の子弟と義務教育の関係は、この時期に深まったのだろうか。表４は、各学生の親の職業について、時代別（一九三三年～四一年）に並べたものである（四二年以降の史料は残念ながら発見できていない。また、年度によっては項目に挙げられていない職業〔家庭服務など〕があるが、それについては割愛した）。それを見ると、下層民の子弟の数は年々増加しており、さらにその増加率が学生全体のそれを上回っていることが確認できる（一方で公務員や自由〔＝個人〕職業などといったいわゆる「新中間層」の増加率はそれほど高くない）。これは、すなわち下層民の子弟の就学率が高まったことを意味している。

この結果については、他の史料からもある程度検証できる。もう一度先述の図１と表２に戻り、一九二〇年代後半以降に新設された公立小学校の設置場所について見ると、多くの学校がそれまで小学校が少ない地域に設立されているのが分かる（四七年当時の区でいうと、三区、四区、九区、一一区など）。そうした区には、小学校が普及している区（二区、七区、八区および租界区）に比べ貧民が多かった。[27] 特に、三区、九区、一一区は、それぞれ区内に地道外、侯家後、西広開という有名な貧民窟を抱えていた。教育局は、このような地域にターゲットを合わせて小学校を集中的に新設したのである。なお、『民国三十年度天津特別市教育統計』には、「市立中小学免費生統計表」というものが収録されているが、それを見ると、伝統校（第一小学校～第二九小学校）よりも、一九二七年以降に新設された学校（第三〇小学校～第七二小学校）のほうが学費の免除ないし減免を受けている学生の割合（伝統校五・八％：新設校一二・八％）が多いことが分かる。[28] 新設校が貧しい層の子供たちをある程度受け入れていたことは、この史料からも明らかであろう。

また、下層民子弟の就学率の上昇は、彼らの最終学歴の世代別変化からも垣間見られる。かつて筆者は、天津市紅橋区煤建公司という企業で会計やコークス配達の仕事をしていた人々（大半が下層民の子弟）の最終学歴について、文革期に作成された彼らの個人資料をもとに検討したことがある。[29] それによって得られた成果（補論の表2を参照）を見ると、世代を下るにつれて従業員の最終学歴が向上しているのが分かる。特に注目すべきは、一九三〇年代生まれを境に、それより下の世代の従業員全員が短期間でも小学校に通った経験を持つようになった点である。下層民の子弟と小学校との関係が、その時期以降いっそう深まったことがここからも見て取れよう。なお、同表には参考までに天津以外の出身者のデータも掲載しておいたが、目下のところ大きな傾向の違いはないようである（データが増えればある程度はっきりした違いが出てくるかもしれない）。

（二）　教育弱者が学校に通うようになった理由

それでは、この時期に教育弱者はどうして学校との関係を深めたのだろうか。小学校の数が増加した、すなわち教育機会が拡大したというのも理由のひとつだろう。ただ、学校が増えたからと言って、親が就学の意義を理解し、子どもを学校に通わせなければ、やはり学生は集まらない。当時の親にとって子どもを小学校に通わせる積極的な理由とは何であったのだろうか。

これについては、目下のところはっきりとした答えを出すことができない。唯一言えることは、学費が従来に比べて安くなったということだけである。一九二〇年代まで小学校の学費は、私立はもとより公立でも高額であった。公立の薬王廟小学校を例に取ると、初等小学校の学費（毎学期：半年）は当初無料であったが、それが一九一三年に一元に、一六年に二元に、二二年には三元に、二五年には四元になった。二六年には学費が五元に上がっただけでなく維持費として四元が取られるようになった。そして二六年になると、学費はついに六元まで上がった。[30]その金額は、下層民にしてみればかなりの高額であったと言える。[31]それが、二九年になると天津市教育局の方針で、公立小学校の学費は一律一元となり、私立小学校の学費も多くの学校で三元となった。実際にはそれに諸経費などが上乗せされるので、依然として下層民にとって高額であったが、北京政府期までに比べると格段に安くなったと言える。さらに、四五年になると、公立小学校の学費は、ついに一律無料となった。ここに至って、小学校入学に当たる経済的な障害はかなり解消されたのである。

親が子どもを小学校に通わせる積極的な理由としては、そのほかにも例えば、就職をするために最低でも小学校の学歴が必要になったであるとか、小学校に通うことが天津の男子児童の間でかなり一般的なことになったであるとか、様々なことが考えられる。しかし、それを証明できるだけの史料を筆者は現在持ち合わせてない。今後の課題となろう。

なお、就学率上昇の背景に「強迫教育条例」の影響、すなわち教育局ないし警察局などから保甲制を利用した就学督促があったという可能性もないではない。ただ、これまで見たところ、天津では、その要素について考える必要はほとんどないように思える。というのも、一九四九年以前の天津には、依然として学齢児童全員を収容できるだけの数の小学校が存在していなかったからである。むしろ、各小学校は入学希望者を試験によってふるい落としていた。『民国三十年度天津特別市教育統計』には、公私立小学校の入学・編入学試験の倍率（一九四一年九月当時）が掲載されている。それによると、公立小学校の平均入試倍率（初級小学校一年生入学）は三・三倍、私立小学校のそれは一・六倍であった(32)。また、当時の天津で刊行された教育雑誌には、次のような文章が掲載されている。

天津市は事変（日中戦争）以降人口が激増し、学齢児童もまたこれにしたがって多くなっている。とは言え、学校の質と量の二方面が、人口と正比例して発展しているわけではない。そのことは、各校の学生募集の状況や学生入学の勇躍から測ることができる。市立小学校に小学生を推薦する場合、編入、新入のいずれにおいても、強い縁故やコネに頼らなければならない。……実際、確かに受け入れる余地がないのである。学生募集が四〇名あったとするとそこに一〇〇人以上が受験している。これを見て、学齢児童たちは、入学の難しさをすこぶる感じているのである(33)。

以上のような状況を見れば、当時の天津では就学督促はほとんど行われなかったと考えたほうが自然であろう。おそらく子どもたちは、国家的な要請よりもむしろ自分の意志（ないし親の意志）で小学校に通っていたのである。

おわりに

人民共和国以前の天津の義務教育を、教育行政による介入の強さという点を軸に大局的に捉えた場合、そこに二つの波を見いだすことができる。そのうちの一つは清末新政の時期であり、もう一つは一九二〇年代後半以降（特に日中戦争期以降）である。これまでは最初の波について検討する研究が多かったけれども、本書で見たように、二番目の波も最初のものと同様、あるいはそれ以上に重要であった。この時期の天津の義務教育の主な変化についてまとめるならば以下のようになろう。

（1）小学校数の激増（特に小学校数全体に占める公立小学校の割合の増加）、（2）小学生数の激増（人口全体に占める小学生の割合の増加＝就学率の上昇）、（3）学生数において公立小学校が私立小学校を凌駕、（4）教育弱者（女性や下層民）にも義務教育が及び始める。

このような変化の背景には、大まかにまとめると次のようなことがあった。

（1）教育行政に対する政府の積極性向上（天津市教育局の成立、教育経費の独立、短期義務教育の試行）、（2）日中戦争の勃発（占領行政を円滑に行うための教育普及、戦後における国民教育の施行）、（3）戦乱や自然災害による外来人口の天津への流入（学齢児童の増加）。

以上のような変化は、「社会教育」をも含めた天津における教育のあり方そのものや、その地域社会との関わり方などにも影響を与えたと考えられる。なお、以上のような流れは、おそらく共和国期にも引き継がれたものと考えられる。国民政府期との連続性という観点から共和国初期における義務教育の普及について考察する必要があろう。[34]

註

（1）近代中国の義務教育に関する概説書には、田正平ほか編『世紀之理想――中国近代義務教育研究――』杭州、浙江教育出版社、二〇〇〇年や、熊賢君『中国近代義務教育研究』武漢、華中師範大学出版社、二〇〇六年（一九九八年に出版された『千秋基業――中国近代義務教育研究――』を加筆修正したもの）などがあるが、両者とも日中戦争期以降の記述が少ない。

特に、本書で扱う日本占領地域（淪陥区）の義務教育についてはほとんど触れられていない。日中戦争期以降の義務教育については多賀秋五郎『中国教育史』岩崎書店、一九五五年、斎藤秋男ほか『現代中国教育史』国土社、一九六二年、李華興主編『民国教育史』上海、上海教育出版社、一九九七年などでもある程度言及されているが、いずれも本格的な考察ではない。他方、中国各地で出版されている地方教育史の概説書（趙宝琪・張鳳民主編『天津教育史』上巻、天津、天津人民出版社、二〇〇二年や、陳科美主編『上海近代教育史一八四三～一九四九』上海、上海教育出版社、二〇〇三年など）にも当該時期の義務教育に関する記述がある。ただ、その記述には、客観性に欠ける点も多いように思われる。

（2）高田幸男「南京国民政府の教育政策——中央大学区試行を中心に——」中国現代史研究会編『中国国民政府史の研究』汲古書院、一九八六年、所収、二八六～二八七頁。

（3）前掲『民国教育史』五三三～五四三頁。

（4）朝倉美香『清末・民国期郷村における義務教育実施過程に関する研究』風間書房、二〇〇五年、二五九頁。

（5）「短期義務教育実施辦法大綱」多賀秋五郎編『近代中国教育史資料』民国編下、日本学術振興会、一九七五年、所収、二一五頁。短期小学校について専門的に扱った主な研究に以下がある。西村達哉「南京国民政府の義務教育政策に関する考察」『教育学研究紀要』（中国四国教育学会）、第四六巻第一部、二〇〇〇年。余子侠「抗戦時期国民政府初等教育政策述評」『河北師範大学学報（教育科学版）』二〇〇五年四期、二〇〇五年。

（6）「実施義務教育暫行辦法大綱」前掲『近代中国教育史資料』民国編下、所収、二六六頁。

（7）新県制については以下に詳しい。味岡徹「国民党政権の地方行政改革」中央大学人文科学研究所編『民国後期中国国民党政権の研究』中央大学出版部、二〇〇五年。天野祐子「日中戦争期における国民政府の新県制——四川省の事例から——」平野健一郎編『日中戦争期の中国における社会・文化変容』東洋文庫、二〇〇七年、所収。

（8）「国民教育実施綱領」前掲『近代中国教育史資料』民国編下、所収、一〇二〇～一〇二三頁。

（9）「国民学校法」前掲『近代中国教育史資料』民国編下、所収、九三〇～九三一頁。

（10）「小学法」前掲『近代中国教育史資料』民国編下、所収、一八二～一八三頁。

(11)「強迫入学条例」前掲『近代中国教育史資料』民国編下、所収、九三九頁。
(12)張紹祖編著『津門校史百彙』天津、天津人民出版社、一九九四年、一一六頁。
(13)天津市地方志編修委員会編著『天津通志――基礎教育巻――』天津、天津社会科学院出版社、二〇〇〇年、三四八頁。
(14)李競能主編『天津人口史』（天津、南開大学出版社、一九九〇年）にも学校数に関する記述があるが、明らかに誤りが多いので（特に日中戦争期）、学校数のデータに限り本書では採用しなかった。
(15)前掲『天津人口史』六九〜八〇頁。
(16)天津市檔案館編『近代以来天津城市化進程実録』天津、天津人民出版社、二〇〇五年に収録されたものを利用した。
(17)こうした状態は、第二次奉直戦争後に最もひどくなった。当時の新聞には、次のように書かれている。「直隷省の教育経費はこれまで支払われていない。各学校の教職員は手弁当で公務に従事しており、苦しいことこの上ない。最近、直隷省の収入の多くは軍事費に使われている。いっぽう教育費については、毎月支払うのが困難な情況になっている」（「教育界之窘況」『益世報』一九二五年十一月五日）。
(18)天津市教育局について詳しくは、本書第五章を参照。
(19)汪桂年「天津近代小学教育家――鄧慶瀾――」『天津文史資料選輯』五八輯、一九九三年、九五〜九六頁。
(20)天津における奴隷化教育および当時行われた治安強化運動については、黎始初「日軍在天津的五次〝治安強化運動〟」中国人民政治協商会議天津市委員会文史資料研究委員会編『淪陥時期的天津』出版社不明、一九九二年、所収、に詳しい。
(21)編者「発刊詞」『短小教育』創刊号、一九三五年。こうした状況が生まれた背景には、民衆補習学校という短期小学校に類似した教育機関がすでに天津に存在していたことが挙げられる（本書第五章参照）。補習学校は、修学年限が半年であるため短期小学校に比べると通いやすいが、卒業しても義務教育を受けたことにならない。それゆえ、義務教育を受けるつもりのある人間にとっては、通学する意味がほとんどなかった。その補習学校と誤解されたことが、短期小学校の普及の大きな障害となったと考えられる。
(22)前掲『民国二十八年度天津特別市教育統計』（前掲『近代以来天津城市化進程実録』、所収、六四七頁）。

（23）　前掲『天津通志――基礎教育志――』二九一～三〇四頁。
（24）　康熙『重修天津衛志』「巻首」。
（25）　前掲『天津人口研究』九四～九六頁。
（26）　前掲『天津人口史』二三八～二三九頁。ただ、それでも依然として女性の割合が低い。それは次のような背景があるからと考えられる。（1）天津では男性人口のほうが多かった（一九四七年の性別比〔女性を一〇〇とした場合〕＝一三六・九二％：前掲『天津人口史』二〇七頁）。（2）天津では、工場で働く女性が上海などと比べると少なかった（Gail Hershatter, *The Workers of Tianjin, 1900-1949*, Stanford: Stanford University Press, 1986, pp. 54-57）。
（27）　一九二九年の調査によると、当時の天津市内区（一～五区＋特別一区～特別三区）の中で、人口に占める貧民の割合が最も高かったのは第四区〔一九四七年における三区と九区の一部、以下同じ〕（四〇・四一％）で、第二区〔一一区の一部〕（二一・一〇％）、第五区〔四区の一部〕（六・一七％）がそれに続いた（「人口與貧民比較」天津市政府社会局編『天津市社会局統計彙刊』出版社不明、一九三二年、所収）。一九四六年に出版された『天津市政統計月報』一巻一期「（五）教育」にも「人口最密の区および貧民が比較的多い区はどこも失学児童が多い。第七〔七区と一一区〕、八区および第三〔四区〕、四区〔三区〕はかくの如し」と書かれている。
（28）　「市立中小学免費生統計表」前掲『民国三十年度天津特別市教育統計』七二～七三頁。
（29）　調査の詳しい内容については、本書補論を参照。
（30）　『天津市市立第二小学校学校沿革』（一九三一年七月）、三～四頁（天津県立両等小学校編『天津県両等官小学堂沿革略　八種』天津、出版者不明、出版年不明、のうちの一巻）。
（31）　一九二七年から二八年にかけて天津の手工業労働者の家族一三二戸に対して行われた調査によると、彼らの一〇ヶ月の収入は平均で一八四・三四元、その九割以上が食費、被服費、家賃、燃料費で消費されていた。残ったお金のうち、教育費として使用されていたのは、平均でわずかに〇・三九元であった（馮華年「民国一六年至一七年天津手芸工人家庭生活調査之分析」李文海主編『民国時期社会調査叢編』城市（労工）生活巻、福州、福建教育出版社、二〇〇五年、所収〔初出『経済統計季刊』一巻三期、一九三二年）。

（32）「市私立小学校投考人数暨録取人数統計表」前掲『民国三十年度天津特別市教育統計』所収、六九頁。

（33）擷「津市児童入学問題」『津市新民教育』第四期、一九三九年。

（34）「一九四九年の断絶性と連続性」という視点に基づいた研究は近年増えている（久保亨・江田憲治「現代」礪波護他編『中国歴史研究入門』名古屋大学出版会、二〇〇六年、所収、などを参照）。

第五章　「社会教育」の拡大化

——南京国民政府の成立と天津「社会教育」の変容——

はじめに

第二章で見たように、中国の中央政府が「社会教育」に積極的に関わるようになったのは中華民国北京政府期のことであった。北京政府は成立後間もなく教育部内に社会教育司を設置して「社会教育」の中央集権化を進める一方で、地方政府に対しても積極的に「社会教育」に従事するよう促した。しかし、当時の地方政府には「社会教育」を率先的に行うだけの資金がなかった。そのため、実際の「社会教育」事業は一部地域を除き地方の名望家たちによって実施され、中央政府や地方政府はせいぜいそれらの動きを監督することくらいしかできなかった。

こうした状況に変化が訪れるのは、南京国民政府による北伐成功後のことである。晴れて中央政府となった国民政府は、従来の政府とは比較にならないほどの積極性をもって「社会教育」に取り組んだ。本章では以下、「社会教育」に対する国民政府のこうした積極的な姿勢が、天津の「社会教育」にどのような影響を及ぼしたのかについて検討する。

〔図1〕「社会教育」の進展状況(1928年〜1933年)

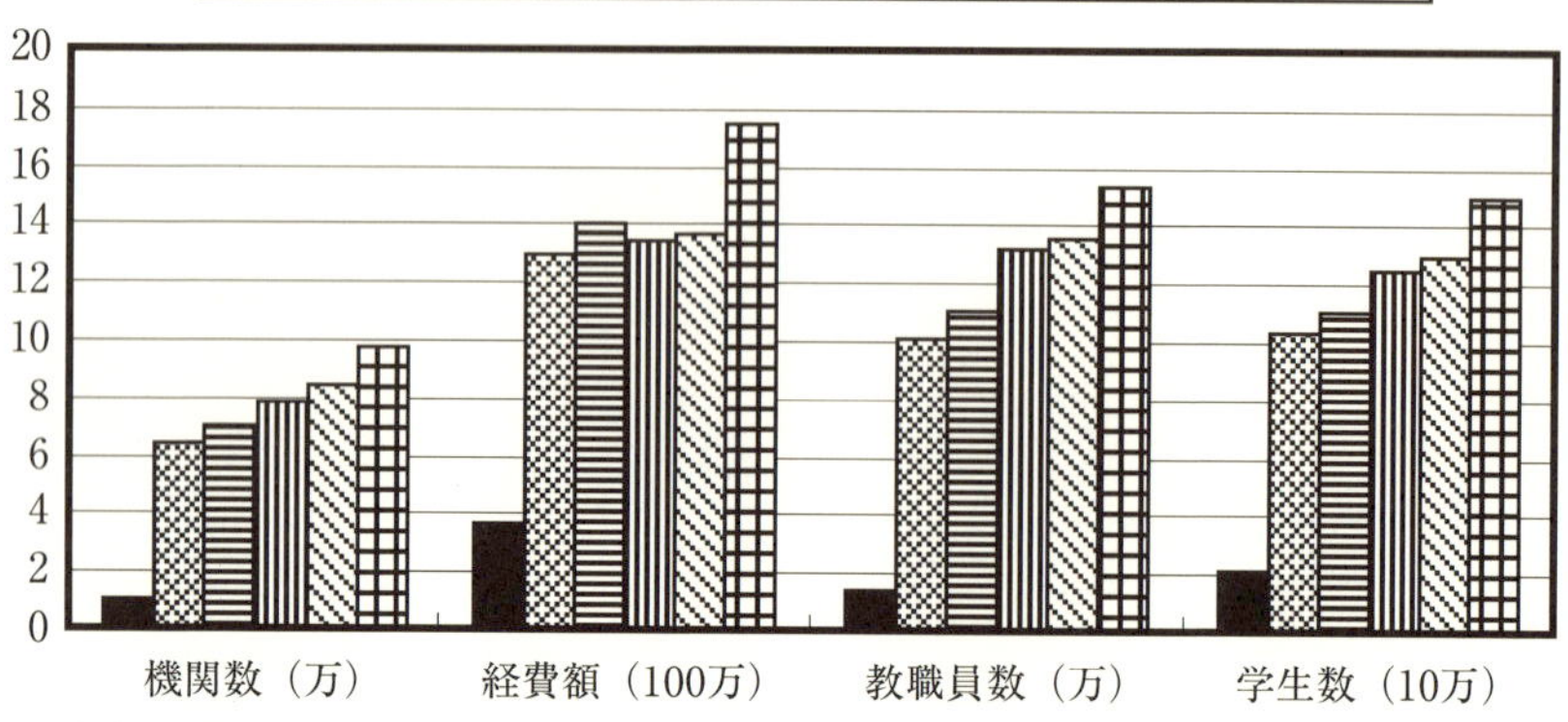

(註)教育部編『中華民国二十二年度全国社会教育統計』1936年、20頁より作成。

一 天津市教育局の成立と天津「社会教育」の変容

(一) 天津市教育局の成立

一九二八年、蔣介石に率いられた北伐軍が北京に入り、北京政府は崩壊した。中国は、国民政府という新しい政体のもとに一部地域を残して統一されることになった(1)。

この事実は天津にも大きな影響を及ぼした。まず挙げるべきは、前章でも述べたように天津が市政になったことである。従来天津は直隷省天津県の管轄下にあったが、天津の市街区のみが天津県より切り離され、新たに天津特別市となった(まもなく「天津市」と改称)。行政院の直轄市という名目上、天津市には多額の資金が配分され、様々な事業が展開された。そうした事業を担当したのが市政府内に成立した教育、工務、財政、社会、公安などの局である(2)。

教育局には、初代教育局長として焦世齋(在任:一九二八年八月〜二九年二月)が就任した。着任した彼が最初に行ったのは従来の各種教育機関、およびそれらが行っていた事業を接収することであった。こ

〔表１〕 天津市教育局第二科職掌

・党化〔党義〕教育の普及
・民衆教育の準備と管理
・公園・博物館・美術館・動植物園・図書館・講演所・公共体育場の建設と管理
・映画フィルム・絵カード・劇本・歌曲などの歌詞および各種出版物の収集・編集・審査
・劇場・映画館・遊芸場および各公共娯楽場の調査と改善
・市民礼俗の調査と矯正
・特殊教育の実施
・「社会教育」機関の称揚と指導
・「社会教育」研究機関の設置
・「社会教育」統計の作成
・その他の「社会教育」活動の実施

（出典）「本局組織規程」『天津特別市教育局教育公報』1929年1期、1929年。

れらの事業は、次期教育局長の鄧慶瀾（在任：二九年二月～三四年）の時代にも引き続き行われた[3]。

こうした動きは当然「社会教育」機関やその事業にも及び、一九二八年十二月二十日、これまで天津の「社会教育」事業を担ってきた天津社会教育辦事処は接収され、辦事処管理下の事業の多くは教育局の所管となった[4]。

（二）天津市教育局による「社会教育」概観

教育局には三つの科が設置され、そのうち「社会教育」を担当したのは第二科であった（第一科は学校教育、第三科は総務を担当[5]）。その職掌は**表1**にあるように多岐にわたったが、（１）教育実践と、（２）教材の審査とに大別することができよう。

①　教育実践

教育局の管轄下には多くの「社会教育」施設（つまり市立「社会教育」施設）があった。以下では、そのうち特に活発に活動していた施設について検討する。

（A）　通俗講演所

北京政府期まで講演所は社会教育辦事処の管轄であったが、国民政府期になるとすべて教育局の所管となった。名称も変更し、天齊廟、西馬路、地蔵庵、甘露寺の各講演所はそれぞれ第一、第二、第三、第四講演所となった。一九三三年にはさらに第五講演所が新設された[6]。

表2は一九三〇年から三三年における講演所の来館人数および講演テーマを示したものである。それによると、例えば三三年には二九六八回の講演を五八万三一一四人が聴講しており、単純に全聴講人数を全講演回数で割ると、一回の講演を約一九四人が聴いていたことになる。しかし、これはあくまでも計算上の数字であり、実際は講演内容によって来館人数が大きく違った。**表3**は一九三〇年から三三年までの四年間に講演所で行われた講演で、一回あたりの観客数が多かった講演内容の上位五位を示したものである。順位は毎年大きく変わっているが、その中にあって毎年上位につけていた「経済」、「商業」の講演は民衆に特に好まれた内容であったことがうかがえる。また、「政治」や「党義」も比較的上位に見える。

民衆、特に文字の読めない人々にとって講演所の講演は重要な情報供給源となっていたと思われる[7]。

（B）　閲報所、通俗図書館

一方、閲報所と通俗図書館は文字を読める人々に対して教育を行う施設である。閲報所は講演所同様、清末に五ヶ所設立され、北京政府期には社会教育辦事処の所管になっていた[8]。教育局はこれを引き継ぐとともにさらなる増設をはかったため閲報所は最終的に一〇ヶ所となった。一九三〇年の統計からは、これらの閲報所に年間のべ四〇万五五三四人が来館しているのが分かる[9]。一日平均が約一一一〇人でこれを一〇で割ると、ひとつの閲報所には一日約一一

〔表２〕　天津市の各通俗講演所で講演された内容と聴講人数

	講演回数				聴衆人数				1回の講演ごとの観客数				
	1930年	1931年	1932年	1933年	1930年	1931年	1932年	1933年	1930年	1931年	1932年	1933年	
党義類	325	89	94	241	29,102	22,773	20,298	53,871	90	256	216	224	党義類
教育類	42	12	2	96	4,017	2,519	285	10,362	96	210	143	108	教育類
文学類	7	4		12	1,189	322		1,122	170	81		94	文学類
歴史類	66				8,076				122				歴史類
地理類	171	114	110	56	11,536	12,527	20,661	7,520	67	110	188	134	地理類
芸術類	8	4		10	1,198	483		1,228	150	121		123	芸術類
科学類	134	49	35	76	18,676	8,920	7,389	13,569	139	182	211	179	科学類
衛生類	217	34	52	204	18,824	6,099	10,647	32,723	87	179	205	160	衛生類
政治類	241	35	66	90	18,664	10,151	20,110	18,947	77	290	305	211	政治類
実業類	139	70	25		20,933	14,121	5,911		151	202	236		実業類
経済類	45	16	22	51	4,754	6,560	6,314	14,089	106	410	287	276	経済類
時事類	39	256	450	254	4,012	34,095	84,217	41,506	103	133	187	163	時事類
軍育類	6	7	37	53	775	1,049	8,371	16,377	129	150	226	309	軍育類
外交類	691	188	151	72	46,024	25,494	37,649	13,087	67	136	249	182	外交類
国際類	700	222	237	321	51,778	38,592	56,895	68,210	74	174	240	212	国際類
故事類	50	14		93	6,701	2,376		19,807	134	170		213	故事類
識字運動	188	70	14	188	20,657	12,452	2,698	31,068	110	178	193	165	識字運動
婦女運動	96	35		39	11,714	3,080		3,200	122	88		82	婦女運動
自然類	100	40		34	3,194	1,525		3,158	32	38		93	自然類
体育類	9	8		23	695	1,151		6,198	77	144		269	体育類
社会類	298	143	21	50	40,980	26,134	6,145	10,319	138	183	293	206	社会類
交通類	7		7		525		1,737		75		248		交通類
常識類		157	237	322		22,146	43,033	71,473		141	182	222	常識類
国恥類		549	146	597		90,821	32,010	133,304		165	219	223	国恥類
法律類		4		60		579		8,479		145		141	法律類
家政類		5		6		576		622		115		104	家政類
農業類		14		20		2,278		2,875		163		144	農業類
商業類			1				392				392		商業類
合計	3,579	2,139	1,707	2,968	324,024	346,823	364,762	583,114					合計

（出典）「天津市十九・二十・二十一・二十二年度市立通俗講演所講演進度統計表」天津市教育局編『天津市十九・二十・二十一・二十二年度教育統計表』1931～1933年より作成。

〔表３〕　１回の講演ごとの聴衆数が多いテーマ上位５位

	1930年	1931年	1932年	1933年
1	文学（170人）	経済（410人）	商業（392人）	軍育（309人）
2	実業（151人）	政治（290人）	政治（305人）	経済（276人）
3	芸術（150人）	党義（256人）	社会（293人）	体育（269人）
4	科学（139人）	教育（210人）	経済（287人）	党義（224人）
5	社会（138人）	実業（202人）	外交（249人）	国恥（223人）

（註）表２より作成

一人の来館があったことになる。

通俗図書館は民衆に読まれやすい本（小説や実用書など）を所蔵した図書館である。一九三〇年の段階では七館存在していた。また、図書館に行かなくても図書館から本を取り寄せてもらって読むことができる「代辦処」という機関も二一ヶ所あった。一九三〇年の統計では、通俗図書館の年間の利用者数は五九万二三二二人、代辦処の利用者数は二五万八六八七人、合計すると八五万一〇〇九人で、これを単純に三六五日で割ると一日あたりのべ二三三二人がこれらの施設を利用していたということになる。(10)

（C）　民衆補習学校

民衆補習学校とは、失学者に対して識字、算数、党義を教育した学校のことである。教育局の主導で一九二九年に初めて登場し、その時点で学校数は一〇〇校、学生は五二九二人を数えた。(11)

なお、第二章で見た社会教育辦事処の半日学校と、第三章で検討した天津警察庁の貧民半日学社については、国民政府期の史料から見つけることができない。廃止されたか、民衆補習学校に転換されたものと思われる。

（D）　民衆教育館

民衆教育館は講演所、閲報所、博物館などの機能を兼ね備えた総合的な「社会教育」施設である。天津には一九三一年に設立され、以降徐々にその数を増やしていった。民衆教育館は南京国民政府期の「社会教育」を論じる上で重要な施設であるため、その活動については第六章を改めて論じることにする。

②　教材の審査

教育実践の場で使用される教材を審査するのも教育局の重要な仕事であった。例えば「天津特別市市立通俗講演所組織規程」によると、講演所はその月に使用する講演原稿を前月の二十日までに教育局に送付し、審査を受けることが義務づけられていた[12]。こうした講演原稿のうち優秀なものは『天津特別市教育局教育公報』に掲載されたが、不適切な内容を含む講演原稿は書き直しを求められた[13]。

また、こうした教材を使用して講演を行う講演員もチェックの対象であった。一九三一年に成立した「通俗講演員検定条例」には、新しく講演員になる人も、これまで講演員をしていた人も、ともに検定試験を受けるよう定められている。彼らは、試験で党義（三民主義や国民党の政治大綱）と社会常識に関する知識、および演説の技術を試され、不合格者は以前講演をしていた人であろうとその後演台に上がるのを許されなかった[14]。

（三）「社会教育」の新展開

以上から分かるように、天津市教育局による「社会教育」は北京政府期の「社会教育」を引き継ぐところが大きかった。その意味で国民政府期以前の「社会教育」と連続していたと言える。ただし、その一方で、国民政府期になって初めて現れた要素もある。以下、それらについて逐一指摘していきたい。

①　教育規模の拡大

まず注目すべきは、この時期において「社会教育」の規模が大幅に拡大したということである。国民政府期以前、天津に存在した「社会教育」施設といえば、前述した社会教育辦事処と、それが管理する四つの講演所と五つの閲報所、そして直隷省立の図書館と博物館のみであった。しかし、国民政府期になると講演所が五ヶ所、閲報所が一〇ヶ所に増え、それらに加えて民衆補習学校が一〇〇校、通俗図書館が一〇館、通俗図書館代辦処が二一ヶ所、民衆教育館が二館、市立図書館と美術館がそれぞれ一館ずつ設立された。

「社会教育」施設の数が増えたことは当然、「社会教育」のカバーする面積も拡大したことを意味する。例えば天津市第六区は市の東南に位置する農村地域で、本来教育が盛んな場所ではなかったが、第六章でも述べるように一九三七年二月に天津で二つ目の民衆教育館が設立された。これによりこの地域に住む一〇万以上の民衆が新たに「社会教育」の対象となった。[15]

②「社会教育」資金の安定化

第二、三章で述べたように、北京政府期の天津において、現地の教育官庁（教育局）が「社会教育」に関与することは、一九二四年の平民教育運動などを除けばほとんどなかった。そのため「社会教育」事業は地元の名望家たちによって行われ、教育経費も地域社会からの寄付に頼る部分が大きかった。

しかし、国民政府期に入り市教育局が「社会教育」を担当するようになってからというもの、「社会教育」を含め、教育経費は完全に公費によってまかなわれるようになった。実際に教育財政を管理したのは前章で言及した天津市教育専款保管委員会で、『天津特別市教育局教育公報』にはこの委員会の収支報告がほぼ毎月掲載されている。それを見る限り、委員会の収入は毎月財政部より振り込まれる六万元とその利息のみで、寄付などは見当たらない。このことは一九三一年に教育局が編集した『天津市十九年度教育統計表』からも確認できる（表4）[16]。

③　党義教育の実施

民衆に三民主義思想や国民党政治大綱を宣伝する党義教育という活動は、当然北京政府期以前の天津の「社会教育」において行われていなかった。天津でこの教育を主導したのは一九二八年の夏に成立した中国国民党天津市党務指導委員会宣伝部（のちの中国国民党天津市整理委員会宣伝部）という組織であった。彼らは「社会教育」こそが党義教育にとって最も有用な方法と考えていた。従って、「社会教育」の現場では以後党義に関わる教育が頻繁に行われるようになった[17]。例えば一九三三年には、五つの講演所で二四一回もの党義関係の演説が行われ、のべ五万三八七一人を集めている[18]。

〔表４〕　天津市1930年度「社会教育」経費内訳

項　目		金額（元）
市立	天津市識字運動宣伝委員会	592
	教育局民衆補習学校辦公処	9,000
	図書館	8,425
	美術館	10,500
	民衆教育館	7,160
	教育局民衆読物編審処	74
	通俗講演所（４ヶ所）	13,535
私立	天津広智館	4,800
	天津体育協進会	2,000
	天津市婦女文化促進会図書館	60
その他経費		119,747
合計		175,893

（出典）「天津市教育経費収支対照表（中華民国十九年度）」、「私立社会教育機関経常（補助）費統計表」、「市立各社会教育機関経常費統計表」、「市立通俗講演所経常費統計表」（ともに天津市教育局編『天津市十九年度教育統計表』天津、出版社不明、1931年、所収）

以上、天津市教育局による「社会教育」事業の動向について見てきた。検討を通して、教育局が清末以来続いてきた天津の「社会教育」事業を引き継ぎ、豊富な資金を投下して事業をさらに拡大させていったことが明らかになった。また、それに伴い資金調達のあり方や教育方法、教育内容などもかなり変化したことも確認された。とりわけ、国民党に関する知識の教授が行われるようになったことは、「社会教育」がいよいよ独裁政党によるイデオロギー宣伝に利用され始めたことを示している。こうした事実から、南京国民政府の「社会教育」重視政策は天津の「社会教育」のあり方を大きく転換させる力をもったということができよう。

ところで、第二章で取り上げた天津社会教育辦事処は既述のよう

〔図２〕　天津広智館

（出典）天津市歴史博物館等合編『近代天津図志』天津、天津古籍出版社、1992年、182頁。

に天津市教育局に接収された。ただし、社会教育辦事処が行ってきた事業のうちいくつかは接収されずに残り、私立天津広智館という施設を中心とするグループ（以後「広智館グループ」とする）がその運営を引き継いだ。つまり広智館グループもまた、教育局同様、社会教育辦事処の後継組織と言うことができる。次節ではこの広智館グループの動きについて検討する。

二　広智館グループの動向

（一）　社会教育辦事処から広智館グループへ

天津広智館は一九二五年に成立した小型の博物館で、もとより社会教育辦事処の附設機関であった。山東省済南にあった広智院という博物館をモデルにしている。[19] 国民政府の時代に入ると先述のように社会教育辦事処は消滅し、その事業は新たに誕生した天津市教育局に引き継がれた。ただし、この時接収されずに残った事業もあり、広智館もその一つであった。以後、接収を受けなかった「社会教育」事業のほとんどはこの広智館の下で組織されるようになった（図３）。

確かに文廟歳修辦事処のように、広智館の附設機関とならず独立した事業もあったが、それらはみな独立後も広智館との間に強い関係を有していた。また、崇化学会のように、附設機関ではないがもともと社会教育辦事処と関係が深い組織に対しても、広智館は依然として親密な関係を保っていた。こうした事実は、広智館の機関紙『広智星期報』が文廟や崇化学会関係の記事を掲載していたことや、広智館、文廟歳修辦事処、崇化学会の幹部の顔ぶれがほぼ同じ

〔図3〕 社会教育辨事処関連事業の分化

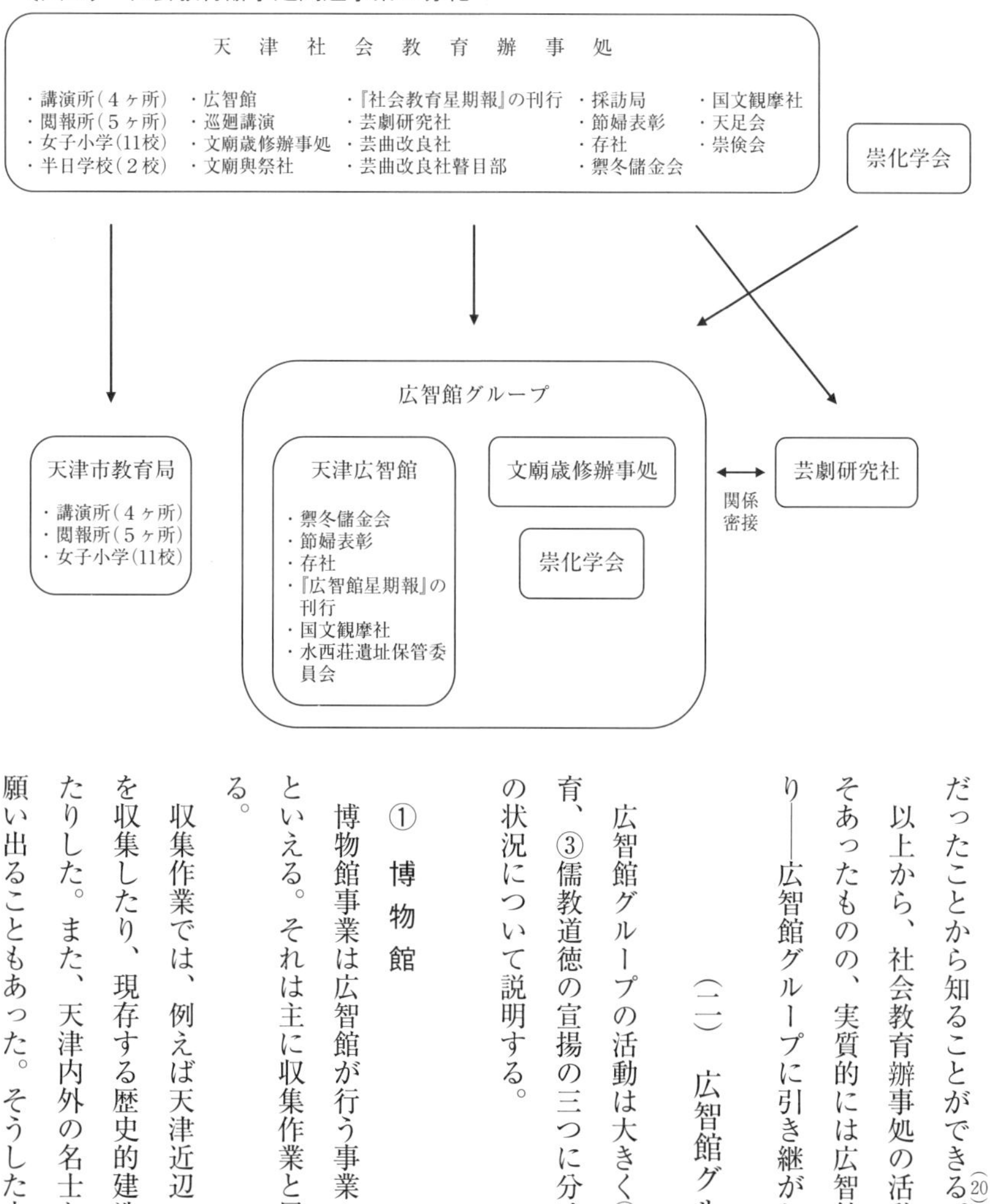

だったことから知ることができる。(20)

以上から、社会教育辨事処の活動は、規模の縮小こそあったものの、実質的には広智館を中心とする集まり――広智館グループに引き継がれたといえる。

（二） 広智館グループの活動

広智館グループの活動は大きく①博物館、②古文教育、③儒教道徳の宣揚の三つに分けられる。以下各々の状況について説明する。

① 博物館

博物館事業は広智館が行う事業の中でも主要なものといえる。それは主に収集作業と展示作業に大別できる。

収集作業では、例えば天津近辺の遺跡に赴いて遺物を収集したり、現存する歴史的建造物の写真を撮影したりした。また、天津内外の名士たちに文物の寄付を願い出ることもあった。そうした文物の中には貴重な

〔表５〕　天津広智館の陳列（1935年）

第一室	美術類、陶瓷類、化石類、礦物類
第二室	人種風俗類、食衣住行類、製造類、農具類、薬用植物類、植物類、礼制類
第三室	動物類、儀器類、自然現象類、製造類
第四室	貨幣類、武術類
第五室	中山先生遺像及び中山陵内外観写真、世界60名人印象の一部
図書閲覧所	（旧書籍）経史子集叢書等、（新書籍）各種雑誌及び新出版の刊行物

（出典）天津広智館編『天津広智館十周年紀年報告』1935年、５～６頁。

〔表６〕　広智館来館人数（1935年～1936年）

年	月	切符	全体	年	月	切符	全体
1935	7	137	259	1936	4	71	210
	9	217	256		5	54	139
	10	451	504		6	92	151
	11	93	139		7	141	236
	12	112	236		8	166	1,257
1936	1	63	114		9	175	418
	2	203	289		10	336	461
	3	84	127		11	184	355

（註）「切符」：切符を買って入館した人数。1935年８月の来館者数については不明。

（出典）『広智館星期報』1935年８月４日、10月６日、11月10日、12月１日、1936年１月５日、26日、３月１日、４月５日、５月３日、６月７日、７月５日、８月２日、９月６日、10月４日、11月８日、12月６日。


ものも少なくなかった[21]。

　収集された文物は分類されて広智館の各部屋に展示された。表５は一九三五年当時の展示状況である。化石や磁器といった古いものから工業製品のような新しいものまで幅広く集められていたことが分かる。

　このように貴重な文物を収蔵した広智館であったが、その反面展示を見に来る人は少なかった。表６は一九三五年からの一年間に広智館を参観した人の数を表したものであるが、それによると毎月の来館者数は三〇〇人程度であり、これを単純に三〇日で割ると一日の来客は一〇人ほどであったことが見てとれる。

　しかも客のほとんどが社会見学を目的とした小・中学生であり、それ以外の一般客（表６の「切符」欄）は微々たるものであった。確かに、三日間で八〇〇〇人が来館した日（一九三〇年十月九日～十一日[22]）や、二日間で六〇〇〇人が来館した日（一九三一年八月二十六日～二十七日[23]）もそれ以前にはあったが、それらはみな入場料が無料だったからである。

② 古文教育

古文教育は広智館の附設組織である国文観摩社や友好団体の崇化学会で行われた。

国文観摩社は、古文のすばらしさを学ぶことを目的とする組織で、社会教育辦事処の附設組織として一九二七年に誕生した。社会教育辦事処の接収により一度活動を停止したが、まもなく復活し、国民政府期を通じて活動を続けた。顧問には天津内外の名士が就いている。入会に際しては「一八歳以上で中学卒業程度の学力を有する」という比較的高いハードルが設けられたが、それにもかかわらず入会者はそれなりにあったとされる。国文観摩社で優秀な成績を修めた生徒は崇化学会に進学することができた[24]。

崇化学会は、第二章で述べたとおり、読経の復活を提唱し、国学を維持する目的で厳修などによって一九二七年に設立された団体である。国学を学ぼうとする者に義理（宋学）・訓詁・掌故を教授した。成立二年後に会長の厳修を失うが、会は盟友の華世奎に引き継がれ、さらなる発展を遂げた[25]。

③ 儒教道徳の宣揚

第二章第三節で述べたように、社会教育辦事処は儒教道徳の宣揚に力を入れていたが、これについても広智館に引き継がれた。

例えば広智館の機関紙『広智星期報』（『天津社会教育星期報』の後継誌）は儒教道徳に関する記事を多く掲載している。そうした記事の多くは「道徳の頽廃がひどい現在だからこそ儒教道徳を大事にしなければならない」ことを力説するものであった[26]。

それゆえ彼らは文廟の保存にも力を入れていた。その事業を専門に担当したのが文廟歳修辦事処である。文廟歳修辦事処は一九二五年に設立され、社会教育辦事処が活動を主管してきた。二九年に社会教育辦事処が天津市教育局に接収されたことに伴い文廟歳修辦事処は独立したが、その後も広智館と協力して文廟の補修や保存に努めた。(27)

(三)　広智館グループと天津市教育局との関係

以上の考察から明らかになったように、北京政府期に天津社会教育辦事処の下で行われてきた各種「社会教育」事業は、国民政府の時代に天津市教育局と広智館グループとに、つまり「市立」事業と「私立」事業とに分かれた。しかし、だからといって両者の関係がこれで切れてしまったというわけではない。それを象徴しているのが、李金藻の動きである。彼は一九三三年から二年間広智館館長を務めた後、三六年に教育局長に就任した。教育局と広智館との人事面での重複はそれ以外にもあり、詳しくは表7を参考にしていただきたい。

こうした背景もあり、広智館グループは教育局から経済的(28)にも政治的(29)にも様々な保護を受けていた。そして、それを好機と捉えた広智館グループは社会教育辦事処時代から懸案となっていた様々な事業をここで解決しようとした。

まずは「水西荘遺跡」の修復事業が挙げられる。水西荘とは、雍正元（一七二三）年に天津の塩商査日乾・為仁親子の手で天津県城西方の南運河沿いに開設された庭園のことをいう。塩商や文人が集まるサロンとして機能し、全盛期には乾隆帝もしばしば外遊に来るほど名声を博したが、査氏の没落以後荒廃していた。(30)水西荘の価値を高く評価していた厳修により、かつてその修復、保存が提案されたことがあったが、結局実行に移されることはなかった。その水西荘の修復に広智館が取り掛かったのである。広智館内に設置された天津水西荘遺址保管委員会は一九三三年以後頻繁に会合を開いて水西荘遺跡保存の具体案を練るとともに、散逸していた遺物の収集を行った。(31)

地方志編纂事業の再開もやはりこの時期であった[32]。この事業はもともと徐世昌によって提案されたもので、彼は厳修や華世奎などと協議した上で、一九一五年に修志局を設立し、高凌雯と王守恂の二人に資料の収集、編集をさせることにした。高と王は精力的に資料を収集し、二〇年代の前半に編集を完了したが、混乱した社会情勢の中で出版できずにいた。しかし、この事業も国民政府期になると再開されることになり、三一年には高が編集した部分（地方志の後半一六巻）が『天津県新志』として出版され、その七年後には王の編集した部分（前半一六巻）が『天津政俗沿革志』として出版された[33]。このうち『天津県新志』は宣統三（一九一一）年までの任官者、科挙合格者、烈女などを網羅的に掲載し、一方『天津政俗沿革志』は主に光緒新政期の天津の様子についてまとめている。

以上のように、広智館グループは教育局との連携を保ちながら依然として活発な活動を続けていた。確かに社会教育辦事処から事業を移管する過程で広智館グループの活動範囲は大幅に狭まったが、そのことはむしろ広智館グループにとってプラスの意味も持ったのではなかろうか。講演所や図書館などといった負担の重い事業を教育局に任せることで、従来からの懸案に手をつけることができるようになったからである。

広智館グループの事業内容からは、彼らの活動の重点が「保存」にあったことが見て取れる。現代において利用可能な「良い」ものであれば（あくまでも広智館グループの判断によるが）、たとえ「伝統的」なものであったとしてもそれは残さなければならない。そう考えたからこそ彼らは道徳や古文、そして歴史文化遺産などを保護していった。こうしたスタンスは言うまでもなく社会教育辦事処の精神を継承したものである。

ここで重視すべきは、広智館グループによるこうした「保存」活動が当時の政府に保護されたことである。第二章で見たように、教育現場において「伝統的」な内容を語ることは五四、新文化運動以来、新文化派などから強く批判されてきた。それにもかかわらず国民政府が広智館グループの活動を支持したという事実は、同時期に新生活運動

〔表７〕 天津広智館董事一覧（1935年）

名前	最終学歴	経歴（1928〜1937）
時作新(子周)	保定大学堂	(1928)河北省教育庁科長、(1930)天津市立師範学校校長、(1931)国民党天津市党部委員、(1935)国民党中央委員、(1936)寧夏省政府委員兼教育庁長
劉嘉琛	進士	地方名流(1936年卒)
高凌雯	挙人	城南詩社社員、崇化学会教習、(1938)『天津県新志』を編纂
華世奎	挙人	天津八大家、塩商、城南詩社社員、崇化学会主席董事、文廟歳修辦事処総董
李金藻	生員、宏文学院師範科	(1929)河北省教育庁主任秘書、広智館館長、(1935)天津市教育局長、(1936)河北省政府委員兼教育庁長
劉宝慈	挙人、宏文学院師範科	天津模範小学校長
陳宝泉	生員、宏文学院師範科	(1929)天津特別市政府参事、天津市貧民救済院院長、天津市立通俗教育会会長、(1931)河北省政府委員兼教育庁長(1937年卒)
陳恩栄	挙人、宏文学院師範科	匯文学校国文教員、国学研究社教師、のち国立北平芸術専門学校国文教授
張寿春	北洋水師学堂	南開大学校長、その他東北政務委員会委員など多数の職を兼任
張彭春	コロンビア大学名誉博士	張寿春の弟、南開大学教授
王賢賓		塩商、(1936)天津市商会会長、(1937)天津治安維持会委員
卞俶成	ニューヨーク大学商学院	天津八大家、隆順榕中薬店社長、(1935)天津中央銀行副理、経理
陸文郁		広智館陳列部主任、(1929)城西画社を組織
鄧慶瀾	宏文学院師範科	(1929)天津特別市教育局長兼社会局長
厳智鐘	伝染病研究所（日本）	国民党政府衛生部医政司司長、(1931)内務部衛生署技正、(1932)軍政部陸軍軍医学校校長
厳智開	コロンビア大学	天津市美術館館長
陶孟和	ロンドン大学政治経済学院	(1929)北平社会調査所所長、(1934)中央研究院社会科学研究所所長
趙聘卿		天津房産業公会会長、天津市商会常務委員代理会長、中国紅十字会天津分会会長などを歴任、(1937)天津治安維持会物資調整委員会委員
趙元礼	挙人	天津造胰公司経理、中国紅十字会天津分会会長などを歴任、城南詩社社員
韓梯雲	保定師範学堂	広智館編集部主任、劇作家
張鴻来	生員、東京高等師範学校博物学専科	広智館副館長
孫洪伊	私塾	(1932)国難会議会員
姚金紳	？	天津市教育局督学、(1931)天津市市立図書館館長
張　寿		地方名流
徐克達	天津県師範講習科	天津公立商科職業学校校長
穆竹蓀		回民、天津八大家、不動産業
張仲元	直隷高等工業学校	(1931)天津市商会主席
劉孟楊	生員	『白話晨報』社社長、天津市自治監理処長、天津貧民救済院長などを歴任
宋寿恒		(1929)河南省政府委員兼工商庁長、(1931)天津售品所董事長
全紹清	ハーバード大学公衆衛生科	天津市衛生局長、(1931)天津市政府参事
齊国梁	スタンフォード大学教育修士	河北省立女子師範学院院長
閻子亭	香港大学土木建築系	(1933)天津工務局長
宋蘊樸		貿易商、(1931)『天津史略』を編纂
孫士琛	天河両級師範	教育局督学、(1931)天津市立民衆教育館館長

（出典）『天津広智館十周年紀念報告』天津広智館、1935年、３〜５頁。経歴欄の（　）内は年号。なお、上記以外にも以下のような董事がいるが詳細は不明である。張鈞孫、董杏村、張紹山、華芷舲、譚鶴儕、李紹軒、周紹曦、呉象賢、周紹勲、周支山、華午晴、趙廊如、張澤民、曹稚香、姚品侯、張幼忱、高樸齊、黄耀庭、薛賛青、臧佑忱、華海門、楊子若、徐幽客、朱祝頤、李仲可、馬桂生、王所安、雲子玉、楊鹿賓、安幹臣、劉利川、婁魯青、王静安、兪品三、王暁岩、林次和。

（参考）中国人民政治協商会議天津市委員会文史資料研究委員会編『天津近代人物録』天津、天津市地方史志編修委員会総編輯室、1987年。

で儒教道徳を重視していたことからも分かるように、国民政府自体が「伝統的」なものをある程度好意的に捉えていたことを意味しよう。

いずれにせよ国民政府期天津の「社会教育」は、北京政府期以前の要素を多く引き継ぎながら拡大していったということができる。

おわりに

国民政府の「社会教育」重視の姿勢は、天津の「社会教育」のあり方を大きく変えた。この時期新たに誕生した天津市教育局は、天津社会教育辦事処を接収しその事業の多くを引き継いだ。その上で多額の資金をつぎ込んで「社会教育」インフラの整備に励んだ結果、天津「社会教育」の規模はかつてないほどまでに拡大することになった。また、「社会教育」に対する国民党からの関与が強まったため、この時期以降の「社会教育」は、民衆知識の向上を謳う教育機関としての性格だけでなく、国民党への忠誠心を涵養する宣伝機関としての性格をも具備するようになった。

一方、天津の「社会教育」をそれまで主宰してきた社会教育辦事処は、教育局に接収されたことで歴史の舞台から退場した。ただ、社会教育辦事処の同人達は広智館を中心に、教育局からの政治的、経済的援助を受けながらその後も活動を続けた。その活動範囲は以前に比べれば当然縮小したが、それでも博物館、古文教育、儒教道徳宣揚、遺跡保護、地方志編纂など、ある意味で「守るべき過去の遺産」を「文化」として保存する活動においては重要な役割を果たしていたといえる。

さて、天津の「社会教育」は盧溝橋事件以後さらなる変化に見舞われた。ただし、そうした変化の兆しは本章では述べなかったが国民政府期からすでに見え始めていた。次章では、天津「社会教育」に起こったさらなる変化の経緯を、国民政府期から日中戦争期という長期的なスパンの中で検証していきたい。

註

(1) 国民政府中央の「社会教育」政策についてはすでに以下の研究に詳しいので本書では述べない。李建興『中国社会教育発展史』台北、三民書局、一九八六年。王雷『中国近代社会教育史』北京、人民教育出版社、二〇〇三年。

(2) 宋蘊璞『天津志略』北平、北平蘊行商行、一九三〇年、二頁。天津特別市はその後一九三〇年に天津市と改名し、同年十一月には河北省の直轄市となった。しかし三五年には再び行政院の直轄市に戻った（天津市地方誌編修委員会編『天津簡志』天津、天津人民出版社、一九九一年、五～六頁）。

(3) 前掲『天津志略』七三頁。

(4) 「七項声明」『広智星期報』一九二九年一月十三日。

(5) 「本局組織規程」『天津特別市教育局教育公報』一九二九年一期、一九二九年。

(6) 「天津市二十二年度市立通俗講演所講演進度統計表」天津市教育局編『天津市二十二年度教育統計表』一九三三年、所収。

(7) 一九三〇年に天津市民六一万八〇九六人を対象にした調査によると、当時天津市の「不識字率」は五八・七%（男性：四四・一%、女性：八三・三%）であったという。ただし、この調査には何をもって「不識字」であるかという定義が示されていない（天津市識字運動宣伝委員会『天津市不識字人口統計』一九三一年、二頁）。

(8) 張紹祖編著『津門校史百彙』天津、天津人民出版社、一九九三年、二〇五頁。

(9) 「天津市十九年度市立民衆閲書報所閲覧人数統計表」天津市教育局編『天津市十九年度教育統計表』一九三一年、所収。

(10) 「天津市十九年度市立通俗図書館閲覧人数統計表」、「天津市十九年度市立通俗図書館代辦処閲覧人数統計表」前掲『天津市十九年度教育統計表』、所収。

(11)「市立民衆補習学校統計表之一」天津特別市教育局編『半年間之民衆補習教育』天津、同所、一九二九年、所収。
(12)「天津特別市市立通俗講演所組織規程」『天津特別市教育局教育公報』一九二九年一一号、一九二九年。
(13) 例えば、『天津特別市教育局教育公報』一九三一年六二号（一九三一年）には第一通俗講演所講演員の王建新が書いた「識字運動」という講演原稿が掲載されている。
(14)「通俗講演員検定条例」『天津特別市教育局教育公報』一九三一年六二号、一九三一年。
(15) 天津市市立第二民衆教育館『天津市市立第二民衆教育館概況』天津、出版者不明、一九三七年、一～二、一一～一二頁。
(16) そもそも毎月財政部より振り込まれる六万元の来源は、ブリティッシュ・アメリカン・タバコ会社が代理徴収していた巻きタバコ税の一部であった（汪桂年「天津近代小学教育家——鄧慶瀾——」『天津文史資料選輯』五八輯、一九九三年、九五～九六頁）。なお、国民政府は一九二九年に「社会教育」経費を教育費全体の二〇％以上にするよう定めたが、天津はその要求をクリアできた数少ない都市の一つだった（一九二九年と三〇年に達成、その後も平均一五％程度を維持した。王雷前掲書、一一五～一二二頁）。
(17) 国民党天津特別市党務指導委員会宣伝部『宣伝工作概況』一九二九年。彼らは党義教育の手段として（1）口頭宣伝（講演所や巡廻講演隊による演説、ラジオ放送、演劇、学校の朝礼における演説）と、（2）文字宣伝（標語の散布、書籍、雑誌、新聞、画報での教育）の二つを考えていた（同、一～三頁）。
(18)「天津市二十二年度市立通俗講演所講演進度統計表」前掲『天津市二十二年度教育統計表』、所収。
(19) 天津広智館編『天津広智館十周年紀念報告』一九三五年、一～二頁。
(20) こうした幹部の多くは「城南詩社」という詩人の会の同人であった。城南詩社については第二章註24を参照のこと。
(21) 馬紫明「二三十年代的社会教育活動」『天津文史資料選輯』六二輯、一九九四年、一四二頁。
(22)「広智館報告入館人数」『広智星期報』一九三〇年十月十九日。
(23)「本館消息」『広智星期報』一九三一年九月六日。
(24)「国文観摩社簡章」『天津社会教育星期報』一九二七年十月二十三日。「七項声明」『広智星期報』一九二九年一月十三日。

(25) 劉炎臣「厳範孫與崇化学会」『天津文史資料選輯』三八輯、一九八七年。
(26) 例えば「説尊崇孔孟」『広智星期報』一九三二年十一月六日・十三日など。
(27) ただ、文廟祭礼自体は国民党の命令により一九三四年まで禁止されている(「孔子誕辰紀念」『広智星期報』一九三四年九月九日)。
(28) 広智館は教育局より毎年四八〇〇元の補助金を受けられるようになった(「私立社会教育機関経常(補助)費統計表」前掲『天津市十九年度教育統計表』、所収)。
(29) 教育局は広智館の前史、すなわち清末以来の「社会教育」の業績を正当化させることにも力を入れていた。例えば、教育局の下部組織である民衆教育館は、中学校や「社会教育」の教材用として『天津的模範人物』という冊子を編集し、その中で清末以降天津の教育事業を先導してきた厳修、および社会教育辦事処の総董として長らく天津の「社会教育」を主導してきた林兆翰を表彰している(『天津的模範人物』天津、天津市立民衆教育館、一九三五年)。
(30) 張仲「水西荘與塩商文化」『天津文史』二〇期、一九九七年。
(31) 『広智星期報』一九三三年十月八日「水西荘遺址保管近聞」、一九三四年十二月九〜十六日、允「説幾句関於『水西文物展』的事」、一九三五年四月二十八日「天津水西荘遺址保管委員会第二次籌備会議紀録」、一九三五年六月九日「天津水西荘遺址保管委員会第三次籌備会議紀録」、一九三五年六月三十日「天津水西荘遺址保管委員会第四次籌備会議紀録」、一九三五年七月二十八日「天津水西荘遺址保管委員会第五次籌備会議紀録」、一九三五年九月二十九日「天津水西荘遺址保管委員会第七次籌備会議紀録」、十月二十七日「天津水西荘遺址保管委員会第八次籌備会議紀録」、一九三五年十二月十五日「天津水西荘遺址保管委員会第九次籌備会議紀録」、一九三五年十二月二十九日「天津水西荘遺址保管委員会第一〇次籌備会議紀録」、一九三六年三月二十二日「天津水西荘遺址保管委員会第一一次籌備会議紀録」、五月三日「天津水西荘遺址保管委員会第一二次籌備会議紀録」、一九三六年十一月十五日「天津水西荘遺址保管委員会第一六次籌備会議紀録」、一九三六年十一月一日「天津水西荘遺址保管委員会第一七次籌備会議紀録」、一九三六年十二月二十七日「天津水西荘遺址保管委員会第一八次籌備会議紀録」。しかし、遺跡保存活動はその後日中戦争により頓挫した。

（32）　この事業を広智館が主催したという証拠はいまだ発見されておらず、これを広智館の事業として論じてよいかどうかはなお問題が残るところである。ただ、実際にこの事業に関わった人物はみな広智館と関わりの深い人物であり、『広智星期報』もたびたびこの事業について言及しているので、あえてここでは広智館の事業として論じることにした。

（33）　李福生「点校前言」天津市地方志編修委員会編著『天津通志』旧志点校巻（中）、天津、南開大学出版社、一九九九年、所収、四九五～四九六頁。これらの地方志は現在前掲『天津通志』旧志点校巻（中）・（下）にそれぞれ収録されている。

第六章　「社会教育」の緻密化
――民衆教育館による「社会教育」の変容――

はじめに

前章で述べたように、国民政府期に天津「社会教育」の規模は拡大した。「社会教育」関連の施設数にしても、「社会教育」で使用できる予算にしても、一〇年ほどの間でかつてないほどの増大を見た。従って天津の「社会教育」にとって国民政府期は大きな画期となったといえる。

ただし、国民政府期に起こったのは「社会教育」の拡大だけではなかった。その影でひそやかではあったが別の変化が起こり始めていた。そして、そうした変化は国民政府期に新たに登場した総合的「社会教育」施設――民衆教育館において特によく見られた。この時期、天津の「社会教育」に何が起こっていたのだろうか。以下、国民政府期から日中戦争期にかけて民衆教育館の活動が変容していく過程を追うことで明らかにしたい。

ちなみに民衆教育館についてはすでにいくつか研究があるが、その具体的な活動を、一九二〇年代後半から四〇年代までという長期的スパンで追った研究はこれまで存在しない[1]。これにはやはり序章で述べたように、国民政府期や日本統治期の教育に対する評価という問題が関係しているものと思われる。

一　民衆教育館について

（一）　民衆教育館成立の背景

本論に入る前に、民衆教育館という施設を説明しておく必要があろう。以下、やや冗長に過ぎるかもしれないが、民衆教育館が成立した背景および民衆教育館の職掌について紹介する。

民衆教育館のモデルは、北京政府期の「社会教育」において活躍した通俗教育会（館）（詳しくは第二章を参照）である。ただ、名前が違うことからも分かるとおり、通俗教育会（館）はそのままの形で国民政府の「社会教育」に受け継がれたわけではない。通俗教育会（館）を国民政府期の「社会教育」で利用するためには少なからず改良を施す必要があった。なかでも批判が多かったのは通俗教育会（館）が遂行してきた教育の内容に対してであった。

清末以来「社会教育」は通俗教育とも呼ばれてきた。両者はほぼ同じ意味で使われてきたが、民国期、特に五四新文化運動以後「社会教育」の新形態である「平民教育」が登場すると、従来からの「社会教育」の形態である通俗教育には徐々に負のイメージが付されるようになった（第二章で検討した天津社会教育辦事処による「社会教育」も、通俗教育と認識されていた）。理由はいくつかあるが、第一に通俗教育が儒教道徳の宣揚に積極的だった点が挙げられよう。通俗教育会（館）には文廟（孔子廟）の敷地内に建てられたものが少なくない。[2]また本部こそ孔子廟内にないが廟の祭祀において主導的な役割を演じた天津のような例もある。こうした点を踏まえると、通俗教育会（館）の通俗教育事業の主眼が綱常名教の護持による治安維持にあったとしても過言ではない。以上のような通俗教育の性格は新文化派などから幾度となく指摘され批判された。

さらに通俗教育に従事した人間および教育内容に対する批判もあった。例えば、やや時代は下るが一九三四年に出版された『民衆教育館の組織及び実施』という書籍に以下のような記述がある。

それ〔通俗教育館〕を通俗教育館と命名した意義は、〔通俗教育館の館員が〕字の一切読めない民衆を、みな田夫野人で、地位が低く、下等社会の人と見なすことで自らを知識階級と認識し、上等社会の人と列することにある。彼らが「社会教育」を実施するのは一般の字を識らない民衆を教育するためだが、字を識らない民衆が田夫野人で下等社会の人である以上、伝授する教育は普通常用の知識でよく、ゆえに通俗教育館と称する他ない。

同書は続けて「『通俗』二字には階級的意味が含まれている」と述べる。つまり著者は往時の通俗教育が持っていた階級性および差別性を痛烈に非難しているのである[3]。以上のように、当時通俗教育は様々な角度からその性格に疑問が呈されていた。

「社会教育」の刷新を標榜する国民政府にとってかかる通俗教育の負のイメージを引きずるわけにはいかない。前出の『民衆教育館の組織及び実施』は以下のように言う。

農民は民衆であり、工人は民衆であり、党員や学者は民衆であり、軍人や官吏も民衆である。例えば富貴と貧窮の分があったとしてもまさか富貴の人が民衆で、貧窮の人が民衆ではないなどといえようか。革命の時期であればなおさらのこと、まず平等を提唱し、階級を打破する。どうして同じ国の人民に貴賤の分、雅俗の別があろうか。ゆえに「通俗」二字を「民衆」に変え、民衆教育館としたのである[4]。

ここにあくまでも理念の上ではあるが階級性を否定し平等性を標榜する新しい「社会教育」施設、「民衆教育館」が誕生した[5]。民衆教育館第一号は江蘇省立南京民衆教育館（旧江蘇省立南京通俗教育館）である（一九二九年）。一九三二年に「民衆教育館暫行規程」が出されるに及びその他の通俗教育会（館）も順次改名していった[6]。その後館数も増

〔表1〕 全国民衆教育館館数（1928年〜1946年）

年	江蘇	浙江	安徽	江西	湖北	湖南	四川	西康	河北	山東	山西	陝西	河南	甘粛	青海
1928	84	12	19	1	0	31	3	0	0	0	0	0	2	0	0
1936	353	146	81	2	92	33	120	2	127	115	9	13	100	7	0
1946	35	100	31	67	73	83	160	30	30	33	56	49	96	66	13

年	寧夏	熱河	察哈爾	綏遠	新疆	福建	広東	広西	雲南	貴州	遼寧	吉林	黒竜江	安東	遼北
1928	0	0	1	1	0	4	0	0	1	0	1	10	11	0	0
1936	0	5	30	16	0	52	131	34	112	4	1	10	3	0	0
1946	1	7	0	16	32	68	69	0	100	82	23	10	0	10	11

年	嫩江	合江	松江	興安	台湾	南京	上海	北平	天津	青島	重慶	大連	ハルビン	計
1928	0	0	0	0	0	3	0	1	0	0	0	0	0	185
1936	0	0	0	0	0	4	2	1	1	6	0	0	0	1,612
1946	0	0	0	0	21	3	1	2	10	2	1	0	0	1,391

（出典）濬呂黙編『民衆教育館』上海、中華書局、1948年、5頁。

加し、一九三六年には一六一二館を数えるまでになる（表1、「満洲国」と台湾のものを含む）。

（二） 民衆教育館の役割

国民政府は民衆教育館に大きな期待をかけていた。一九三二年九月に教育部より出された「全国社会教育実施概況に関する報告」に以下のようにある。

> 全国の各県・分区に民衆教育館を設立し、各区における永久的な社会教育中心機関とする（傍点は筆者による）(7)。

ここでいう「中心機関」とは、講演所、閲報所、図書館、補習学校など個別の「社会教育」事業を統括する機関のことを指す。要するに民衆教育館は——あくまでも各地の教育官庁（教育局など）の監督下ではあるが——特定区域内の「社会教育」を企画から運営まで担当する機軸機関としての役割を求められたといえる。

では民衆教育館の活動とは具体的にどのようなものだったのか。まず一九三二年に制定された「民衆教育館暫行規程」の内容を確認する（表2）。それによると民衆教育館は講演などいわゆる教育事業だけでなく、遊芸改良、健康増進、社会事業などの方面でも活躍が期待されたのが分かる。な

〔表２〕「民衆教育館暫行規程」に規定された民衆教育館の組織体系および事業

閲覧部	書籍・雑誌・図表・新聞の公開閲覧、巡廻文庫・民衆書報閲覧所等
講演部	固定講演・臨時講演・巡廻講演・化装講演およびその他宣伝
健康部	体育に関するもので、器械運動・球類・陸上競技・国術〔中国固有の武術〕・水泳・児童遊戯およびその他運動
生計部	職業指導および紹介・農事改良・合作社の組織
遊芸部	音楽・幻灯・映画・戯劇・評書〔講談〕・囲碁・各種雑技および民衆茶園等
陳列部	標本・模型・古物・書画・写真・図表・彫刻・工芸各種産物博物館および革命記念館等
教学部	民衆学校・露天学校・民衆問字処あるいは問事処および職業補習学校等
出版部	日刊・週刊・小冊子およびその他「社会教育」に関する刊行物

（出典）「民衆教育館暫行規程」中国第二歴史檔案館編『中華民国史檔案資料匯編』第５輯、第１編、教育、南京、江蘇古籍出版社、1994年、所収、786～787頁。

かでも合作社活動は通俗教育会（館）時代にはあまり例がなく新しい潮流として注目に値する。

しかしこの規程には強制力がなく、実際の活動内容は民衆教育館によって大きく違った。しかも時期により活動範囲の伸縮も激しい。[8]従って民衆教育館の活動を正確に把握するためにはまず特定の民衆教育館の長期的な動向を考察する必要がある。そうして得られたいくつかの事例を比較検討することで民衆教育館事業の全体像を構築でき、かつ民衆教育館による「社会教育」が当時の社会に与えた影響についてもより良い理解を得ることができよう。

二　「社会教育」中心機関への道程
――国民政府期天津の民衆教育館――

では、いよいよ天津の民衆教育館について検討していく。

天津には当時二つの民衆教育館のほか、民衆教育館と同様の機能を持った通俗講演所および通俗図書館が数館あった。それぞれ性格が異なり、大きくは（１）市立民衆教育館（のち天津市立第一民衆教育館に改名。以下「第一民衆教育館」と略す）、（２）民衆教育館化した各通俗講演所および通俗図書館、（３）天津市立第二民衆教育館（以下「第二民衆教育館」と略す）という三つの類型に分けることができる。以下、互いの相違点に注目しつつ、登場した順

〔表3〕　天津市立第一民衆教育館の組織および事業（1935年）

事務部	文書股・庶務股・会計股	
陳列部	陳列室	理化室・衛生室・博物室・史地室
	講演股	館内講演・館内館外幻灯講演・館外臨時講演
	試験股	館内・館外科学試験・館外臨時科学試険
	編印股	『民衆生活』・『民衆画報』・『民衆特刊』・『民衆特画』（以上雑誌）・『民衆叢書』・『天津市立民衆教育館概覧』（以上書籍）の発行
	仿制股	民衆教育壁画の制作
	徴集股	学生作品・年越し用品・南洋物品・香港貨幣・戯劇隈取・学校写真などの陳列
その他事業	民衆補習班・民衆問字処・民衆代筆処・民衆閲報室・民衆常識および民衆画報ボード・民衆種痘・民衆遊芸・注音符号研究会及び研究班・法律顧問処・各種運動の宣伝	

（出典）「本市民衆教育館長報告五年来之民衆教育」『益世報』1935年４月６～７日。

に各館の成立過程および活動状況を述べたい。

（一）第一民衆教育館

天津最初の民衆教育館――第一民衆教育館は一九三一年四月、天津県城西門内大柵欄胡同に成立した[9]。各地における第一民衆教育館の多くは通俗教育会（館）を土台にしていたが、当館はそうではなく（後述の第二民衆教育館も同様）、まったくゼロからのスタートだった。そのため当初規模的、財政的に相当の苦労を強いられたが、館在地が海河北岸の大経路に移った一九三七年頃を境に活動の幅は徐々に広がっていった。

表3に第一民衆教育館の組織と事業内容を示した。一九三五年にはこれに実験区（天津郊外の小王荘に設置）の事業が加わっている[10]。前出の「民衆教育館暫行規程」（表2）と比べると多くの異同が確認できるだろう。例えば「規程」にある図書館、体育施設、合作社等の事業が行われず、その代わり「規程」にはない科学実験、実験区、民衆種痘などの事業が実施されている。いずれにせよ相当多くの事業に従事していたことは確かで、「社会教育のデパート」としての民衆教育館の体裁は十分保たれていたといえる。

ただし、第一民衆教育館は大きな問題を抱えていた。「各区における永久的な社会教育中心機関となす」という、「規程」が最も強調した点をクリアしていなかったのである。実際第一民衆教育館は天津の各種「社会教育」事業に対して指導的な役割を果たしていたわけではなかった。立場としては通俗講演所や閲報所（当時は閲書報所と呼ばれた）など他の「社会教育」施設と同列であり、それら施設の活動に対して何ら命令を発することができなかった。また、第一民衆教育館が「社会教育」の中心機関として管轄すべき明確な区域というもの自体、そもそも存在しなかった。このことは自らが教育すべき対象を民衆教育館にイメージさせづらくしたに違いない。教育対象が特定されない以上、その教育活動は実効性を欠くものとなっただろう。「社会教育」の恩恵を浴びたのはせいぜい館周辺の住民（および巡廻講演ルート近辺の住民）くらいだったと思われる。(11)

（二）　民衆教育館化した各通俗講演所及び通俗図書館

次に、事業規模が拡大してほとんど民衆教育館化した通俗講演所および通俗図書館について述べよう。まず通俗講演所の変化を市立第一通俗講演所の例から論じる。

第一通俗講演所の前身は一九〇五年に開設された天齊廟宣講所（北京政府期は東馬路通俗講演所）である。国民革命後市教育局に接収され市立第一通俗講演所となった。一九二八年に教育局の指令により通俗図書館（第一通俗図書館）が付設され、それ以後講演と図書館を二大看板として事業を展開していく。それだけに止まらない。一九三六年以降補習教育にも着手し婦女限定の補習班をいくつか開設した。なかでも婦女識字班、婦女読書班は盛況で、同年六月までに卒業生は一八〇〇人以上に達したという。(12)

通俗図書館の拡大例としては市立第六通俗図書館を挙げる。第六通俗図書館は一九二九年九月、提頭村（天津県城の北、子牙河と北運河の合流点付近）に創設された。都市中心部から距離があり、ゆえに開発が遅れたこの地域において第六通俗図書館は初めての市立「社会教育」施設となった。そのため開館当初からその活動は単なる通俗図書館業務にとどまるものでなく、代辦処（簡易図書室、第五章参照）の設置、巡廻文庫の挙行、貧民に対する冬季救済事業の実施、薬品の施与、天然痘の予防接種などにも及んだ。そして一九三三年七月には講演所が付設された（市立第五通俗講演所、通俗図書館部分は第六通俗図書館のまま）。その後補習教育にも手を広げ、婦女識字班、婦女初級補習班、小先生班（婦女識字班卒業生が非識字婦女、児童等を教育する）、男生高級補習班・導生制班（館員と男生高級補習班の学生が失学児童を教育する）が組織されている。(13)

以上から分かるように、国民政府期に入ってから一〇年ほどの間に通俗講演所と通俗図書館は実質的に民衆教育館と変わらぬ能力を備えるようになっていた。ただし第一民衆教育館と同様、これら〝超〟講演所・通俗図書館もまた「各区における……社会教育中心機関」たる役割を果たせないでいた。確かに第六通俗図書館のようにある程度地域の「社会教育」をリードしていた例もあるが、それとて設定された範囲内の「社会教育」に全責任を持つというような活動の仕方ではなかったのである。

（三）第二民衆教育館

最後に紹介する第二民衆教育館は上記二類型とは大きく違った。

第二民衆教育館成立の背景には天津市拡張事業の存在がある。一九三四年、天津市は天津県との区分を明確にするとともにそれまで県属であった郷区を一部市区に繰り入れ天津市第六区とした。(14) 第六区はほとんどが農村であり、教育建設も遅れがちであった。そのため大量の失学者を生み出していた。それを重く見た市教育局は当地の失学問題を解決するため三七年二月新たに民衆教育館を設立した。(15) これが第二民衆教育館である。

第二民衆教育館と他の民衆教育館二類型との大きな違いは「社会教育」中心機関化がなされつつあるという点にあった。第六区だけを担当するという明確な目標をあらかじめ設定されていたこともあろう。第二民衆教育館の活動には現実的な思考で区画内の「社会教育」を主導していこうという意思が感じられる。例えば当館は開設に先立ちあらかじめ区内の戸口を調査し、住民単位で地域を把握しようとしていた(16)。またあわせて緻密な事業計画を立てているが、そこには講演や補習学校など一般的な民衆教育館の事業に加え、農事試験場の開設や植樹の奨励、農業副業の推奨など地域の状況に合わせた施策が並んだ。こうした姿勢は先述の二類型には見られなかった。第二民衆教育館は第六区の「社会教育」を計画し実行するまさしく中心機関になろうとしていたのである(17)。しかし、その活動が本格化する前に日中戦争が始まり、残念ながら館務は停止されてしまった。

以上、天津民衆教育館の三類型について述べた。多種多様な教育事業を展開していた点に関しては各館とも共通していたが、第二民衆教育館だけは、教育する具体的な対象を他の二類型に比べ明確に捉えようとしていた。その理由の一端が第二民衆教育館の成立背景にあることについてはすでに述べたが、それだけではない。実際、民衆教育館を「社会教育」中心機関化することはもはや時代の趨勢だったのである。その査証として、天津市社会局(18)は一九三六年に社会教育区計画を批准している。これは天津市区を八つの社会教育区に分け、各区に一館ずつ設置された民衆教育館に区内「社会教育」の全責任を負わせようという壮大な計画であった(19)。そして第一民衆教育館も〝超〟通俗講演所・通俗図書館も遅かれ早かれ第二民衆教育館的なやり方で活動することが予定された。しかし、その実現を前に日中戦争が始まり、計画は頓挫してしまった。

このように、一九三〇年代後半、天津の民衆教育館の活動形態は大きく変わろうとしていた。実質館在地周辺にしか働きかけられない〝点〟としての「社会教育」から区域全体に働きかける〝面〟としての「社会教育」へと。その流れは日中戦争期も途切れなかった。むしろ促進されていったのである。

三　「社会教育」活動の緻密化――日中戦争期天津の新民教育館

（一）社会教育区の設置と民衆教育館の増加

日中戦争が勃発すると天津の華界は日本の統治下に入り、まもなく「地方治安の維持、秩序の回復、人心の安定」を宗旨とする治安維持会が成立した。その後十二月に北平に傀儡政権の中華民国臨時政府が起こると同会は解散し業務は天津特別市公署に引き継がれた[20]。

〔図1〕　天津社会教育区分布図（1941年）

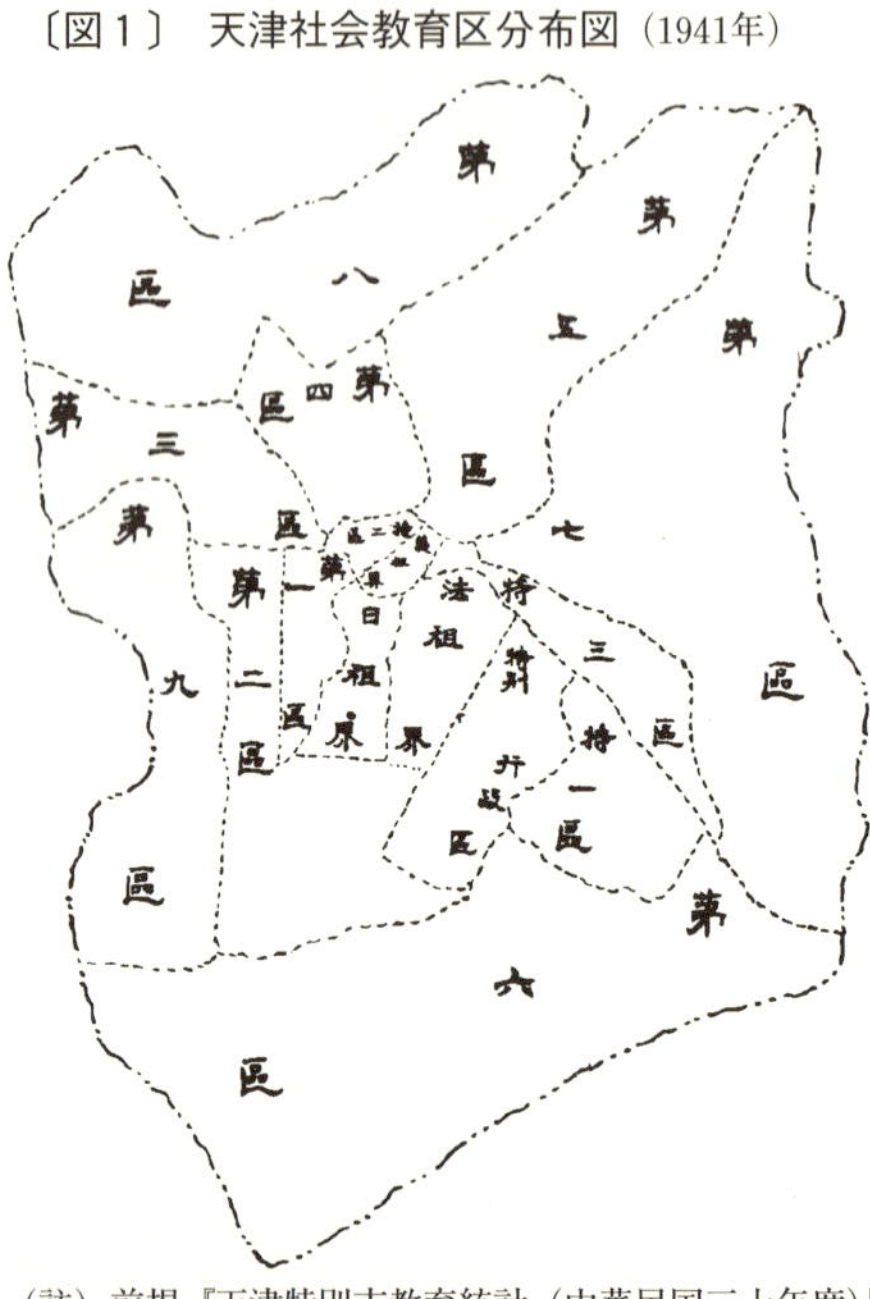

（註）前掲『天津特別市教育統計（中華民国三十年度）』掲載の図を一部筆者が改変した。

当該時期天津の教育について語る際、新民会の存在を無視することはできない。新民会は政府（臨時政府）と表裏一体の民衆教化団体として一九三七年十二月に成田貢などによって設立され、青年訓練所の運営、農民合作社の組織など幅広い事業に関与した。彼らは新民主義を提唱しており、それを宣伝するため当然教育事業にも積極的だった[21]。

天津の新民会（天津都市指導部）では一九三八年九月に教職員を主な対象にした組織（当然新民主

〔表４〕 各新民教育館の前身および各館長の前職（1939年当時）

館名	前身	館長	前職
第一新教館	第一講演所・通俗図書館	呂錦麟	第一講演所・通俗図書館管理員
第二新教館	第二講演所・通俗図書館	李丹忱	第二講演所・通俗図書館管理員
第三新教館	第三講演所・通俗図書館	陳淑貞	第三講演所・通俗図書館管理員
第四新教館	第五講演所・第六通俗図書館	譚濱	第五講演所・第六通俗図書館管理員
第五新教館	第一民衆教育館	崔文奎	第三講演所・通俗図書館管理員 →第一民衆教育館館長
第六新教館	第二民衆教育館	陳国賓	不明
第七新教館	第五通俗図書館	張海惕	不明
第八新教館	第四講演所・通俗図書館	姚恩栄	第四講演所・通俗図書館管理員
第九新教館	第八閲書報所	鞠祖蔭	教育局第一科職員（盧溝橋事件後）

（註）「新教館」＝「新民教育館」
（典拠）「第一～八社教区新民教育館之沿革」『民教』１巻１号、1938年、42～63頁。鞠祖蔭「第九社教区新民教育館籌備成立経過及現在進行之状況」『民教』１巻７号、1939年、22頁。「市立社会教育機関概況表」（天津特別市教育局編『天津特別市教育統計（中華民国三十年度）』天津、天津特別市教育局、1942年、所収、54～55頁）。

義宣伝とも無関係ではない）、教育分会が作られた(22)。三九年段階での会員は一五五五人、うち「社会教育」人員（市立）は一四七人を占める(23)。四一年段階での「社会教育」人員総数が二一六人だったのを考慮するとその内かなりの人数が会員になっていたのが分かる(24)。

では日中戦争期天津の「社会教育」――特に民衆教育館に関して――はいかに展開されていたのだろうか。基本的にそれは国民政府期の流れを引き継ぐものであった。一九三八年九月、天津特別市教育局は天津市区を九つの社会教育区に分け、それぞれに民衆教育館と同種の機関「新民教育館」を設置した(25)（図１）。新民教育館は、「社会教育」中心機関として区内の「社会教育」事業の推進役を担うことになった。社会教育区設置が国民政府時代からの懸案であったことは述べたとおりである。

引き継がれたのは政策だけではない。施設、人員も継承された。表４によれば、各民衆教育館および各講演所・通俗図書館がそれぞれ新民教育館に改組されているのが分かる。前章で見たように、通俗講演所と通俗図書館は日中戦争以前にすでに事実上民衆教育館化していたから、それを新民教育館にするのは比較的容易だったのだろう。また館長についても各施設の館長だった人物が一部の例外を除いてそのまま各新民教育館の館長に就任している(26)。

以上のように、統治の主体は変化したものの「社会教育」の世界に関しては国民政府期との間に依然強い連続性が保たれていた。これは日本軍が教育、宣伝機関として民衆教育館を高く評価していたことと無関係ではない[27]。彼らは統治にあたり、国民政府期に蓄えられた「社会教育」の力量をそのまま活用しようと考えていたのである。

（二）「社会教育」活動の緻密化

日中戦争期、「社会教育」活動は従来に比べ緻密になった。具体的にどう緻密になったのか以下簡単に見てみたい。

第一に教育対象が拡大した。それは新民教育館が行った社会教育区実態調査から見える。

教育効率を高める上で教育対象の実態把握は欠かせない。天津の「社会教育」においても従来からそうした調査がしばしば行われてきた。しかし当時「社会教育」の重点は失学者、非識字者対策にあったため、調査対象も主に就学率（または失学率）と識字率に限定されていた。それに対し新民教育館による調査では対象がそれ以外にも及んでいる。例えば第一新民教育館は全人口、失学者数、就学者数に加え職業別人口、業種別戸数（商店、学校、機関、工場、娯楽業、会館公所、寺廟、教会、市場、マスコミ、手工業、賃貸業、自由業、慈善事業、交通事業、旅館業、その他）などもリサーチし（一九三八年[28]）、第五新民教育館は全人口、失学者数だけでなく失業者数、学校私塾数、在理教公所数、工場数、商店数、娯楽場所数も調べている（一九四一年、表5）。一見して調査対象が失学者だけでなく労働者や失業者にも拡大しているのが分かろう。これは「社会教育」の対象が労働者対策（労働者の生活改善による社会の「改良」）にまで広がったことを意味する。

第二に、地域の実態に応じた教育活動が可能になった。

それまでの「社会教育」では地域の特性というものにそれほど関心が払われてこなかった。そのためどの施設でも

〔表5〕 天津特別市第五社会教育区に関する調査

位置	市東北部、第5・7警区の大部分		面積	40万ｋ㎡
区	人口・施設等情報		重要対策	副次対策
工商区	人口 失学民衆 失学児童 失業及無業民衆 学校及私塾 在理教公所 工場 商店 娯楽場所	80,726人 8,640人 3,855人 11,117人 40所 4所 118所 1,281所 12所	・消費保険信用各種合作社の組織 ・民衆補習班の組織 ・平民茶社の設立及び巡廻講演 ・各種巡廻文庫の挙行及び閲報牌〔掲示板〕の拡充 ・商人補習班の組織	・職業紹介処の組織 ・商品展覧会の挙行 ・工芸品展覧会の挙行 ・康楽会の組織 ・巡廻診療の挙行 ・臨時各種座談会の挙行 ・工人補習班の組織
農業区	人口 失学民衆 失学児童 失業及無業民衆 学校及私塾 在理教公所 工場 商店 娯楽場所	37,792人 6,497人 3,249人 4,721人 12所 3所 11所 388所 0所	・運銷供給信用各種合作社の組織 ・民衆補習班の組織 ・平民茶荘の設立及び巡廻講演 ・壁報牌〔壁新聞掲示板〕及び代書問字処の設置 ・農事試験場の設立 ・農村副業の提唱	・職業紹介の組織 ・康楽会の組織 ・巡廻診療の挙行 ・臨時各種座談会の挙行 ・農業品及び副業品展覧会の挙行 ・農人補習班の組織
居民区	人口 失学民衆 失学児童 失業及無業民衆 学校及私塾 在理教公所 工場 商店 娯楽場所	123,712人 13,566人 7,935人 18,318人 61所 13所 30所 1,194所 0所	・生産消費信用各種合作社の組織 ・民衆補習班の組織 ・巡廻講演の挙行 ・流動文庫の組織 ・工商補習班の組織 ・壁報牌の拡充 ・家庭養鶏の提唱	・職業紹介の提唱 ・康楽会の組織 ・巡廻診療の挙行 ・臨時各種座談会の挙行 ・各種展覧会の挙行

(出典)「天津特別市第5社教区新民教育館民国三十年施教方案」『民教』3巻1・2期、1941年、4～5頁および『民教』3巻3期、1941年、7～8頁。

同じような活動が行われていた。しかし社会教育区に対する調査は各地域がそれぞれ抱える問題の差異を顕在化させた。そのため各新民教育館は担当区域の事情に対応した独自の「社会教育」活動を模索するようになった。例えば第五新民教育館は調査結果に基づき社会教育区を工商区、農業区、居住区の三つに分け、地域ごとに個別の施策を講じた。また区内に多くの工場を抱える第九新民教育館は労働者対策に重点を置き、職業紹介所の設置や工場労働者に対する教育活動を計画し、その一部を実行に移した(29)。

「社会教育」活動が緻密になった原因を単純に新民教育館の増加だけに求めることはできない。社会教育区の設定もまた要因のひとつであった。一九三〇年代後半に天津民衆教育館の活動形態が〝点〟としての「社会教育」から〝面〟としての「社会教育」へと変わりつつあったことはすでに述べたとおりだが、日中戦争期における社会教育区の実現はその流れをさらに加速させる結果となった。新民教育館は自らが担当する社会教育区を明らかに〝面〟として捉えていた。調査によって区内に存在するあらゆる問題を見つけ出し、効率よくそれを解決する、それによって区全体を「改良」しようとしたのである。

しかしもちろん教育される側の協力なしにそれを達成するのは難しい。民衆をいかに「社会教育」に取り込んでいくか。この難題に新民教育館は取り組まざるをえなかった。

(二)　民衆との関係

民衆をいかに「社会教育」に取り込むか。民衆の興味を引くよう教育内容を面白くするのが最も初歩的な手として考えられよう。しかしそれにも限界があろうし、もとより識字、衛生、新国民運動などに代表される当時の「社会教育」の内容は、講演員が面白おかしくしゃべったところで民衆にとって楽しめるものではなかったと思われる(30)。それでも新民教育館は、民衆と接触さえできれば、つまり民衆が新民教育館や補習班に足を運んでさえくれれば、その機会をとらえて彼らに教育を施すことができると考えていた。そこで新民教育館は簡易診療、遊芸活動、合作社などに力を入れるようになる。

簡易診療は「これ〔簡易診療〕にかこつけて『利で誘い』、住民の信仰心を高め、その他の教育を施行しやすくする」という意図ですでに第一民衆教育館によって一九三六年から始められていた。新民教育館もそれを引き継ぎ、例えば第五新民教育館では開館以来七ヶ月で一三三二人を、その後も月に三〇人程度を無料で診療した(31)。

遊芸活動は京劇、話劇、曲芸、伝統武術、歌唱などを新民教育館附設の遊芸クラブの会員が演じるもので、主に宣伝大会などにおいて講演〔演説〕終了後に行われた(32)。民衆の嗜好に合致したからか、かなりの集客力を誇った(33)。

合作社による民衆の組織化が「社会教育」にとって好都合なのはいうまでもない(34)。ただその動向については依然不明な点が多い。一九四一年に第五新民教育館で消費合作社が設立されたこと、そして同年第一新民教育館で信用合作社の開設が計画されたことだけは現段階で確認できる(35)。

このように、新民教育館は様々な手を使って民衆を呼び込む努力をした。しかし、結果は芳しくなかった。第五新民教育館合作社の社員は一〇〇人前後で推移したまま一向に増えなかった。一方簡易診療や演芸活動も人こそ集めたがそれが教育効果の向上に繋がったわけではなかった。それは第五新民教育館講演員の姚彬然が識字宣伝大会の演説時に発した以下の言葉に象徴されよう。

今日〔一九四一年六月十六日〕は当館識字宣伝模範演技の日です。みなさんがここにいらして、賑わいを目にし、国劇〔京劇〕を聴くことがどんなにか活力を奮い立たせ、頭脳を覚醒させることか！しかしみなさん、今日のこの会の目的を忘れてはなりません。その目的とは民衆一人ひとりに字を覚えるよう呼びかけること、くれぐれも一生文盲のままではいけないと呼びかけることなのです![36]

姚彬然が「会の目的を忘れてはなりません」とわざわざ強調しなければならなかったのは、来館した多くの民衆の関心が実は識字の重要性に向いていないことに彼自身気づいていたからである。

餌で民衆を釣る方式での「社会教育」活動が苦戦する中、それに代わる新たな手段を模索する声が上がり始めた。彼らは保甲との連携を主張した。例えば「社会教育」専門誌『民教半月刊』（『民教』の後継誌）掲載の論文「天津市の社会教育の現状に対する検討と当面の活路」は以下のように述べる。

各〔新民〕教育館であれば講演ホール、教室、事務所を完備していないものはない。これを当地の保甲に提供すれば会議や共同で事務をする場として最も適したものとなる。教育館は保甲戸籍帳簿をもとに具体的な施策計画を立てることができる。保甲が教育館の指導を受け協力すれば各人事登記を完成させることができる。教育館は保甲のために各種訓練を担当し、宣伝を代行し、保甲公約の編纂を指導する。保甲は教育館が創立した各合作社や生計、厚生娯楽など教育〔事業〕の遂行を賛助する。[37]

そして保甲を利用した「社会教育」は一九四二年の識字運動において実現する。文盲掃滅を目標に掲げる教育局はこの年識字運動宣伝委員会を組織し、その指導の下市内に七五もの民衆識字班を設立させた。一六歳から四〇歳までの失学民衆に入学を勧めたところ識字班としては過去例を見ないほど人が集まり、設定した七五班では収容しきれないほどであったという。

入学希望者が殺到した背景には保甲の存在があった。第五新民教育館館員の于恩三は識字班開班当日の様子を次のように報告している。

本館識字班開班の第一日目、数人の非識字民衆がやってきた。入学を受け付けてくれるよう懇願されたが、座席がなく収容できないので彼らには来学期に来るよう言った。すると彼らは躊躇し、最後には、保甲長との間に面倒が起こらないよう、あるいは将来処罰されないよう、入学許可証を発給するよう求めた。

保甲との連携が説かれる中、「法を恐れ罰を怖がる人民の心理を利用」した「社会教育」がいよいよ始まったのである。(38)

しかし、保甲との連携がその後本格化することはなかった。史料の問題もありその原因はいまだよく分からないが、戦況の悪化、そして活動費の不足によって新民教育館の活動自体が一九四三年頃を境に縮小傾向になったことがもしかしたら影響しているのかもしれない。(39)とはいえ保甲との連携が必要という議論自体は日中戦後にも継承されていく。(40)

おわりに

民衆を啓発し三民主義を宣伝する必要から、国民政府は「社会教育」の普及に努めた。その取り組みの中で登場し、地域の「社会教育」を企画・運営する中心機関としての役割を与えられたのが民衆教育館である。民衆教育館はその後漸次増加し全国で千を超えた。

華北の教育先進都市、天津にはそのうち二館が設立され、民衆教育館以外にもそれに類似した活動をする通俗講演所・通俗図書館が存在した。とはいえ、当初天津の民衆教育館は「社会教育」中心機関として管轄すべき明確な区域を持っておらず、働きかけるべき地域およびそこに住む民衆の状況についてそれほど深い関心を示さなかった。しかし一九三六年頃から担当区域を設定しようという動きが見られるようになり、それは遂に日中戦争期に社会教育区という形で実現する。社会教育区は九つ設定され、それぞれに民衆教育館（当時は新民教育館と呼ばれた）が一館設置された。社会教育区の誕生で各民衆教育館の責任範囲が明確化されたことにより、担当区域に対する民衆教育館の関心は俄然高まり、地域の特性に応じたキメ細やかな教育活動がなされるようになった。

しかしそれに対する民衆からの反応はいまひとつだった。民衆教育館は娯楽や診療などで彼らの気を引き教育の現場に誘い出そうとしたが、うまくいかなかった。そのため一九四〇年代に入ると強制的な手段――保甲との連携――による民衆の取り込みが模索されたのである。

以上、国民政府期に端を発し、日中戦争期に顕著になった「社会教育」の変化とは、「社会教育」の緻密化ということができる。

南京国民政府期に入り、天津の公教育は大きく発展した。小学校の数が増加し、学齢児童の多くがそこで学ぶようになった。その情況は、「社会教育」から見れば、失学児童がいよいよ教育対象から外れ始めたことを意味する。ただ注意すべきは、それによって失学者全体の数が減ったわけではなかったということである。外部からの人口流入が後を絶たなかったため、失学民衆はその後も増え続けた。そのため、この時期は学校教育だけでなく「社会教育」の拡大も見られた。また、日中戦争期に入ると、保甲制との連携のもと、「社会教育」は、教育対象により緊密に関わるようになった。

他方、清末以来天津の「社会教育」を主導してきた名望家層は、この時期「社会教育」との接点を失なっていった。ただ、彼らは儒教道徳や伝統文化を宣揚することを通して自らの立場を社会に訴え続けた。残念ながら、彼らの日中戦争期以降の動きについては史料が少なく、明らかにすることができない。新民教育館においては儒教道徳に関する講演も行われており気にかかるところだが、今後の課題となろう[41]。

第五章や第六章の記述からも分かるように、「社会教育」を受けた人の数は、この時期大幅に増えた。活動内容も従来からの講演や識字班などに加え、演劇や運動のためのサークル活動や医師による無料診断など多岐に亘るようになった。当然、その教育的、医療的恩恵を受けた者も多かったと思われる。

ただ一方で、南京国民政府期以降、「社会教育」の教化的、宣伝的要素がより強まったことも事実である。国民党と日本の傀儡政権は、ともに「社会教育」を宣伝の道具として見ていた。彼らは、それまで構築された「社会教育」のインフラをそのまま継承し、かつさらにそれを発展させることで、自らが提唱するイデオロギーを民衆に対し植え付けようとしたのである（新生活運動や新国民運動も含む）。そうした側面もやはり当時「社会教育」が拡大化、緻密化した重要な背景であったと言うことができる。そして、その裏に日中対立によるお互いの危機意識が横たわっていたことも、もちろん見逃されてはならない。

註

（1）　民衆教育館については周慧梅と朱煜による纏まった研究が近年出ている。ただ、両者の考察の中心は一九三〇年代にある（周慧梅『近代民衆教育館研究』北京、北京師範大学出版社、二〇一二年。朱煜『民衆教育館與基層社会現代改造（一九二八～一九三七）――以江蘇為中心――』北京、社会科学文献出版社、二〇一二年）。また、王雷『中国近代社会教育史』（北京、人民教育出版社、二〇〇三年）は日中戦争以前の民衆教育館の活動について取り上げているがあくまでも概括的な叙述にとどまる。一方、日中戦争期華北・華中の傀儡政権による「社会教育」について論じた新保敦子「日本侵華戦争時期的傀儡政権和社会教育」（斉紅深・渡部宗助主編『日本侵華殖民地教育――第三次国際学術研討会論文集――』大連、第三次国際学術研討会論文集編輯委員会、一九九九年、所収）は、国民政府期から日中戦争期にかけて民衆教育館の活動形態に一定程度の連続性があることを指摘した点で画期的であったが、やはり表面的な考察にとどまっており、具体的な教育活動のあり方などに検討が加えられたわけではない。これら以外に民衆教育館について言及した文章は中国大陸で刊行された文史資料の中にも散見される。ただし、その内容には誤りも多い。

(2) 例えば方金墉『民衆教育館之組織及実施』上海、大夏大学教育学院、一九三四年、五頁に「江蘇一省についていえば、当時の命令は各県の文廟の場所に通俗教育館を設立せよというものであった」とある。

(3) 前掲『民衆教育館之組織及実施』五頁。ここからも分かるとおり通俗教育の担い手の多くは地方における名望家層であった。国民政府は通俗教育を批判することでこうした名望家たちを「社会教育」の世界から駆逐しようと考えていたのかもしれない。

(4) 前掲『民衆教育館之組織及実施』五頁。

(5) 実際に民衆教育館が「階級性を否定」できたのかというと、それは難しかったと思われる。民衆教育館の館員たちは「民衆の中へ入っていく」(到民間去) 必要性を一貫して唱えていたが、裏を返せばそれは彼らがなかなか民衆の中に入っていけなかったことの査証であろう。結局知識人や党が民衆を上から教育、教化するという構図は変わらなかったといえる。また、民衆教育館成立の段階では否定された儒教道徳の宣揚も一九三〇年代に新生活運動などが展開される過程で復活している。

(6) 王前掲書、三一七～三二一頁。

(7) 「関於全国社会教育実施概況報告」『中華民国史檔案資料匯編』第五輯、第一編、教育、南京、江蘇古籍出版社、一九九四年、所収、七二四頁。

(8) 各民衆教育館で対応に違いが出たのは「社会教育」に対する認識が各館で異なったからだけでなく、管轄する地域の事情により求められる施策が違ったからであろう。

(9) 以下、第一民衆教育館に関する記述は主に以下を参照した。「本市民衆教育館長報告五年来之民衆教育」『益世報』一九三五年四月六日。「第五社教区新民教育館之沿革」『民教』(天津特別市社教編審会刊、天津図書館蔵) 一巻一期、一九三八年、五一～五二頁。

(10) 「市立民教館実験区今日開幕」『益世報』一九三五年十月二十五日。市立民衆教育館実験区の前身は一九三三年に成立した河北省立民衆教育実験学校小王荘民衆教育実験区である（「天津特別市社会教育実験区記略」『民教』二巻三・四号、一九四〇年、七～八頁）。

（11）あえて第一民衆教育館の管轄区域を定義するならばおそらくそれは天津市全体であったと思われる。しかし、商人、賃金労働者、農民など様々な背景を持った人が一〇〇万人以上住む天津全体の「社会教育」を担うことなど、月々わずか六〇〇元（しかもそのうち七三％が人件費で消えていた〔一九三五年段階〕）で運営されていた第一民衆教育館には不可能だっただろう。

（12）「第一社教区新民教育館之沿革」『民教』一巻一号、一九三八年、四二～四三頁。張紹祖編著『津門校史百彙』天津、天津人民出版社、一九九四年、二〇四頁。

（13）「第四社教区新民教育館之沿革」『民教』一巻一号、一九三八年、四六～五一頁。

（14）天津地域史研究会編『天津史――再生する都市のトポロジー――』東方書店、一九九九年、二一一頁。

（15）税金が高くなるという理由から第六区の住民は元々市区編入に反対していた（「郷五区各村反対劃帰市境」『益世報』一九三三年十月二十三日）。第二民衆教育館設立の裏には教育事業の振興で住民の不満を鎮めようという市側の意図があったのかもしれない。

（16）一九三七年当時、男性六万五五七一人、女性五万〇二一一人、計一一万五七八二人であった（『天津市市立第二民衆教育館概況』天津、出版社不明、一九三七年、一二頁）。

（17）第二民衆教育館に関する記述は以下に拠った。前掲『天津市市立第二民衆教育館概況』。「第六社教区新民教育館之沿革」『民教』一巻一号、一九三八年、五六～五九頁。なお第二民衆教育館の組織は第一民衆教育館のものと大きく違う。館長以下の組織形態は以下の通り〔（ ）内は事業〕。康楽組（体育、衛生、娯楽）、教導組（教学、閲覧、組織、訓練）、事務組（文書、会計、庶務）、生計組（農事試験、工芸伝習、合作貸款、提唱副業）。

（18）一九三六年一月、教育局は社会局に統合されたが、同年八月に再び独立した（「社会局長劉冬軒昨接収教育局」『益世報』一九三六年一月二十一日。「市教育局後日成立」『益世報』一九三六年七月三十日）。

(19)「津市社会教育劃分為八大区」『益世報』一九三六年五月十日。

(20) 黎始初「日軍控制下的天津偽政権」中国人民政治協商会議天津市委員会文史資料研究委員会編『淪陥時期的天津』天津、同所、一九九二年、所収、五五～五八頁。

(21) 新民会については以下などに詳しい。八巻佳子「中華民国新民会の成立と初期工作状況」藤井昇三編『一九三〇年代中国の研究』アジア経済研究所、一九七五年、所収。堀井弘一郎「新民会と華北占領政策」(上・中・下)『中国研究月報』五三九～五四一号、一九九三年。王強「日中戦争期の華北新民会」『現代社会文化研究』(新潟大学大学院現代社会文化研究科) 二〇号、二〇〇一年。

(22) 記者「教育分会之過去與未来」『津市新民教育』(新民会天津都市指導部教育分会刊、中国国家図書館蔵) 創刊号、一九三九年、二五頁。

(23)「教育分会所属機関・地址・会員・性別・数目統計表」『津市新民教育』創刊号、一九三九年、三四頁。

(24)「教育機関概況総表」天津特別市教育局編『天津特別市教育統計』(中華民国三十年版) 天津、天津特別市教育局、一九四二年、所収、二頁。

(25) 陳葆光「津市民教之展望」『民教』一巻一号、一九三八年、二頁。

(26) 館長以外の職員にも日中戦争以前より「社会教育」活動に勤しんでいた者がいた。例えば一九四三年時点で第一新民教育館の職員は一五人いたが、その内四人が一九三七年七月以前に民衆教育館、講演所、通俗図書館で勤務していた (天津市各社教区民衆教育館檔案 (天津市檔案館蔵、以下「民教館檔」と略す)、J一一三一一 (三類) 一四、「天津市第一社教区民教館員工職籍表・調査表・履歴書」、所収、「三十二年職教員履歴書」)。全体的な傾向として、どの新民教育館でも幹部職員に古株が多い。

(27) 在北京大日本大使館文化課がまとめた『北支に於ける文化の現状』(一九四三年) にも「(新民教育) 館自体各種の観覧施設を有して、民衆の利用に資するのであるが、一般民衆のこれに出入する者想像以上に多い現状から考察すれば、今後はこの機関の復活を計ると共に益々拡充して、多方面に利用する方途を講ずれば、民衆に対する教育施設として相当の成績を期待することが出来る」（一二一頁）とある。
(28)「天津特別市第一社教育新民教育館調査報告表」『民教』一巻四期、一九三九年、一七～二〇頁。
(29)鞠祖蔭「第九社教区新民教育館籌備成立経過及現在進行之状況」『民教』一巻七号、一九三九年、二二頁。「一、成立職業紹介所」『民教』一巻一一期、一九三九年、六三頁。
(30)例えば第五新民教育館で一九四〇年に行われた講演の題目は以下のとおり（現時点で明らかなもののみ）。一月：孔子事蹟・孔孟事蹟・廉潔・予防火災、二月：人類互助之道・常識・防災・春節同楽之意義、三月：飲食衛生・処己和待人之道・婚姻問題・春季衛生・春季最可怕之児童病、四月：中国古代政治家・工商道徳・保甲宣伝・衛生、五月：蒼蝿害処・夏令衛生・常識・児童教育、六月：予防注射・衛生・治安軍募集・交際・聖蹟図、七月：虎疫的為害・興亜之意義・興亜三週慶紀念・家庭教育・夏季応有的修養・経済的意義、八月：人格修養・識字之益処・正当娯楽・交際・識字利益、九月：人格修養・秋季衛生、一〇月：家事・国慶之意義・常識・新民意義・忠恕・孝道・怎様養成早起習慣、一一月：科学・合作要義・結核予防・衛生常識・日語、一二月：煤気的可畏・防空須知・冬季衛生・習慣之養成（民教館檔、J一一三―一（三類）―一七一、「工作報告」、所収、「天津特別市第五社教区新民教育館工作報告表（二十九年一月～三十四年七月分）」）。
(31)「附設簡易診療之前前後後」『民教』一巻一期、一九三八年、五二～五五頁。前掲「天津特別市第五社教区新民教育館工作報告表（二九年一月～三四年七月分）」。
(32)宣伝大会は基本的に開会、主席挨拶、教育局代表挨拶、講演、遊芸、閉会という順序で進められた。
(33)例えば一九四一年の識字運動宣伝週（六月十五日～二十一日）での状況を例に取ると、遊芸がある講演（表演大会）は一日で二〇〇人の客を集めたが、遊芸がない講演（室内講演）の場合同数の客を集めるのに四日もかかっている（民教館檔、J一一三―一（三類）―一四四、「民教館宣伝工作」、所収、「天津特別市第五社教区新民教育館識字運動宣伝週報告書」）。
(34)当時「社会教育」と合作運動との連携が盛んに叫ばれていた。天津の「社会教育」専門雑誌（当然宣伝誌でもある）『民教』も一九四一年七月（三巻五号）に「合作専号〔合作特集号〕」を出している。
(35)姚彬然「第五民教館消費合作社営業状況概観」『民教』三巻五号、一九四一年、三八～四〇頁。林鳳春「創辦信用合作社計画」『民教』三巻五号、一九四一年、二四〜二五頁。
(36) 前掲「民教館宣伝工作」、所収、姚彬然「天津特別市第五社教区新民教育館講演稿」。
(37) 金松波「津市社教現状的検討和当前出路」『民教半月刊』四巻四期、一九四一年、一頁。著者の金松波は新民教育館の館員かと思われる。
(38) 于恩三「識字運動之我見」『民教月刊』(『民教半月刊』の後継誌)五巻二・三合期、一九四二年、一七〜一八頁。
(39) 第五新民教育館を例に取ると、支出に占める活動費(経常費＋臨時費)の割合は一九四一年以来七五％程度だったが一九四三年六月には六二・七％に減少し、一九四五年五月には一二・五％まで落ち込んだ(民教館檔、J一一三―二(三類)―八六、「民教館概況月報告」、所収、「天津特別市第五社教区新民教育館　三十年二月分〜三十四年八月分」)。一九四三年以降新民教育館の活動が減退したことは図書室用書籍の増加率が鈍化(〔統計は毎年一月〕一九四〇年：五〇五一冊、一九四一年：五四二一冊、一九四二年：五一六一冊〔重複分廃棄〕、一九四三年：五五三三冊、一九四四年：五七五一冊、一九四五年：五九三二冊、一九四五年七月：五九三二冊)したことや館内講演の観客数が激減(一九四〇年：一万〇五一七人、一九四一年：九六八〇人、一九四二年：一万一八〇四人、一九四三年：九四〇八人、一九四四年：三八四五人、一九四五年：三三四八人〔七月分まで〕)したことなどから窺える(前掲「天津特別市第五社教区新民教育館工作報告表〔二十九年一月〜三十四年七月分〕」)。
(40) 民教館檔、J一一三―二(三類)―一四九、「民教館関於工作報告表」、所収、「天津市社会教育月報表(三十五年六月〜三十六年十二月)」。
(41) 日中戦争期の広智館の動向については現時点で知ることができない。広智館はその後一九五〇年に天津市立第二博物館になった。同館は五二年に市立第一博物館と合併し、天津歴史博物館となる(天津市地方志編修委員会編『天津簡志』天津、天津人民出版社、一九九一年、一〇七七頁)。

第Ⅲ部　「社会教育」の大衆化

——中華人民共和国初期——

第七章　「社会教育」の大衆化
――「社会教育」と大衆運動――

はじめに

これまでの章では、中華民国期までの天津における「社会教育」の変容について述べてきた。人民共和国期に入るとそれはさらに大きく変化する。なかでも注目すべきは、民衆との関係において新たな動きが出てきたことである。一方で、序章でも述べたとおり「社会教育」という用語はこのころから行政の場で徐々に使用されなくなり、それは活動分野ごとに「識字（または掃盲）教育」、「職工教育」、「業余教育」、「群衆文化」などのような用語で言い換えられていく。それゆえ、人民共和国初期は「『社会教育』の時代」の終わる時期であるとともに、あらたな学校外教育のあり方が登場する時期でもあったと考えられる。

そこで本章では、中華人民共和国初期、特に一九四九年から五三年までの天津における「社会教育」の動向について考察する。それに加えて、当時盛んに展開された各大衆運動と「社会教育」との関係について明らかにしたい。なお、「社会教育」が扱う業務の範囲は非常に広いので、本書では、「社会教育」の末端機関の一つである文化館という施設が行った識字教育および宣伝の動向を中心に扱う。また、必要に応じて、関連する団体（工人業余学校、識字運動委員会）による識字教育についても触れる。

さて、続いて先行研究について整理する。まず当該時期の「社会教育」についてだが、当然のことながら教育史の枠組みで論じられたものが多く、歴史学的な視点、および上記のような問題関心から論じたものはほとんどない。(1)

他方、都市を中心にこの時期抗美援朝運動（朝鮮戦争に際してアメリカに反対し、北朝鮮を援助）、反革命分子鎮圧運動（国民党や反共産党系組織の関係者、「匪賊」、宗教的秘密結社などの取締り）、民主改革運動（知識人の思想統制）、三反運動（党や政府機関および国営企業における汚職、浪費、官僚主義に反対）、五反運動（民営企業の贈賄、脱税、加工における原料の抜き取りと手抜き、国家資材の窃取、国家の経済情報の摂取に反対）など様々な大衆運動が展開されたが、こうした問題についてもすでに多くの研究が出ている。そのうち本書の問題意識と関係するものとして泉谷陽子、金野純、岩間一弘の著書および日本上海史研究会の論文集などが挙げられよう。(2)それぞれ大衆運動によって国家と社会との関係、社会や階層構造などが変化したことについて明らかにしており、示唆に富む。ただし、各氏ともに、大衆運動において「社会教育」が果たした役割についてはほとんど論じていない。また、泉谷の研究を除き、考察地域が上海に偏っているのも特徴的である。(3)

以上のように、本書の関心に応えるような研究は現在のところ見つけることができない。そこで以下では、主に天津市檔案館所蔵の「天津市文化局」、「天津市識字運動委員会」関係檔案および天津市教育局により発行されていた『天津教育』（中国国家図書館所蔵のものを利用）という雑誌に掲載された記事などをもとに、人民共和国初期天津における「社会教育」の動向およびそれと大衆運動との関係について検討していきたい。なお、当該時期天津における各大衆運動についてはケネス・リバソールが概観しており、(4)本書を纏めるに当たって大いに参考にしたが、抗美援朝運動と反革命分子鎮圧運動（以後、反鎮運動と略す）などに関して筆者と見解が異なる点もある。適宜指摘しながら論を進めていきたい。

一　「社会教育」の展開

国共内戦中の一九四九年一月十五日、天津は共産党によって「解放」された。[5] 共産党軍は早速天津の各行政機関の接収に取りかかった。接収対象にはもちろん教育局や各教育機関（市立の中等学校、小学校、民衆教育館、図書館、体育館）も含まれていた。ただ、接収の際に職を追われた者は教育局を除けばそれほど多くなく、特に教育機関においては少なかったようである。[6] 例えば、中等学校の教職員の場合、訓育主任や極端な反動分子以外は現職のまま留め置かれた。[7] 授業についても、公民や党義など「反動的」な課程を排除した上で、二月三日までに全学校で再開されている。[8] その後、夏休み期間中の七、八月に中・小学校の教職員の思想教育を目標とした講習班が開催され、市立中・小学校の全教職員の四〇％に当たる二〇四四名が参加した。「社会教育」の教職員に対しても八月十九日に社会教育工作者大会が開かれ、二〇〇人余りが参加している。[9] このように天津では、中華民国時代の遺産を改造しつつ利用することで、新時代の教育をスタートさせることになった。以下本章では、「社会教育」に焦点を絞り、その一九五三年までの動向を概観する。

（一）　初等教育の普及状況

そもそも当時の天津には、「社会教育」を受けるべき対象がどの程度存在していたのであろうか。「社会教育」の動向について検討する前に、その点についてまず確認しておきたい。

清末以来、「社会教育」の主な対象者は「失学者」、すなわち学齢に達したにもかかわらず小学校に通学していない児童（「失学児童」）、そして失学者のまま大人になってしまった者（「失学民衆」）であった。そのうち、「失学児童」については、第四章でも述べたとおり天津においてはすでに一九三〇年代以降徐々にではあるが、着実に減少していた。

なお、一九五一年三月に出版された『天津教育』第一〇期に掲載された張国藩「天津市一九五〇年教育工作の基本総結」には、一九五〇年における就学情況について詳しい記述がある。それによると、市・私立小学校総数は四一六校、学生は一七万五六四〇人（第四章表3と若干異なる）、さらに省立小学校、人民義務小学校、私立補習小学校の学生を加えると一八万五六一八人となる。同年七月に公安局が行った調査によると市内の学齢児童（七～一五歳）は二四万七四六四人なので、就学率は七五％となる。[10] 正規の小学校ではない人民義務小学校、私立補習小学校の学生数を除いても就学率は七〇％を超える。ここから、五〇年の段階で、天津における「失学児童」はかなり少なくなっていることが分かる。この趨勢はその後も続いた。ここから、一九五〇年代以降の天津において「失学児童」は「社会教育」の対象からほぼ外れたと言うことができる（図書館や博物館などとの関わりは別だが）。

以上の状況から、当時の「社会教育」の対象は主に「失学民衆」であり、その多くは文盲の下層労働者や婦人、そして老人であった。そのため、彼らに対する識字教育が当時盛んに行われるようになった。具体的には、工場では工人業余学校が、それ以外の街区（当時「街道」と呼ばれた）では文化館に組織された識字班がそれぞれ識字教育を実施した。

（二）「社会教育」の普及状況

この時期、「失学民衆」に対する教育が隆盛したのには他にも理由がある。日中戦争期に毛沢東は『聯合政府について』において「全人口のうち八〇％の人々から文盲状態を取り除くことは新中国を建設するために必要な条件である」、「今後政府は計画的に広範な人民、群衆の内から各類の知識分子幹部を養成すべきである」[11]などと述べた。このなかで重要なのは、人民、群衆を教育（特に識字教育）し、積極分子を幹部として取り立てるという方向性が示されたことである。この指摘は、その後の「社会教育」にも確実に受け継がれた。例えば、『天津教育』創刊号に掲載された陸定一（共産党中央宣伝部部長・当時）「新中国の教育と文化」にも次のように書かれている。「私たちは七年、あるいは十年後に、高等教育を受けた万を数える工業労働者、農民出身の知識分子が中国に登場するのを待ち望んでいる。彼らは、そのような決心を持って祖国、人民、工農兵のために服務しているその他の階級出身の知識分子たちとともに仕事をし、経済建設、文化建設、国防建設の基幹となるだろう」[12]。以上の流れのなかで、全中国的に「群衆」（＝大衆。労働者、農民、婦女など、「失学民衆」を多く含む）、特に工場労働者、農民に対する教育が活発化していったのである。その際、こうした教育に中心的に取り組んだのが文化館、工人業余学校、識字運動委員会である。以下では、その具体的な活動について見ていきたい。

①　文化館

文化館（当初は人民文化館と呼ばれた）とは、民国期に民衆教育館と呼ばれていたものが人民共和国の成立とともに改組されたもので、言うなれば総合的な「社会教育」施設である。その活動範囲は非常に広く、天津市教育局による「一年来の天津社会教育に関する工作概況」という史料によると、一九四九年の時点で活動内容は、補習教育、補習班、工人補習班、識字班のような失学者に対する教育活動や、文芸、娯楽活動、写真展示、書籍や新聞の閲覧のような文化活動、そして口頭宣伝や文字宣伝のような宣伝活動にも及んでいた[13]。その具体的な成果（一九四九～五八年）は**表1**のとおりである。数字の不備があるために極端に数値の低い一九四九年、五〇年と、大躍進のために極端に数値

〔表１〕 天津市文化館各種活動統計（1949〜1958年）

西暦	放映電影・幻灯		展覧会		文芸演出晩会		講座報告	
	回数	人数	回数	人数	回数	人数	回数	人数
1949	5	2,500	9	16,000	78	22,790	93	23,900
1950	10	16,429	71	135,865	236	117,390	425	109,322
1951	229	206,745	75	308,741	369	358,494	193	91,120
1952	416	371,402	90	236,087	1,042	582,366	295	282,470
1953	573	463,707	78	365,027	1,234	676,269	322	141,805
1954	890	531,572	116	327,657	1,481	782,178	324	104,325
1955	1,211	767,699	93	486,191	1,330	762,533	426	98,897
1956	921	465,736	164	833,518	2,044	1,185,382	527	198,278
1957	912	219,733	152	1,176,641	2,425	1,299,007	759	265,158
1958	1,739	598,877	326	6,953,116	8,169	4,956,407	585	379,559

西暦	座談会		遊芸活動		節目総合活動		その他		合計	
	回数	人数	回数	人数	回数	人数	回数	人数	回数	人数
1949	19	1,235	4	5,400	5	1,000	0	41,288	213	114,113
1950	54	2,772	9	5,640	0	0	66	342,004	871	729,422
1951	149	39,237	18	8,636	30	26,652	131	649,042	1,194	1,688,667
1952	817	25,921	34	35,418	30	59,500	3,429	1,308,366	6,153	2,901,530
1953	1,007	61,214	9	10,366	116	75,391	10,121	1,515,663	13,460	3,309,442
1954	203	6,955	14	28,922	80	95,121	103	404,765	3,211	2,281,495
1955	254	7,476	32	37,391	113	85,324	111	1,132,499	3,570	3,378,010
1956	158	12,863	132	69,428	241	225,628	332	834,625	4,519	3,825,458
1957	213	8,369	633	70,442	119	145,485	5	2,500	5,218	3,187,335
1958	289	11,295	399	99,583	281	1,089,500	4,579	3,081,241	16,367	17,169,578

（註）塘沽区のデータは除く。1949年と50年のデータには欠落がある。
（出典）文化局檔、X199-1-855、天津市文化局計財処「文化局関於図書館、博物館歴年蔵品情況報告表及文化館十年資料」、所収、「天津市文化館工作十年資料」（1961年５月31日）。

が高い五八年を除けば毎年おおむね一五〇万人から四〇〇万人程度が文化館の活動に参加していたということになる。五一年段階の天津市（市内区）の人口が二〇六万七七八五人、五八年のそれが二七七万四一一〇人なので、大雑把に言えば五二年以降、市民一人につき年間最低一回は文化館主催の活動に関与したことになる。しかも、ここには文化館主催の余暇活動（読書組、美術小組、幻灯放映組、各種文芸組織、創作組、倶楽部など）や後述する識字班の参加者数が含まれていないので、実数はこれよりも多かった(14)。もちろん、一人で複数の活動に参加する人もいたであろうから、これをもって文化館の活動が天津市の市民すべてをカバーしたということはできない。ただ、少なくとも数字だけ見れば、民国期に比べ

「社会教育」の及ぶ範囲が驚異的に広まったと言うことができる。

文化館は「失学民衆」に対する識字班の運営もしていたが、それについては他の団体とも関連するので、ここで別個に論じたい。

②　識字班（識字学校とも呼ばれた、以下「識字班」で統一する）

国共内戦期において、天津の識字教育を主導していたのは民衆教育館であり、例えば一九四六年八月には一二〇の識字班で合計五二八五人の学生が学んでいた[15]。そのため、「解放」後も、区政府文教科や地元の派出所のサポートのもとで、文化館が識字班を指導することになる。学生数は一九五〇年七月段階で八五五二人[16]、八月には一万〇一六七人[17]、十一月には一万二八六〇人[18]、そして十二月には一万三七〇九人[19]というように急激に増加し、翌五一年四月には三万人を超え[20]、七月には五万五三二六人に達した[21]。なお、学生の構成は一九五〇年までは九割が婦人であったが[22]、五一年以降労働者や農民、特に都市部においては労働者の割合がそれを凌駕していく（五一年四月の段階で労働者と農民が全体の六〇％を占めた[23]）。都市において労働者の割合が増えた原因として、工場以外で働く労働者（多くが雑業層）や、失業青年を取り込み始めたことが考えられる。

なお、これら識字班での教育には、主に地域在住の失業知識分子や知識婦女、威光や人望があり教育に熱心な群衆が無償で当たった[24]。実際には、地域の失学青年や婦女が当たることが多かったが、この点については後述する。また、識字班の経費については、基本的には群衆が自弁し、不足分を政府が補助するという方針が採られており、例えば五一年上半年の記録によれば、経費の七七・九％を群衆が出資し、残りの二二・一％を政府が援助していた[25]。

このように、識字班は、基本的には各文化館の指導の下、区政府文教科や地元の派出所などの協力を仰ぎながら、主に工場労働者以外の人々に対して識字教育を行うものであった。一方、一九五〇年の調査で、天津で働く労働者三二万四〇〇〇人のうち一九万四〇〇〇人が文盲とされていたが[26]、彼らに対する識字教育はどのようになっていたのであろうか。また、識字以上のことを学びたい人々に対する教育はどうしたのだろうか。こうした人々をケアするために設置されたのが、工人業余学校である。

③　工人業余学校（職工業余学校とも呼ばれた、以下「業余学校」で統一する）

業余学校は、主に労働者向けの教育機関で、総工会（労働組合）主導の下「解放」初期より設立され始めた。その後、天津市第一回各界代表大会での議論や全国教育会議などの指示を受け、一九四九年九月以降教育局工農教育科と総工会教育科がその活動を主管することになり、本格的な発展が始まる。学生数は四九年九月の段階で五八六七人（一九二班）、翌五〇年七月の段階で四万九四二八人（一三三一班）というように、着実に増加した[27]。さらに、五〇年七月十七日にはそうした活動を主導する職工業余教育委員会がやはり教育局と総工会を中心に結成され、業余教育の組織化がいっそう進んだ。この過程で、業余学校は工場に設立される廠校と、各区の小・中学校に設立される区校（工場の近くに設置された）とに分けられた（そのほかに、幹部の教育を行う幹部業余学校もあった[28]）。表2は五〇年七月における業余学校の班数・学生数などについて示したものである。

業余学校の修学年限は二年で、学生は週五日、一日二時間の学習が義務づけられた。また、学生の能力によりクラス分けされ、初級小学校レベルでは国語と算術を、高級小学校レベルでは国語、算術、常識を教育した。初級中学校レベルのクラスも設けられ、一年レベルでは国文、算術、歴史を、二年レベルでは国文、代数、地理を、三年レベルでは国文、幾何、理科を教授した。ただ、表2からも分かるように、九割近い学生が小学校レベルのクラス、しかも

〔表２〕　天津市工人業余学校統計（1950年７月）

校別		校数	班数	クラスのレベルと学生数										
				初級小学				高級小学		初級中学			高級中学	合計
廠校		44	375	9,599				1,881		1,186			82	12,748
区校	中学校	30	238	4,547				1,274		3,187			0	9,008
	小学校	91	657	21,543				3,308		160			0	25,011
幹部		7	61	1,018				494		1,149			0	2,661
合計		172	1,331	36,707				6,957		5,682			82	49,428
学年別の学生	学年			1年	2年	3年	4年	1年	2年	1年	2年	3年	1年	
	学生数			14,836	9,496	7,228	5,147	4,697	2,260	4,651	961	70	82	

（出典）工農教育科「天津市職工教育統計資料」『天津教育』第４、５期、1950年、82頁。

全体の四分の一強が初級小学校一年レベル、つまり識字から学ぶクラスに所属していた[29]。なお、識字班と違い、教員は原則小・中学校の教員が担当した。

業余学校も識字班と同様、学生数を増やしていき、班数／学生数は、一九五〇年十月の段階で一七五八班／七万一七五四人を数えたが、次に述べるように五二年に識字運動委員会が成立したことを契機として、初歩から学ぶ学生に対する教育から一時的に離れたようである[30]。五三年の業余学校についての統計資料を見ると、初歩から学ぶ学生の割合が大きく減っているのが分かる（教学進度別の学生数：第一教段五人、第二教段一万八三六二人、鞏固段（学習内容を定着させる段階）八万五九五三人、既卒者八七三五人）[31]。初学者は、識字運動委員会が主導する識字班に吸収されたものと推測できる。ただ、それでも一三万四五一四人もの学生が業余学校で学んでいた。

④　識字運動委員会

一九五二年、中央政府の指示の下、全国でかつてない規模の識字運動が始まった。よく知られているように、人民共和国期に大規模な識字運動が全部で三回（一九五二年、五六年、五七年）行われたが、これはその第一回目のものであった。こうした動きの起爆剤の一つとなったのが、解放軍の兵士の祁建華という人物が自らの経験をもとに速成識字法という方法を編みだしたことである。この方法は五二年四月六日付けの『人民日報』を通して全国に広められ、注目を集めた。そして、同年五月十五日に教育部が「各地で速成教育法の教学実験を展開することに関する通知」を出し、河北省をその実験区とすると、識字教育熱が全国でわき起こった[32]。

天津では早くからこの実験が始まっていた。それと言うのも、同年四月六日の全国職工教育委員会常務委員会拡大会議において、天津は北京とともに速成識字法の重点地区に選定されていたからである。早速学費徴収に関する条例の制定や教員の養成などが開始された。そうした準備の過程で六月二十日に天津市識字運動委員会が成立する[33]。

天津市識字運動委員会は文教委員長、教育局、公安局、文化局、市総工会、民主婦女聯合会、中華全国青年聯合会、文学芸術界聯合会など関係機関・団体によって組織され、市長が主任委員に、総工会主席と文教委員会主任委員が副主任委員に就任した。市識字運動委員会の下には区識字運動委員会、産業系統識字運動委員会、天津県識字運動委員会が設置され、それぞれ区、企業、天津県における識字運動を担当した[34]。同時に、従来各区に設置されていた識字班および各区、工場に設置されていた業余学校の一部は、基本的に当該の識字運動委員会の指導下に入ったものと思われる。

以来、天津では識字教育のさらなる発展が見られた。識字班の班数／学生数は最大で七七一二班／三二万七七三四人に上った（一九五二年八月）。しかも、従業員三〇〇人以上の工場や企業に勤める文盲の人々は基本的にみな識字班に入学したという。学生で最も多かったのが産業工人（産業労働者、三五％）、あとは家庭婦女（職工家庭を含む、三二％）、行業工人（職人層、一五％）、農民（八・八％）、一般労働市民（五・八％）、その他（二・九％）、機関幹部（雑用人員を含む、〇・五％）というように続く。以上から、工場、企業だけでなく街区でも満遍なく識字班が展開されていたことが分かる[35]。

このように、人民共和国初期の天津では文化館による各種活動や各機関による識字教育など、「社会教育」が幅広く展開されていた。そして、そうした活動の影響が及んだ範囲は、天津に近代的な「社会教育」が導入されて以来最大であったと言える。これにより多くの人が字を学んだり、様々な知識を得たりすることができた。また、一部の人は文化館が主催するサークルなどに参加して、余暇活動を充実させることができた。ただし、「社会教育」は、民衆への教育だけに効果があったわけではない。政府の意向を民衆に宣伝する上でも力を発揮した。次章では宣伝の道具としての「社会教育」のあり方について、史料の都合上、抗美援朝運動と反鎮運動での動向を中心に検討していく。

二 「社会教育」と大衆運動

建国後間もない一九五〇年六月、朝鮮戦争が勃発した。当初中国は静観の構えであったが、国連軍と韓国軍が反撃し、その勢いが同年十月に鴨緑江にまで達すると、遂に人民志願軍を朝鮮半島に派兵することになる。その後、中国政府は、参戦への民衆の支持と支援を取り付けるため、抗美援朝運動という大衆運動を国内において展開するようになった。

また、朝鮮戦争の勃発およびそれへの中国の参戦は、建国以来全国各地で比較的穏健なかたちで展開されていた「反革命分子」の打倒の動きを厳格化させることになった。反鎮運動と呼ばれるこうした大衆運動は当初農村において激しかったが、五一年二月二十一日に中共中央より「大都市で真剣に厳格に大規模に反革命を鎮圧すべし」という指示が発出されると、都市でもその動きが加速するようになる(36)。

こうした運動はもちろん天津でも見られた。天津史の年表として最もよくまとまっている『天津通志 大事記』を見ると、抗美援朝運動は五〇年十月末以降、反鎮運動は五一年二月下旬以降激しくなっているのが分かる(37)。以上の運動において、「社会教育」はどのような役割を果したのであろうか。

朝鮮戦争への参戦後、『天津教育』誌では愛国主義教育の重要性が強調されるようになる。第一〇期に掲載された「天津市一九五一年教育工作計劃綱要」でも、「第一部分　方針任務」の筆頭に「愛国主義教育を踏み込んで行う」[38]ことが述べられている。その方針は当然文化館や識字班、業余学校でも貫徹された。

（一）　文化館、識字班、業余学校での宣伝

文化館では、映画や展覧会、講座、文芸演出、座談会など様々な方法で宣伝を行っていた。そもそも、文化館の主要な任務は教育と宣伝であるので、当然と言える。文化館が主催した各種活動における宣伝の内容については、史料を集めていないため知ることができないが、基本的には党や政府の要請に沿った内容であったと思われる。ちなみに、その規模については、表1で示したとおりで、非常に多くの人を動員できていることが分かる。

識字班でも宣伝がなされた。例えば天津市の郊外での例だが、大沽にある文化館の分館で識字班の教師をしていた崔鳳舜は自らの教育経験を次のように報告している。「〔授業においてソ連の農民の生活について紹介した上で〕この時私は一転して重々しい口調で〔学生たちに向かって〕次のように言った。『私たちの生活はよくなったばかりです。しかしアメリカ帝国主義が私たちに良い暮らしをさせず、我らの台湾を占領し、我らの隣邦である朝鮮に進攻しようと企み、さらには我ら中国にも侵略し、我らを再び圧迫しようと夢想しています。みなさん、憎いですか？』。生徒はみな答えた。『憎い！』」。また、崔は、学生の興味を引くために、朝鮮での人民志願軍の活躍などについての話を利用したとも述べている。「『夜渡青川江』、『四個大飯桶』、『雲山戦役』[39]について講述した時、学生たちはみなうっとりしながら話を聴いていた。なかには『アメリカが中国を侵略しようなんて妄想に過ぎないよ！』と言う学生もいた。そ

の後、授業に行くたびに学生たちは〔朝鮮での〕戦闘について話すよう私にねだった。私は、その勢いを借りて、彼らの関心を読報〔新聞の講読〕の方面に導いた[40]」。こうした記述から、崔は時には感情に訴え、また時には楽しませたりしながら、抗美援朝の精神を学生たちに伝えようとしていたことが分かる。

反鎮関係の宣伝については、朱慧生「抗美援朝の高まりの中での工農群衆識字班」にその具体例が見える。例えば、第一区文化館での例。「第一区文化館が識字班で、特務〔国民党などのスパイ〕を捕えた経過について姚おばさんに話をしてもらった後、ある六〇歳の生徒が次のように言った。『姚おばさんに学ばなければ。以前は特務を捕えるということがよく分からなかったが、今回よく分かった!生活は現在よくなったけれど、いまだ解放軍が国民党反動派を追い払ったわけではない。彼らが再び帰ってきて攪乱するようなことがあってはならない!』」。第三区での情況についても次のように述べられている。「第三区のある学生は、王蘭成が彼の父親を検挙したことについて親不孝だと思っていたが、学習を通じて、親戚や友人であっても、人民に害を与える以上、我らの敵であると、彼ら（ママ）は知るようになった」。その他の区でも、識字班での教育が特務や悪覇〔悪の顔役〕の検挙に繋がったことが紹介されている[41]。このように、識字班での宣伝は、家庭や地域にかくまわれていた「反革命分子」のあぶり出しを目指していた。

以上はすべて識字班での例だが、業余学校でもおそらく同様のことが行われていたものと推測する。関連史料を手に入れていないため詳しくは分からないが、少なくとも各業余学校において時事教育、授業前の十分間読報、ラジオの視聴、座談会の開催などが行われ、労働者の政治的な覚悟と愛国意識が啓発されていたようである。ただ、むしろ業余学校において目立つのは、授業以外の場での宣伝であろう。例えば、劉少夫「職工業余学校は時事宣伝の重要な陣地である」という記事によると、一九五一年四月十四日に市総工会第三区辦事処が小型工場〔従業員三〜五〇人の工場〕を対象とした座談会を開いたが、そこに参加した二一の工場中一六の工場で比較的順調に抗美援朝の宣伝がなされていたという。また、その具体的な動きとして、読報組（新聞講読サークル）、宣伝大会、反革命分子鎮圧の実況中継の聴取、〔反革命分子〕控訴大会、抗美援朝講演コンクール、献金運動、宣伝隊の組織などが挙げられている。ここから、宣伝の方法にはかなりの多様性があったことが分かるだろう。なお、これら一六の工場にはすべて業余学校が設置されており、そこでの学習が上記のような課外活動を成功させるのに大いに役立ったことが指摘されている。[42]

（二） 家庭や社会での宣伝

文化館や識字班、業余学校での宣伝は、教育現場以外にも影響を及ぼした。実際、文化館や識字班、そして業余学校はそれぞれを拠点に付近の地域に対して宣伝の影響力を拡散させようと考えていた。そこで注目されるのが、いくつかの史料に散見される「空白を消滅させる宣伝」、そして「宣伝ネットワーク」という用語である。[43] ここから、「社会教育」を利用して、文字の読めない労働者や婦人のような、これまで教育、宣伝の及んでいなかった「空白点」にまで宣伝の網を掛けようとする政府の意図が窺える。それを実現させる上で大きな役割を果たしたのが、特に文化館によって組織された宣伝隊であった。

文化館の宣伝隊は、当館が組織した識字班と密接な関係がある。というのも、文化館は、識字班に通う学生の一部に対し宣伝隊を組織するよう促したからである。[44] こうした活動に関する詳しい動向は、『天津教育』に散見される。例えば第四区の文化館では、識字班で学ぶ学生を説得した上で、毎班五～七人からなる宣伝隊を六四小組組織した（構成員の多くが婦人）。宣伝員は、文化館で講習を受けた後、米国帝国主義と日本の再武装に反対する連続図画一セットを受け取り、早速宣伝活動に従事した。宣伝の方法は、各家庭の主婦を一ヶ所の住居に集め、世間話をするような方法で米国帝国主義と日本の再武装に反対し反革命を鎮圧する重要性について説くというものであった。[45]『天津教育』

には、こうした活動の成功例がいくつか掲載されている。そのうちの一つを少々長くなるが以下に引用する。

唐家口婦女識字班模範学員の劉文栄は、忍耐強く一軒一軒を回って宣伝を行っている。ある日〔彼女は〕隣に住む王淑蘭の家に宣伝に行った。彼女たちは世間話から始めて、だんだんとその話題は過去に日本軍や特務、漢奸が中国の庶民を姦淫し、焼き殺し、迫害した情況に移っていった。劉文栄は言った。「私の父親は漢奸に徴用されて、そのために死ぬほど苦しんだのよ」。ここまで言って彼女は涙した。しかし、彼女は涙を飲み込み、こう言った。「今日、すべての人が政府を助けて匪賊の特務を逮捕する責任があるはずだわ」。王淑蘭は強く同情しつつも「もう解放されたのだから特務に何ができるというの」と言った。そこで、劉文栄は、匪賊の特務がいまだに国家や人民に害を与え続けていることや、姚おばさんが特務に捕まった経過を彼女に聞かせ、さらに「自分の父親が特務だったとしても、私たちは情実にほだされてはいけないわ、検挙しなければね」と言った。劉文栄の一言一言は王淑蘭の心を揺さぶった。

ここで登場する王淑蘭の夫には、実は特務をしている友人がいた。彼自身は反革命的な行為に手を染めていなかったが、苦しむ友人を放っておくことが出来ず、いろいろと手助けしていた。妻の王淑蘭もそのことを知りながらそれまで黙っていた。しかし、宣伝員としてやって来た劉文栄の言葉に彼女は改心し、ついに夫の友人を検挙した。王淑蘭はその後文化館の識字班に参加するようになったという。(46) ほかにも例えば、第五区の識字班が控訴一貫道罪行大会を開いたところ、一一五人の一貫道信者を退会させることができた（第五区では八九名が退会）とする記事もある。(47)

もちろん、以上で述べられているような宣伝の「成果」には誇張もあるだろう。ただ、それでも、宣伝内容を社会の隅々に伝える上でこうした宣伝隊が果たした役割は大きかったと思われる。こうした宣伝員はその後も増加し、文化館が把握していたところでは一九五三年までに全市で一万一三二四人に達したようである。(48)

このように、識字班は、非識字者に字を教えるだけでなく、学生の一部を宣伝に動員し、さらに一部の積極分子を宣伝員としてリクルートする役割も果たしていた。注目すべきは、そうした積極分子のなかには、基層社会（街道）におけるその他の活動に参加する者も出てきたことである。「一九五二年天津市掃除文盲工作報告」には、第五区の邱文華が識字班で学習した後に衛生組長、街道宣伝員になったことや、第二区の洪福亮が婦女代表になったことなどが紹介されている[49]。

一方、業余教育で宣伝隊が組織されたという事例は、現在のところ本節（一）で紹介したものを除き確認できていない。恐らく、独自に宣伝隊を組織する必要がそれほど強くなかったのであろう。というのも、工場に設置された業余学校であれば特段外部に向けて宣伝活動を拡大させる必要はなかっただろうし、学校に設置された業余学校の場合も普通科の学生を動員して宣伝隊を組織していたと考えられるからである[50]。むしろ、業余学校としては、従業員が少なく労働組合や業余学校が設立されていない零細企業にまで業余学校を設立することで、宣伝の影響力を拡げようとした。そのようにしてはじめて宣伝工作上の「空白」を消滅できると考えていたのである[51]。

以上、抗美援朝運動および反鎮運動において「社会教育」が果たした役割について検討してきた。その結果、文化館、識字班、業余学校ともに宣伝機関の一角としても大いに活躍したことが明らかになった。特に文化館によって組織された宣伝隊は、社会（特に街道）の隅々まで宣伝を及ぼすのに大きく貢献したし、「反革命分子」をあぶり出す上でも力があった。政府による宣伝がこれほど社会の深くにまで及んだのは、近代以来の天津においてやはり初めてのことである。

また、宣伝などに従事する積極分子のリクルートに、識字班が貢献していたことも確認できた。こうした積極分子のなかには、第三節でも述べるように、一九五二年秋以降に各街道の政府出先機関、自治組織（街公所、居民委員会）

で幹部として活躍する者もいた。その意味で、革命後における新たな基層組織構築に際して、識字班や、それを管轄した文化館が果たした役割は大きかったと言うことができる[52]。

一方で、大衆運動での宣伝が激しくなれば激しくなるほど、それによって苦しんだ人々（特に「反革命分子」と呼ばれた人々）も多かったと考えられる。しかも、実際「社会教育」は運用の面で様々な混乱が見られ、党や政府でさえ把握しきれないこともあった。そうした混乱は宣伝や教育の効果を減少させた。さらには、混乱によって宣伝、教育内容があらぬ方向にねじ曲げられ、運動による被害者を増やしてしまった可能性すらある。それこそが当時の「社会教育」の限界であったと言えよう。次節ではそうした混乱のありようとその原因、そしてそれへの対応について検討する。

三　「社会教育」の限界

混乱の主な原因として挙げられるのが、識字班や業余学校の教員、そして文化館の宣伝員を担当する人材の質と量が不足していたことである。この問題のために、教育の面でも宣伝の面でも、「社会教育」には限界があった。以下、それについて、識字班での事例と文化館の宣伝隊での事例とに分けて論じたい[53]。

（一）　識字班の教員

速成識字法を利用した大規模な識字運動が一九五二年より天津を含め全国的に展開されたことは第一節でも述べた。この運動は一定の成果を生んだが、実は問題も多く、一年ほどで幕を閉じることになる。運動がうまくいかなかった原因としては、運動に猪突猛進し、量を重んじ質を軽視する傾向が見られたこと、各地の実情や学習条件を無視して画一的に速成識字法を進めたこと、またそれが多くの脱落者や非識字に逆戻りする者を生み、識字運動の展開に悪影響を生んだこと、などが指摘されている(54)。ただ、それに加えて識字班を担当した教員の質についても考慮する必要がある。

教員不足の問題は近代以来の中国において常に頭の痛い問題として存在し続けていた。小学校などに通う学生の数は年々増え、学校の数もそれに応じて増加していったが、肝心の教員の数はそれに追いついていなかった。そのような状況において、正規の教員が、業余学校ならまだしも、識字班の教育にまで手が回るはずがなかった。そのため、識字班の教育は主に群衆（主に失業知識分子や婦女）のなかから採用することになった。これにはもちろん、第一節で述べたように、当時共産党が人民、群衆から積極分子を幹部に取り立てる方向性を示していたことも関係していよう。

ただし、こうした教員（群衆教員と呼ばれた）の多くは、教育能力という点で問題を抱えていた。その事実は識字教育に関わる幹部によってすでに早いうちから認識されており、例えば「天津市群衆識字教育一九五一年上半期工作総結」において、「大部分の教師が教学能力の上で要求に応えることができない」と指摘されている。加えて、「能力がある者はみなその他の職場に移ってしまう」とも述べられている。その対策として、各区に教学研究会または研究小組を組織したり、教師座談会を開催したりした(55)。または各区に一校ずつ識字教師業余学校を組織して、区の識字教員の少なくとも半分の教員を入学させるとともに、教育活動を行っていない失業青年や家庭知識婦女にも入学を促した(56)。こうした措置がどの程度効果があったかは現時点ではよく分からない。

以上の問題は、速成識字法による識字運動が始まる一九五二年においても一向に解決しなかった。識字運動を始めるにあたり、天津では五二年五月から七月までの間に識字教員を九七〇八人養成したが、そのうちもともと業余学校の教師だった者が一〇五八人、小学教師だった者が一六二人、工農師範学校の学生だった者が一六七九人、識字班の教員だった者が九一五人、群衆義務教師として新たに採用された者が五八九四人であった。このなかで特に問題だったのが群衆義務教師（ボランティアの群衆教師）であり、主に労働者や街道の積極分子、家庭婦女、農民などによって構成されていた。[57]こうした識字班教員の学歴について、五三年上半期の第四区での調査記録が残っている。それによると、彼らの学歴は、全教員三二一人中、高級小学校程度が最も多く一六三人、ついで初級中学校在学程度が八二人、初級小学校程度が三三人、初級中学校卒業程度と高級中学校卒業程度がともに一九人、高級中学校在学程度が一二人、大学程度が三人となっていた。[58]初級小学校程度から初級中学校在学程度の学歴の者が全体の約八七％を占めており、総じて教員を担当するにしては低学歴なのが分かる。

そのため、教員の中には、その任に堪えられず授業に行くのを怖がって泣き出してしまったり、[59]「貪汚」、「浪費」など、運動においてよく使う字ですら書けない者もいた。教室によっては秩序が大いに乱れ、授業中に間食をしたり秧歌を歌ったりする生徒まで出る始末だったという。[60]

（二）　宣伝隊の宣伝員

一九五〇年以降各大衆運動において活躍した文化館の宣伝隊も、五二年になると大きな問題に直面する。一つは、識字班教員と同様、宣伝員の質についての問題である。宣伝員は多くが群衆のなかの積極分子から採用されていたが、彼らの能力は玉石混淆であり、任務をうまく遂行できない者もいた。例えば第九区の宣伝員について言及したある史料では、区内のある読報員が、「人為財死、鳥為食亡」（金銭や食べ物を追求したために身を滅ぼした者たちを描いた寓話）という話を使って三反運動を解説しているのを、「政策を曲解している」として問題視している。[61]

第二の問題は、宣伝隊の管理についてである。名目上、識字班の宣伝隊を管轄するのは各区の文化館であり、またそれら文化館は各区政府文教科の指導下にあった[62]。ただ、リバソールも指摘しているように、当初区政府において宣伝工作に積極的な党幹部は少なく、文化館に対する指示も不十分であった[63]。そのため、文化館が中心となって宣伝隊を管理せざるをえなかったが、仕事量に比して常勤職員の数が足りず、職務に支障をきたした。しかも、各運動の進展とともに文化館以外の機関、団体（婦聯、派出所、建政組、抗美援朝支会、中蘇有協支会、衛生科など）でも宣伝隊を組織するようになり、管理の上でさらに混乱するようになった。特に、個々の宣伝隊同士の連携不足による弊害がひどかったという。文化館が物資交流展覧大会の宣伝を準備していた時に派出所が防奸模範の選抜について宣伝（第九区の例）するなど、宣伝隊ごとに個別の対応をしていたことが報告されている[64]。

第三の問題は、個々の宣伝員が宣伝員以外の職務を兼ねるようになり多忙化したことである。これは、能力が不足している宣伝員がいる反面、能力の高い宣伝員には逆にたくさんの仕事が集まってしまっていたということを意味する。そのため、一部の者は食事をする時間すらないほど多忙を極めることになったという。一方で、宣伝員のなかには名誉や単に出しゃばりたいために兼職を多くする者もいたとされる。いずれにしても、このような状態では宣伝活動に専心するのは難しかったであろう。そのため、ところによっては宣伝活動を欠席する宣伝員がいたり、形式的な宣伝で済ませたりするところもあったようである[65]。

（三）　各事業の整理

以上のような問題に対応するため、一九五二年から五三年にかけて各事業は整理されるようになった。その具体的なありようを識字班と宣伝隊とに分けて見ていく。

① 識字班の整理

教員の質を問題視した識字運動委員会は、五二年十一月に能力に問題のある教員の整理に取りかかった[66]。その結果、確かに初級小学校を最終学歴とする教員の割合が減り（五二年八月→五三年三月、以下同じ）三一％→三・四％）、逆に初級中学校在学ないし卒業を最終学歴とする教員の割合が増加した（二〇％→五六・九％）。ただ、それは能力の高い教員を新たに採用したことによるものではなく、単に能力の低い教員を解雇したことによるものであった。それというのも、全教員の数自体が大きく減少しているからである（九七〇八人→三一八一人）[67]。また、これにあわせて、識字班の整理も行われた。以上の結果から、識字運動委員会は、識字運動の重点を量（大量の群衆に、速成識字法を利用して「突撃的」に読み書きを教えるという方針）から質（やる気のある学生に着実に読み書きを教える）へ転換させたことが見て取れる。かかる流れはその後も受け継がれ、例えば五四年には、出席情況が芳しくない識字班の学生の処理方法（退学を含む）などを定めた「天津市各区識字学校学員考勤、考試及学員学籍処理辦法」が出されている。

このように、一九五〇年以降（特に一九五二年六月以降）質よりも量を追い求める傾向にあった天津の識字教育は、ここに及んで量から質へと、大きく方針を転換するに至った。そのため、識字班に通う学生数は五二年八月の三二万七七三四人を頂点にその後みるみる減っていき、五三年六月にはピーク時の半分以下の一五万八二三七人に[68]、そして五四年九月には四万七〇〇〇人余まで落ち込んだのである[69]。

② 宣伝隊の整理

情況を打開するため、一九五二年より各区の文化館は宣伝隊の整理に着手した。まず、いくつかの区で宣伝員の訓練が行われ、積極分子の能力の向上と、問題のある人物のふるい落としが行われた。また、指導体制の混乱という問題に対しては中国共産党天津市委員会宣伝部が動き、十月、各機関、団体に所属している宣伝隊に対し文化館の指導に従うべしとの方針が発せられた（各文化館は区委員会宣伝部の指導を受ける）[70]。ただし、最後に残った宣伝員の多忙化という問題については、結局解決できなかった。なぜなら、その直後、天津の各区では基層組織の改組が行われたからである。これにより、宣伝員の多くが政府の出先である街公所（後の街道辦事処）の長や文教委員などの職務に就くようになり、さらに多忙になった。また、民衆自治組織である居民委員会でも街公所の指導のもとで独自に宣伝活動を行うようになり、もともと文化館の宣伝員だった人々がそれに参加した。そのため、同じ作業を二つの系統の部署が管轄することになり、結局宣伝員の多くは身近な居民委員会の指示だけを受けるようになった。つまり、文化館は宣伝隊の指導ができなくなったのである[71]。

同様のことはどうやら国内の他の地域でも起こっていたようで、折しも中央人民政府文化部より「文化館、站工作の整頓と強化に関する指示」が出された。そこでは、「文化館は本来群衆文化活動を展開する事業機構であるべきなのに、実際は本来の業務範囲を超えて活動している文化館が少なくない」との指摘がなされ、文化館が本来の職務に戻ることを指示し、あわせて文化館活動の規模の縮小が提起されている[72]。この影響はまもなく天津にも及び、結局文化館と宣伝隊との関係は解消されることになった。そして、以降文化館は文学、文芸、演芸の振興など群衆文化関係の職務に専心していくことになったのである[73]。

おわりに

以上、天津での例をもとに、中華人民共和国初期における「社会教育」の動向、およびそれと大衆運動との関係について見てきた。これにより、「解放」後、天津における「社会教育」の規模が従来に比べて未曾有の拡大を示したこと、一九五〇年後半から始まった抗美援朝運動や反鎮運動でもそうした「社会教育」が、特に街区での宣伝や動員で大いに力を発揮したこと、さらに群衆の積極分子をリクルートする上でも「社会教育」の各活動が役に立ったこと、ただし、群衆に教育や宣伝を任せた分、担当者の教育能力や兼職に起因する様々な問題が発生し、最終的に人員の整理が行われたこと、などが明らかになった。

これまでの章でも述べたように、清末以来中国の各政府は、民衆知識の向上をめざすべく、教育の普及に取り組んできた。もちろんその背景には、教育を通して「国民」を形成し、それによって国家を富強化させるという大きな目標があった。その点から見れば、本章で明らかになったような人民共和国初期天津の教育、宣伝のあり方は、如上の理想をかなりの程度満足させるものであったと言うことができる。注目すべきは、この時期になると、それに、教育を受けるべき人々（学生、労働者、失業青年、主婦など）までもが教員、宣伝員として参加するようになったことである。彼らのなかには純粋に識字教育の必要性や国家建設に対する信念から活動に参加した者もいたであろうが、当然のことながら、社会的上昇のためや、迫害を免れるために教師になった者もいるだろう。そうであったとしても、彼らが積極的に国家の主導する教育、宣伝活動に参加し、かつそれを通じて末端の政治や行政に参入するようになったこと（さらに言えば、「教育」の名の下に国家の政策に合わない者たちを攻撃さえするようになったこと）はそれまでにない大きな変化であったと言える。反面、群衆の教育、宣伝活動への参加は、現場に多大な混乱をもたらした。一部で教育や宣伝の効果が上がらなかったり、内容が曲解されたりした。しかも、それに対して政府や関係機関は十分な統制を行うことができなかった。

このように見ると、朝鮮戦争による危機や各大衆運動の嵐の中で天津に形成されたこの新しい教育、宣伝の形は、ある意味で諸刃の剣のように、ジレンマに満ちたものであった。そのため、本章で述べたように、一九五三年以降政府は従来のような形（群衆教員を抑制、量より質を重視）に戻そうとした。しかし、どうやら大躍進運動の時期になると群衆が再び教育、宣伝の場で活躍するようになるようである。[74] あるいは、一九五〇年代初頭に現われたこの新しい教育、宣伝の形は、更新を重ねながら大衆運動とともにその後も繰り返し登場したかもしれない。そうであるならば、それが社会にどのような影響を与えたのか、文化大革命をも射程に入れながら検討する必要があろう。また、今回は天津の事例のみについて考察したが、他の地域の動向についても明らかにする必要があると考える。

註

（1） こうした研究のなかで、人民共和国初期の（人民）文化館について検討した以下の研究は注目に値する。横山宏「中華人民共和国における人民文化館――その沿革を中心とした若干の考察――」『早稲田大学大学院文学研究科紀要』三五輯（哲学、史学編）、一九八九年。ただ、文化館の活動と大衆運動との関係については、考察が十分でない。

（2） 泉谷陽子『中国建国初期の政治と経済――大衆運動と社会主義体制――』御茶の水書房、二〇〇七年。金野純『中国社会と大衆動員――毛沢東時代の政治権力と民衆――』御茶の水書房、二〇〇八年。岩間一弘『上海大衆の誕生と変貌――近代新中間層の消費・動員・イベント――』東京大学出版会、二〇一二年。日本上海史研究会編『建国前後の上海』研文出版、二〇〇九年。

（3） 他方、農村における社会統合と「宣伝教育」（「中国共産党が自らの政策を促進するために、大衆に情報を与えて働きかける様々な手段」のこと）との関係については河野正が一九五〇年代の河北省を事例に論じている。本書の問題意識にも近い内容で興味深いが、当然のことながら都市と農村とでは状況がかなり異なる（河野正「中華人民共和国初期、河北省における宣伝教育と農村社会——成人教育・機関紙を中心に——」『東洋学報』九二巻三号、二〇一〇年）。

（4）Kenneth G. Liberthal, *Revolution and Tradition in Tientsin, 1949–1952*, Stanford: Stanford University Press, 1980.

（5）天津が共産党によって「解放」されるまでの動きについては、以下などを参照。中共天津市委党史資料徴集委員会編『天津解放紀実』北京、中共党史資料出版社、一九八八年。Yick, Joseph. K. S. *Making Urban Revolution in China: the CCP-GMD Struggle for Beiping-Tianjin, 1945–1949*, New York: M. E. Sharpe, 1995.

（6）教育局では全職員一一六名中、留用されたのは五六名であった。その他は、他部署での仕事を紹介された者が一五名、解雇された者が四五名であった（天津市教育局『教育志』編修辦公室編『天津教育大事記』下（一九四九—一九八五）、天津、天津市地方史志編修委員会総編纂室、一九八七年、四頁）。

（7）「天津市教育局接収工作報告」（節録）（一九四九年三月九日）中共天津市委党史資料徴収委員会・天津市檔案館編『天津接管史録』北京、中共党史出版社、一九九一年、所収、三五四頁。

（8）「中国共産党接管天津工作大事記要」前掲『天津接管史録』、所収、八四〇頁。前掲『天津教育大事記』下、二頁。

（9）前掲『天津教育大事記』下、八～一〇頁。

（10）張国藩「天津市一九五〇年教育工作的基本総結」『天津教育』一〇期、一九五一年、五頁。

（11）毛沢東『論聯合政府』「第八　文化、教育、知識分子問題」竹内実監修、毛沢東文献資料研究会編『毛沢東集』九巻、延安期Ⅴ（一九四三・一～一九四五・一二）、北望社、一九七一年、所収、二五四頁。

（12）陸定一「新中国的教育和文化」『天津教育』創刊号、一九五〇年、六頁。

（13）「天津市教育局関於一年来天津社会教育工作概況」（一九五〇年三月）前掲『天津接管史録』、所収、八〇〇～八〇二頁。

（14）文化館主催の余暇活動には一九四九年から五八年までの各年において、最小で三〇人（四九年）、最大で二〇二万二六四一人（五七年）が参加していた（天津市文化局檔案（人民共和国時期檔案、以下文化局檔と略す）、X一九九—一—八五五、天津市文化局計財処「文化局関於図書館、博物館歴年蔵品報告表及文化館十年資料」、所収、「天津市文化館工作十年資料」（一九六一年五月三十一日））。なお、天津の人口については天津市地方志編修委員会編『天津簡志』天津、天津人民出版社、一九九一年、一一七四頁の表を参照した。

(15) 天津市教育局檔案（民国時期檔案）、J一一〇―三―一一九―六、天津市教育局「本局推行失学民衆識字教育報告書」（一九四六年十一月）。

(16) 寒江「第八文化館的掃盲工作――他們怎様在三個月内動員了一千四百余人入学？――」『天津教育』四・五号、一九五〇年、三八頁。

(17) 朱慧生「群衆識字班教学経験介紹」『天津教育』六号、一九五〇年、二七頁。

(18) 君里「一九五〇年天津教育工作者的業績」『天津教育』八期、一九五一年、一五頁。

(19) 前掲「天津市一九五〇年教育工作的基本総結」、五頁。

(20) 「本市群衆識字班学員達三万余人」『天津教育』一三期、一九五一年、一九頁。

(21) 天津市識字運動委員会檔案（人民共和国時期檔案、以下識字委檔と略称）、X一九八―一―三九〇―二、天津市教育局職教科「市政府、市教育局関於一九五一年社会教育掃盲識字運動的請示通知」、所収、天津市教育局「天津市群衆識字教育一九五一年上半期工作総結」（一九五一年）。

(22) 前掲「一九五〇年天津教育工作者的業績」、一五頁。

(23) 前掲「本市群衆識字班学員達三万余人」、一九頁。

(24) 王鋭民「識字教育的開展和應注意的幾個問題」『天津教育』二号、一九五〇年、九頁。識字委檔、X一九八―一―三二二―一、天津市教育局市識字委「市識字委関於成立群衆教師業余学校的通知」、所収、市識字運動委員会「一九五一年天津市群衆識字教育実施方法」（一九五〇年十一月二十五日）。

(25) 前掲「天津市群衆識字教育一九五一年上半期工作総結」。同史料によると資金集めの方法は次のようであった。（1）各区の工商業の資本家に対し自主的に寄付をするよう働きかける。（2）衆力を合わせるか節約するかして供出する。（3）生産・商業組織を立ち上げ、その経費をやりくりして供出する。（4）識字班の学生が自主的に寄付する。そのうちの（1）において、資本家に対する強権的な働きかけがあったかどうかは現時点では分からない。

(26)　教育局工農教育科「天津市工人業余教育初歩総結」『天津教育』四・五号、一九五〇年、一〇頁。ただし、一九五一年の調査では、天津で働く職工五二万人のうち三七万四〇〇〇人が文盲、半文盲とされている。人口増加により文盲者数も増えたものと考えられる（識字委檔、X一九八—一—四四五—一、天津市教育局識字運動委員会「市識字運動委員会的組織条例、工作計劃」、所収、同「天津市各級識字運動委員会組織条例」）。

(27)　前掲「天津市工人業余教育初歩総結」、一〇頁。

(28)　「天津市職工業余教育委員会組織条例」『天津教育』四・五号、一九五〇年、八六頁。

(29)　前掲「天津市工人業余教育初歩総結」、一〇〜一一頁。

(30)　一九五一年に政務院より発布された新学制により、業余学校は識字学校に組織替えされた。その後五二年七月に再び分割、その一部が識字運動委員会管轄の識字班になったものと思われる（識字委檔、X一九八—一—三二—二、市識字運動委員会「識字教育一九五一年下半年工作計劃」（一九五一年）、所収、同「同名」。X一九八—一—四九三—一、天津市教育局財計科「市教育局関於初等業余学校與識字学校合併後経費開支的規定」、所収、市教育局「為請示関於各区初等業余学校與識字学校合併後、経費如何開支由」。

(31)　識字委檔、X一九八—一—四八一—一、天津市教育局財計科「市教育局一九五三年下半年教育工作統計簡報」、所収、市教育局「天津市一九五三年下半年教育統計簡報」（一九五三年十二月）。

(32)　大原信一『中国の識字運動』東方書店、一九九七年、一八二〜一八五頁。呉遵民『現代中国の生涯教育』明石書店、二〇〇七年、一一八〜一二一頁。

(33)　前掲『天津教育大事記』下、三九〜四〇頁。

(34)　前掲「天津市各級識字運動委員会組織条例」。

(35)　識字委檔、X一九八—一—四一八—九、天津市教育局市掃盲委「市識字運動委員会八—一二月分及一九五三年一季度工作小結」、所収、市教育局「一九五二年天津市掃除文盲工作報告」（一九五三年一月）。ただし一部では、学生を集めるために強制的な手段が採られることがあった。また、入学した学生の中にも「速成識字法」を「苦労なく、すぐに読み書きができるようになること」と勘違いする者がいた。そのようにして入ってきた学生の多くは、しばらくすると勉学意欲を失ってしまい、退学に至ったようである。(前掲「一九五二年天津市掃除文盲工作報告」)。

(36) 泉谷前掲書、一八～二五頁。

(37) 天津市地方志編修委員会編著(郭鳳岐総編集)『天津通志 大事記』天津、天津社会科学院出版社、一九九四年。なお、天津における抗美援朝運動、反鎮運動の具体的な動向については、以下に詳しい。Liberthal, *op. cit.*, pp.102–124.

(38) 「天津市一九五一年教育工作計劃綱要」『天津教育』一〇期、一九五一年、七頁。

(39) みな朝鮮戦争関連のものであろうが、詳しい内容については不明。

(40) 崔鳳舜「我在識字班中進行抗美援朝愛国主義教育的一点経験」『天津教育』一二期、一九五一年、四五頁。

(41) 朱慧生「在抗美援朝高潮中的工農群衆識字班」『天津教育』一二期、一九五一年、二二頁。

(42) 劉少夫「職工業余学校是時事宣伝的重要陣地」『天津教育』一二期、一九五一年、二一頁。

(43) 前掲「天津市群衆識字教育一九五一年上半期工作総結」など。

(44) 文化局檔、X一九九—一—一四五—九、天津市文化局社会文化処「本処関於社会文化工作的総結和計劃及文化館的工作意見、報名」、所収、文化局「天津市文化館一九五三年工作総結」。

(45) 化岡「第四文化館識字班的宣伝工作」『天津教育』一三期、一九五一年、一一頁。

(46) 前掲「第四文化館識字班的宣伝工作」、一一頁。

(47) 前掲「在抗美援朝高潮中的工農群衆識字班」、二二頁。

(48) 前掲「天津市文化館一九五三年工作総結」。本文では主に一九五一年の事例を中心に紹介したが、五二年も同様に識字班による宣伝が展開されていた。例えば、第一一区の五馬路派出所管内では識字班の学生だけで三四〇件の検挙をしている(前掲「一九五二年天津市掃除文盲工作報告」)。

(49) 前掲「一九五二年天津市掃除文盲工作報告」。

(50) 例えば小学生による宣伝活動の例として、以下などがある。劉寄生「六区三小黒牛城宣伝記」、「七区中心孩子們的宣伝工作」、「十区中心小宣伝員們的工作」（ともに『天津教育』一二期、一九五一年）。

(51) 前掲「職工業余学校是時事宣伝的重要陣地」、二二頁。

(52) リバソールは、三反運動および五反運動の意義を強調するあまり、それ以前から行われていた抗美援朝運動および反鎮運動が天津社会に与えた影響についてあまり評価していない。また、文化館や識字班、そして業余学校が上記大衆運動で果たした意味についても十分に検討していない。しかし、本書で明らかにされたように、特に官庁や企業以外の場での宣伝、動員において文化館、識字班、業余学校が果たした役割は決して少なくなかったと言える（Liberthal, *op. cit.*, pp.97-179）。

(53) 業余学校の教員については、史料上の問題があり十分に論じることができない。一九五一年前半までの情況に限って言えば、問題となっていたのは、主に教員の健康および指導方法についてであった。その背景には、業余学校の教育を各小・中学校の教員が兼任していたという事実がある。教員のなかには、多忙のために体調を崩す者もいた。また、年齢的な要因もあるが、一般的に業余学校の学生は、正規学校に通う学生に比べると能力の点で劣っていたため、彼らに対する指導に困難を感じた教員も多かったようである（前掲「天津市工人業余教育初歩総結」、一三頁）。教員の多忙化への対応として、業余学校の授業を専門に担当する教員が新たに採用されたが、彼らの多くは知識や経験が不足しており、さらなる問題を引き起こしたようである（高非「如何克服業校学員流動問題」『天津教育』八期、一九五一年、四五〜四六頁）。

(54) 前掲『中国の識字運動』、一八五〜一八七頁。

(55) 前掲「天津市群衆識字教育一九五一年上半期工作総結」。

(56) 前掲「識字教育一九五一年下半年工作計劃」。

(57) 前掲「一九五二年天津市掃除文盲工作報告」。

(58) 識字委檔、X一九八―一―五二三―二一、天津市教育局掃盲委「市掃盲委、市識字運動委員会関於掃盲工作報告、総結」、所収、市政府掃盲工作委員会「為発去四区半年工作総結供参考由」（一九五三年八月六日）。

(59) 識字委檔、X一九八―一―四一八―八、前掲「市識字運動委員会八―一二月分及一九五三年一季度工作小結」、所収、市識字委「天津市識字運動十一月分小結」（一九五三年一月十六日）。

(60) 識字委檔、X一九八―一―四二五―四、天津市教育局市掃盲委「市識字運動委、婦聯、団市委等関於推動掃文工作的調査報告」、所収、掃盲委棉三調査組「天津市第三区于廠大街識字学校典型調査」(一九五三年一月九日)。
(61) 文化局檔、X一九九―一―一四一―一二、文化局「本局和文化館関於建立街道宣伝隊的調査報告等有関文件」、所収、文化局「九区文化館関於街道群衆宣伝員第一期学習班計劃(草稿)」。同様の指摘はやはり第九区の情況について述べた文化局「文化館対発展整頓和統一領導全区街道群衆宣伝組織的意見」(文化局檔、X一九九―一―一四一―一四、前掲「本局和文化館関於建立街道宣伝隊的調査報告等有関文件」、所収)にも見える。なお、天津における三反、五反運動は、一九五一年十二月から五二年五月にかけて展開された(Liberthal, *op. cit.*, p.161)。
(62) かつては教育局が文化館を管轄していたが、一九五〇年八月以降、行政上は区政府が管轄するようになった(教育局辦公室編「天津市一九五〇年教育工作大事記」『天津教育』八期、一九五一年、五六頁)。ただし、業務上では教育局と文化局の指導も受けていた(X一九八―一―三九〇―四、市政府「為発布『関於文化館問題的決定』希即遵辦由」(一九五一年四月二十五日)。
(63) Liberthal, *op. cit.*, p.103. 市政府委「関於全市文化館的情況報告及今後意見」(一九五一年四月)。
(64) 前掲「文化館対整頓発展和統一領導全区街道群衆宣伝組織的意見」。
(65) 文化局檔、X一九九―一―一四一―一八、前掲「本局和文化館関於建立街道宣伝隊的調査報告等有関文件」、所収、文化局「関於整頓各区群衆宣伝組織、建立宣伝隊工作的進行状況和幾個収容問題(提供宣伝会議討論)」(一九五二年)。
(66) 前掲「天津市識字運動十一月分小結」。
(67) 前掲「市教育局一九五三年下半年教育工作統計簡報」。
(68) 同上。
(69) 前掲「為請示関於各区初等業余学校與識字学校合併後、経費如何開支由」。
(70) 前掲「関於整頓各区群衆宣伝組織、建立宣伝隊工作的進行状況和幾個収容問題(提供宣伝会議討論)」。
(71) 文化局檔、X一九九―一―一四一―一、天津市文化局社会文化処「本局和文化館、関於建立街道宣伝隊的調査、報告等関係文献」、所収、文化局「天津市八区群衆宣伝組織調査報告與今後工作改進意見」（一九五三年五月二十八日）。
(72)　文化局檔、X一九九―一―一四七―一一、文化局「関於調整行政区劃方案及文化館站調整方案和結果」、所収、「関於整頓和加強文化館、站工作的指示（草案）」（一九五三年十二月二十一日）。
(73)　前掲「天津市文化館一九五三年工作総結」。
(74)　天津市地方志編修委員会編著（郭鳳岐主編）『天津通志――基礎教育志――』天津、天津社会科学院出版社、一九九九年、六〇六～六〇七頁。文化局檔、X一九九―一―三〇二―一、天津市文化局辦公室「各局属単位関於文化工作的総結」、所収、市文化局「天津文化工作専題材料」（一九五九年一月）。

補　論　文化大革命期に作成された個人資料の教育史研究への応用

――「天津市紅橋区煤建公司従業員関係檔案」について――

はじめに

中国近現代史研究における史料と言えば、従来は書籍や新聞、雑誌などといった刊行史料が主であったが、近年では公的機関で作成された檔案（公文書）の利用もかなり一般的になってきている。その背景には、この二〇年ほどの間に檔案の対外開放が進み、中国人だけでなく外国人も檔案にアクセスしやすくなったという事情がある。政治的な動向によって開放の度合いがしばしば変化するものの、今後も檔案を使った研究は増えていくと考えられる。

ところで、檔案は基本的に檔案館に所蔵されていることになっているが、実はそれ以外の場所にも存在することがある。代表的なのが古物市場で、最近は少なくなってきたが、何気なく物色していると突然檔案の山に突き当たることがままある。そこで目にした檔案の多くは、企業などでの資料整理の際に廃棄物として出されたものや、個人が所有していたものを古物商が安値で買い取ったものなどで、状態は必ずしもよいものではない。しかし、場合によっては研究を進める上で有用、かつ現時点において檔案館での閲覧が不可能な檔案史料に出会うこともある。

本章で紹介する「天津市紅橋区煤建公司従業員関係檔案[1]」はまさしくそのようなもので、筆者が二〇〇五年頃に天津市の古物市場（天津市古旧図書交易中心[2]）で偶然発見し、買い求めたものである。本史料は、天津市紅橋区煤建公司という企業に関する文書ファイルの一つで、従業員一二七人分の履歴書が綴じられている。履歴書の大半は文化大革命期の一九七三年および七四年に作成されたものであるが、一部文革後の七八年に作られたものも混じっている。

本章であえてこの史料を紹介するのは、次のような理由による。（1）一つの団体の構成員に関する比較的まとまった史料であること。（2）文革期の民衆史、教育史、家族史研究にとって有用な史料であること。（3）一人ひとりの履歴を辿ることで彼らの中華民国期における状況をも知ることができること。

このように、本史料は中国近現代史研究にとって有益な情報を多く含んでいる。従って以下では、まず本史料の背景や内容について紹介する。その上で、本史料を、筆者が専門としている教育史にどのようなかたちで応用できるかについて、初歩的な検討を行いたい。

なお、当然のことながら、本史料には膨大な数の個人情報が含まれており、その取り扱いについては特に慎重を要する。そのため本書では、個人について言及する場合は、姓名を用いず、表1（二五三～二五五頁）の整理番号で表すこととする。

一　史料の背景について

ここでは、本史料が作成された背景について、（1）この会社が所在する地域、（2）その業務内容、という二つの側面から概述する。

（一）　天津市紅橋区煤建公司が所在する地域について

天津市紅橋区煤建公司は、その名称からも分かるように、天津市紅橋区に所在していた企業である。紅橋区は、天津市の都市部を構成する六区（和平区、河東区、河西区、南開区、河北区、紅橋区）のうちの一つで、都市の西北部に位置している。その領域は比較的広く、人口も多い。一九九四年の資料によると面積は約二一平方キロメートル、人口は五四万七五七九人となっている。(3)

紅橋区の特徴を一言で説明するのは難しい。それというのも紅橋区は、色合いが異なる様々な地域を包含しているからである。例えば、区の南東部にある估衣街は、二十世紀前半まで天津で最も繁華な場所として知られていた。それゆえ現在でもこの一帯は商業の盛んな地域となっている。それに加えて、同地域は天津における近代工業の発祥地としても知られており、かつては紡績工場や絨毯工場など様々な工場が所狭しと林立していたが、その後工場はだいぶ減ってしまった。一方、区の南西部は住宅地で、以前は狭い道を挟んで多くの家が密集していたが、現在それらの多くはマンションに変わっている。また、区の北西部はもともと市区から外れた農村であったが、人民共和国期に紅橋区に編入された結果開発が進み、現在ではマンションや工場が立ち並んでいる。

天津市紅橋区煤建公司の本社が紅橋区内のどこにあったのかは、残念ながら今のところよく分からない。ただ、本史料に記された人々が、どこで働き、どこに住んだのかについては、履歴書の記載からある程度見当をつけることができる。それによると、ほとんどの人が小西関基層店（支店）、長虹基層店など、区南西部の小西関、南頭窰街道内の基層店で働いていた。また、紅橋区の南東部や、隣接する南開区の北部に居住する一部の者を除いて、多くの人が職場付近に住んでいた。(4) ここから、本史料は、天津市紅橋区煤建公司の従業員の中でも、特に紅橋区南西部の基層店で働き、そこを中心とする一帯で生活していた人々に関係するものであることが分かる。

（二）　天津市紅橋区煤建公司について

天津市紅橋区煤建公司について現時点で分かることは、石炭（特に豆炭および穴あき練炭）と建築器材の販売を主な業務とする公営企業だったということだけである。それ以上のことは、手元に資料がないため、現在のところよく分からない。ただ、同様の企業は他区にもあり、業務内容や来歴を確認できるものもある。以下では、参考までに和平区の例を紹介する。(5)

天津において石炭の販売は、人民共和国成立まですべて私営業者によって担われていた。それが、一九五〇年代以降徐々に公営化されていった。和平区では、五〇年代前半の公私合営前の段階で、私営の業者が一三〇軒あったとされるが、五五年にはそのすべてが公営化され、その後成立する煤建公司の基層店となった。五八年四月には、区内の石炭、建築器材、ミネラルウール、木材関係の企業および燃料用柴草業の石炭部門が合併して和平区煤業建築器材零售公司が成立、それが同年十月に和平区煤建公司となった。その頃になると煤建公司が取り扱う商品は石炭、建築器材、ミネラルウール、木材、衛生食器、ロープ用の麻・金属部品にまでわたっていた。ただ、その後同公司の業務範囲は徐々に縮小していく。六〇年代半ば以降になると、煤建公司の取扱品は石炭と建築器材のみとなった。本史料が作成されたのは、まさにこの時期であった。なお、和平区煤建公司はその後若干の転変を経ながらも存続し、九二年に天津市煤業建築器材和平公司と社名変更して、今に至っている。

以上は和平区の例だが、紅橋区の状況もそれほど違わなかったのではないかと思われる。

二　史料の内容

本史料は、上でも述べたように一二七人分の履歴書をファイルに綴じたものである。本節では、史料の形式について、ファイルと履歴書それぞれに分けて紹介する。

（一）ファイルの形式

履歴書は、「幹部檔案」と横書きされた紙製のファイルに綴じられている。「幹部」と書いてあるので、会社の幹部の履歴書が綴じられていると当初考えたが、履歴書の「現任職務」欄を見るとそれぞれ「工人」、「運輸」、「記帳員」、「司称員（計量係）」、「出納員」、「送媒員（石炭配達員）」、「保管員」などと書かれており、幹部というよりは一般的な従業員と考えた方がよさそうである。

ファイルの状態は図1からも分かるように、非常に悪い。第一、表紙の下半分が破り取られてしまっている。筆者が購入した時点ですでにこのようになっていた。それまでの保存のあり方に問題があったのであろう(6)。ファイルには中扉が挟みこまれている。中扉は白紙で、右端にタグが張られている。タグには次のような文字が書かれているが、それらは「基層店」を除きすべて紅橋区小西荘街道および南頭窰街道にある地名である。

小西荘主媒、南頭窰、芥園、教場、三元村、慶豊里、西関外、長虹、永新、後場、賀樸後、三益里、復興路、基層店

中扉のあとに履歴書が数枚続くことから、当初筆者は、基層店ごとに履歴書を分けているものと考えたが、その後タ

〔図１〕　檔案の表紙

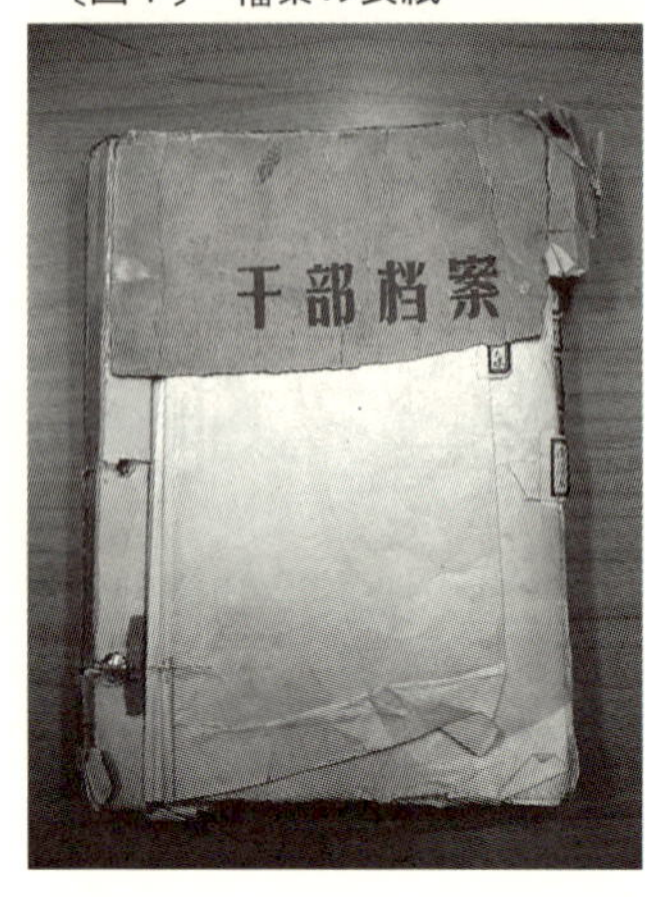

〔図２〕「工作人員登記表」（表面）

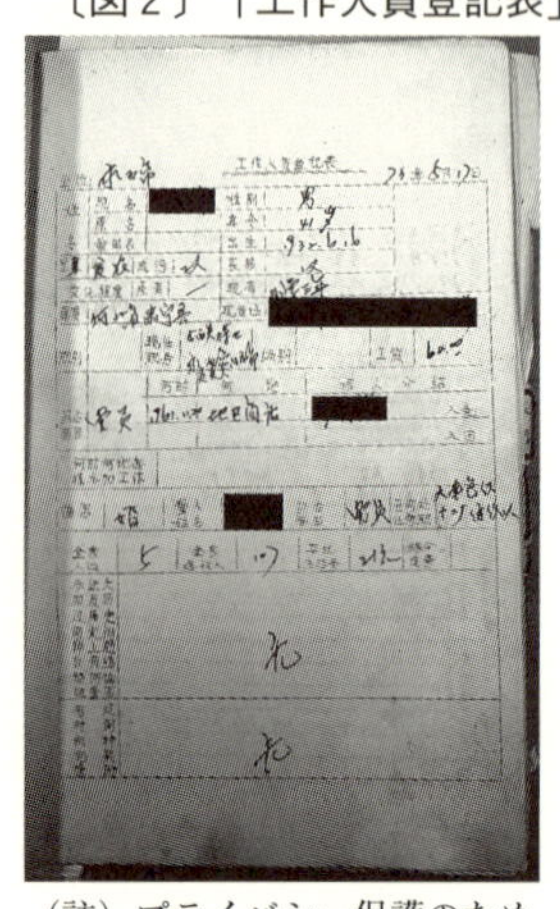

（註）プライバシー保護のため、姓名、住所、配偶者の欄は黒塗りにしてある

グと履歴書の「単位」欄の記載に齟齬が多いことが明らかになった。ゆえに、タグの意味については現在でもよく分からない。

（二）　履歴書の形式

履歴書のフォーマットには、「工作人員登記表」（表裏一枚：図2）と「天津市紅橋区媒建公司職工履歴表」（表裏一枚）の二種類ある。履歴書のほとんどが「工作人員登記表」だが、一部年齢の若い人を中心に「天津市紅橋区媒建公司職工履歴表」が使われている。なお、一人に対して、二種類のフォーマットが使用されている例は存在しない。すなわち、履歴書の重複はない。

まずは、「工作人員登記表」の欄構成から紹介する。

（表面）

A　単位（所属）、書類作成年月日

B　姓名——現名、原名、曾用名（かつて使用した名前）、性別、年齢、出生（出生年月日）の各欄を含む

C　出身（出身階級）、成分（階級区分）、民族

D　文化程度――原有（従来の学力）、現有（現在の学力）の各欄を含む
E　籍貫（本籍）、現住址（現住所）
F　職別、現任職務、級別、工資（給料）
G　政治面目（政治的立場）――何時（いつ）、何地（どこで）、何人介紹（誰が紹介した）の各欄を含む（共産党または共産党青年団への入党、入団に関して）
H　何時何地怎様参加工作（いつ、どこで、どのように今の仕事に参加したか）
I　婚否（婚姻の有無）、愛人姓名（配偶者の姓名）、政治面目、在何処任何職（どこで、どのような職に就いているか）
J　全家人口、全家総収入、平均生活費、糧食定量
K　参加過何種反動組織及歴史上有何重大歴史問題結論否（どのような種類の反動組織に参加したことがあるか、これまでどのような重大な歴史的問題について結論を得たか）
（裏面）
L　何時何地受過何種奨励（いつ、どこで、どのような奨励を受けたことがあるか）
M　簡歴――年月至年月、何地何部門（どこの何部門に所属していたか）、任何職（いかなる職に就いていたか）、証明人の欄を含む
N　家庭主要成員――姓名、関係（本人との関係）、政治面目、何単位任何職（どの単位でどのような職務に就いているか）、現住址の欄を含む
O　主要社会関係――姓名、関係、政治面目、何単位任何職、現住址の欄を含む

一方、「天津市紅橋区媒建公司職工履歴表」の欄構成は以下のようになっている。

（表面）

A' 姓名――現名、原名、性別、年齢、民族の欄を含む

B' 家庭出身、個人成分、政治面目

C' 文化程度、特長、婚否

D' 籍貫、参加工作時間（職務に参加した時期）

E' 現住址、健康状況、来津日期（天津に来た時期）

F' 家庭主要成員及経済状況――姓名、性別、年齢、政治面目、工作単位、職別、収入、是你甚麼人（本人との関係）の欄を含む

（裏面）

G' 主要社会関係――姓名、性別、年齢、政治面目、工作単位、職別、収入、是你甚麼人の欄を含む

H' 何時、何地経何人介紹参加過何種反動党、団、会道門及其他反動組織、任過甚麼職務甚麼時侯脱離的関係（いつ、どこで、誰の紹介を経て、どのような反動的な党、団体、秘密結社およびその他の反動組織に参加したことがあるか、どのような職務に就いたことがあるか、いつ関係を離脱したか）

I' 何時、何地経何部門審査結論如何（いつ、どこで、どの部門の審査を経て、どのような結論にいたったか）

J' 個人簡歴――時間、在何地、何部門、任何職（どこで、どの部門で、どんな職に就いたか）、証明機関或証明人

以上が「工作人員登記表」と「天津市紅橋区媒建公司職工履歴表」の欄構成である。両者の違いはそれほどないが、情報量の面で「工作人員登記表」のほうが若干勝っている。

各欄の記述内容はどれも興味深い。例えばC欄とB'欄の記述を見れば、彼らがどのような家庭に生まれたのかを知ることができるし、また、MとJ'の欄からは、彼らがどこで暮らし、働いてきたのかについて知ることができる。また、D欄やC'欄の記載からは、彼らの受けた教育についての情報を得ることができるし、N欄やF'欄からは、彼らがどのような家庭に属しているのかを知ることができる。さらに、彼らがどのような人たちと親しく交流していたのかということさえO欄やG'欄の記述から明らかになる。

もちろん、個々の記述を無批判に信じることは慎まなければならない。ただ、それに注意すれば民衆史や教育史、家族史の研究において十分に利用価値のある史料となりうる。

三　教育史への応用

本節では、本史料の教育史研究への生かし方について初歩的な検討を行う。研究に生かす方法は様々あろうが、ここではひとまず本史料のデータをもとに、世代による学歴の違いについて考察してみたい。なぜなら、これまでの近代中国教育史研究において、そのようなテーマを扱ったものがほとんどないからである(7)。

考察に先立ち、関連するデータ（「各人の性別」（B欄とA'欄）、「出身」（C欄とB'欄）、「年齢」と「生年」（B欄とA'欄）、「来津時期および天津での仕事開始時期」（H欄とE'欄）、「文化程度」（D欄とC'欄）、「籍貫」（E欄とD'欄）を、履歴書の綴じられた順番で一覧にした（表1）。なお、天津出身の人については、「来津時期および天津での仕事開始時期」の欄に「天津」と記入した（確定できないものの、各欄の記述から総合的に判断して天津出身者の可能性が高い場合は「天津？」とした）。この表をもとに世代による学歴の違いについて、そしてさらに進んでその出身地による違いについても検討してみたい。

本史料のファイルには、一八九六年生まれから一九六〇年生まれまで、幅広い年齢層の人々の履歴書が綴じられている。そこで、彼らを「生年」ごとに六つ（Ⅰ～Ⅵ）に分類して、それを「文化程度」欄のデータとクロスさせてみた。さらに、それによって得られた結果を「来津時期および天津での仕事開始時期」のデータにもとづいて天津出身者とそうでない者とに分けた（「天津？」となっている人についても、天津出身者に入れている）。そのようにしてできたのが、表2（二五六頁）である。以下、各世代ごとの学歴の特徴について、出身地ごとに簡単に指摘する。

Ⅰ　一八九六年から一九〇九年までに生まれた人

多くの人が、非識字か、私塾での教育止まりである。たとえ小学校に通ったことがあっても初級小学校で一年学んだ程度であった。それでも天津出身者のほうがそれ以外の出身者に比べて学歴が高い。唯一の初級小学校経験者も天津出身の人間である。一方、天津以外の出身者では、全体に占める非識字者の割合が高い。

Ⅱ　一九一〇年から一九年までに生まれた人

学校経験のない者と非識字の者とで占められる割合が依然として大きい。ただ、私塾で学業を終えた者の割合が減少し、それに代わって初級小学校で学んだ者の割合が多くなる。高級小学校に上がった者も少し出てくる。

天津出身者について言うならば、全体の三割程度の人が学校経験なしか非識字であるが、それ以外の者はみな小学校に通った経験を持つようになり、高級小学校に進学する者も出てくる。そして、私塾で学業を終えた者はいなくなる。それに対して天津以外の出身者では、学校経験がない者と非識字者で約半分を占める。小学校に通った者も出てくるが、私塾しか出てない者も依然として存在する。

Ⅲ　一九二〇年から二九年までに生まれた人

学校経験のない者や私塾で学業を終えた者の割合が大きく減退し、大部分の者が初級小学校に通った経験を持つようになる。高級小学校や、さらには初級中学校に通った者も登場するようになる。

そうした傾向は、天津出身者において特に顕著である。小学校経験のある者の割合は八割に達し、高級小学校在籍以上の学歴を有する者の割合も四割を超える。ただ、天津以外の出身者に占めるそれらの割合は、天津出身者に比べるとかなり少ない。また、私塾で学んだ者も依然として二割程度いる。

Ⅳ　一九三〇年から三九年までに生まれた人

学校に通ったことがない者や私塾しか出ていないという者は、遂にいなくなる。全員が初級小学校通学以上の学歴を持つようになり、高級小学校や初級中学校に在籍したことのある者の割合もそれまでと比べてかなり大きくなる。

天津出身者に高級小学校在籍を最高学歴とする者はいないが、その代わり四割の者が初級中学校に在籍した経験を持つ。対して天津以外の出身者では、高級小学校に在籍歴のある者が約三割いるが、初級中学校に在籍したことのある者はいなかった。

Ⅴ　一九四〇年から四九年までに生まれた人

Ⅴ以降では、天津以外の出身者の割合が非常に少なくなるため、天津出身者の情況にのみ言及する。いよいよ高級小学校在籍以上の学歴を持つ者の割合が、初級小学校までしか出ていない者の割合を超えるようになる。さらに、初級中学校への進学者も全体の五割に達し、そのうち一割が高級中学校に進学した経験を持つ。また、少数であるが、高級中学校や中等専門学校に進学する者も出てくるようになる。

Ⅵ　一九五〇年から六〇年までに生まれた人

とうとう全員が初等中学校在学以上の学歴を有するようになる。ただし、高級中学校に進む者は依然として一割程度である。

もちろん、以上は天津の一企業という限定された範囲内での結果にすぎないのであって、この結果をもって天津全体の情況を説明できるわけではない。他の団体を調査すれば、これと異なる結果が出る可能性もある。ひとまず、各人の履歴などから判断すると、本史料については、全体として（1）天津以外の地域から来津して労働者になった者およびその子孫が多い（なかでも河北省定興県出身者が多い）、（2）中華民国期の時点で所得水準がそれほど高くない者が多い、（3）Ⅳの世代までは男性の比率が圧倒的に多い、といった特徴があることを念頭に置かなければならない。ただ、今後ほかの団体における同様の事例について検討し、その成果をそれぞれ組み合わせていけば、全体の情況が少しずつ明らかになっていくものと考える。

また、本史料からだけでも、いくつか興味深い事実を指摘することはできる。例えば、初級小学校通学歴を有する者が多いことなどがそれである。中国において、近代的初等教育が始まったのは二十世紀初頭であるが、様々な要因によりそれはなかなか普及せず、ゆえに就学率もしばらくのあいだ低空飛行を続けた。天津においても同様で、一九一〇年代なかばに一〇％前後であった就学率は、二〇年代にかけて低迷を続け、三〇年代以降になってようやくはっきりと上昇を描くようになるが、それでも四〇年代なかばの段階で四〇％程度であった（第一章、表1参照）。そうした情況を認識した上で表2を見ると、天津出身者における初級小学校通学経験者の多さはやや意外に感じる。確かに、初級小学校に通っても多くの者が一～三年程度で退学しており、卒業した者の割合はそれほど多くない（就学率とおよそ一致する）。それでも、かなりの数の人が初級小学校に通った経験を持ったという事実は、就学率を引き下げる原因となった人たち（「失学者」）についての認識をあらためさせる可能性を持っている。すなわち、これまで〝学校に通わない人〟として認識されてきた「失学者」であったが、彼らも多くが学校とまったく無縁だったというわけではなく、何年か学校に通った経験を持っていたかもしれないのである。そうなると、学校に何年か通った後に退学するという行為についても、単なる落伍者という意味以外に、何か積極的なものを見出せるかもしれない。彼らが学校に行く理由について、今後検討する必要があるだろう。

それと関連してもう一つ指摘すべきことは、ⅠからⅥへと世代が下るにしたがって、個々人の最終学歴が、ゆっくりではあるが確実に上昇していたということである。確かに表2を見ると、世代ごとの最終学歴の中心が私塾、初級小学校、高級小学校、初級中学校へと徐々に移っているのが分かる。これは要するに、個々人と学校との関わり方が、上で述べたような初級小学校に数年通ったら退学するというあり方から、少なくとも義務教育（四年、のちに六年）だけはしっかりと卒業し、高級小学校や初級中学校にも通うというあり方に変わったことを意味している。その転機がどの時期にあったのかを判断するのは難しい。ただ、表2に限って言うと、それはⅣからⅤの世代のあたりにあったように見える。一九三〇年から一九四九年に生まれた人たちが義務教育を受けた時代、すなわち日中戦争期から戦後国民政府期を経て人民共和国初期に至る時代に初等教育がどのように行なわれていたのか。それに関する研究はまだそれほど多くない。それだけに、特に重点を置いて検討する必要があると考える。(8)

おわりに

以上、「天津市紅橋区煤建公司従業員関係檔案」の背景、内容および教育史研究への応用方法について紹介した。もちろん、本史料については、「はじめに」でも述べたように、教育史以外での用途も十分ありえる。特に、文革期の家族史研究や社会史研究にとって有用な史料のひとつとなるだろう。今後は、そうした方面での具体的な活用方法についても探っていきたい。

なお、「天津市紅橋区煤建公司従業員関係檔案」と同様の史料は、中国の檔案館や古物市場などに無数に存在する。そうした史料を発掘し、それぞれ比較検討していくことが今後必要になると考える。

〔表１〕「天津市紅橋区煤建公司従業員関係檔案」教育史関連データ一覧

番号	性別	出身	年齢	生年月		天津での仕事開始時期	文化程度	籍貫
				年	月			
1	男	城貧	53	1921	12	天津	小学４年	天津市
2	女	店員	22	1956	9	天津	高中	天津市武清県
3	男	店員	18			天津	初中卒	天津市大港区
4	男	貧農	58	1916	7	1930	無	河南省濮陽県
5	男	農民	58	1919		1929	私塾２年、小学４年	河北省深県
6	男	老道	53	1921	10	天津	小学	天津市
7	男	下中農	42	1932	5	1950？	小学２年	河北省定興県
8	男	貧農	53	1920	11	1934	小学５年	河北省塩山県
9	女	下中農	38	1935	2	1952	小学３年	河北省唐□屯？
10	男	工人	30	1944	12	天津	小学６年	天津市
11	男	工人	17			天津	初中	河北省青県
12	女	独労	28	1945	5	1956	中専	河北省呉橋県
13	女	工人	40	1938	11	天津	初中	天津市
14	男	貧農	57	1916		1936？	無	山東省
15	男	工人	51	1922		天津	小学５年	天津市
16	男	中農	47	1927	9	1949	小学６年	河北省定興県
17	男	貧農	55	1917	8	1934？	無	河北省静海県
18	男	工人	19			天津	初中卒	天津市
19	男	富農	55	1918		1944？	高小卒業	河北省武強県
20	男	中農	63	1910		1932	無	河北省定興県
21	女	職員	28	1945	1	天津？	初中	河北省易県
22	女	下中農	48	1925	4	1946？	小学２年	河北省深県
23	女	攤販	23	1951	5	天津	初中	天津市
24	女	攤販	29	1944	11	天津	小学６年	天津市
25	男	工人	48	1925	2	1941	無	河北省新城県
26	男	下中農	41	1933	3	1946	高小	河北省阜城県
27	男	資本家	41	1933		1950？	６年	河北省献県
28	男	工人	46	1928	5	天津	文盲	天津市
29	男	工人	52	1920	12	天津？	小学１年	河北省静海県
30	男	工人	17			天津？	初中	河北省滄県
31	男	工人	19			天津？	初中	河北省青県
32	男	工人	18			天津	初中	山東省寧津県
33	女	工人	21	1957		天津	高中	天津市
34	女		17	1960	8	天津	初中	天津市
35	男	工人	54	1920	4	天津	高小	天津市
36	男	貧農	55	1917	5	1938？	無	河北省定興県
37	男	下中農	48	1925	4	1941	私塾３年	河北省定興県
38	女		27	1946	9	天津	小学６年	天津市
39	男	貧農	64	1910	7	1926？	無	河北省定興県
40	男	貧農	41	1932	6	1948	小学３年	河北省粛寧県
41	男	工人	20	1957	11	天津？	初中	河北省交河県
42	男		41	1932	3	天津？	初中１年	河北省定興県
43	女	工人	22	1955	10	天津	高中卒	天津市
44	男		56	1918	7	1951	無	山東省高唐県？

45	男	工人	23	1950	10	天津？	初中卒	山東省恵民県
46	男		46	1928	5	天津	無	天津市
47	女	工人	19	1959		天津	初中	天津市
48	男	資本家	45	1929	9	1941	小学２年	河北省故城県
49	男	中農	58	1915	11	1937	小学３年	河北省定興県
50	男						初中	
51	女	工人	26	1948	9	天津	６年	天津市
52	女	貧民	18	1955	2	天津？	初中	河北省覇県？
53	男	中農	55	1918	3	1941	私塾３年	河北省定興県
54	男	下中農	49	1924	3	1935	小学３年(私塾３年)	河北省定興県
55	男	地主	41	1933	10	1946	小学３年	河北省安次県
56	男	貧農	56	1918	12	1939（1956）	小学４年(私塾４年)	河北省静海県
57	男	工人	52	1921	9	天津？	小学1年（在天津）	河北省静海県
58	男	私代	62	1911	5	天津	高小	天津市
59	女	工人	20	1958	5	天津	初中３年	天津市
60	男	工人	25	1949	3	天津？	初中	山東省武城県？
61	男	独労	28	1945	2	天津	高小卒	天津市
62	男	城市貧民	54	1919	10	天津	無	天津市
63	男	工人	27	1946	10	天津	高小	天津市
64	男	工人	19	1954	11	天津？	初中卒	河北省青県
65	女	革幹	20	1953	12	天津？	初中	河北省無極県
66	男	貧農	54	1919	12	1927？	文盲(業余２年)	河北省静海県
67	男	貧農	54	1919	3	1935	文盲	河南省濮陽県
68	男	工人	58	1915	10	天津	小学２年	天津市
69	男	資本家	47	1926	12	天津	初中１年	天津市
70	男	貧農	66	1907	5	1924	文盲	河北省定興県
71	女	工人	28	1945	4	天津	高小卒	天津市
72	男	工人	20	1957	12	天津？	初中	河北省
73	男	貧農	31	1946	1	1957	小学４年	河北省易県
74	男	工人	25	1953	1	天津？	初中	河北省保定市
75	男	貧農	47	1927	4	1947？	初小２年	河北省藁城県
76	男	中農	49	1924		1936？(45-49故郷に)	私塾１年	山東省
77	女	工人	27	1947	10		初中卒	山東省
78	男	貧農	53	1920	10	1948		河北省藁城県？
79	男	貧農	65	1908	3	1935	文盲	山東省館陶県
80	男	中農	62	1911	2	1926	小学３年	河北省房山県
81	男	業主	32	1941	12	天津？	初中	山東省寧津県
82	男	工人	19	1954	4	天津	初中卒	天津市
83	男	工人	18			天津？	初中	河北省粛寧県
84	男	船民	38	1936	7	天津	小学２年	天津市
85	男	業主	52	1921	5	天津？	初中	河北省定興県
86	男	商人	52	1921	2	天津？	小学３年	河北省大城県
87	男	下中農	63	1910		1942	小学２年	河北省任邱県
88	男	富農	49	1924	12	1947	初中	河北省定興県
89	男	中農	42	1931	11	1946？	小学	河北省呉橋県
90	女	中農	49	1924	6	1960？	小学	河北省武強県

91	男	工人	33	1945	1	天津	初中	天津市
92	男	商	44	1929	11	天津	小学6年	天津市
93	女	資産階級	27	1947	6	天津？	中専卒業	河北省安次県
94	男	工人	54	1919	10	天津	高小	天津市
95	女	業主	33	1939	12	天津？	小学卒業	河北省定興県
96	女	地主	38	1935	6	1956	小学5年	河北省武強県
97	男		24	1949	7	天津	初中	天津市
98	男	中農	25	1948	12	天津？	初1	河北省定興県
99	男	店員	22	1951	5	天津	初中卒業	天津市
100	男	職員	28	1946	1	天津	小学3年	天津市
101	男	独労	29	1943	11	天津	高中	天津市
102	男	工人	24	1944		天津？	初中	河北省静海県
103	男	工人	38	1935	6	天津	小学2年	天津市
104	男	貧農	60	1914	7		業校5年	河北省定興県
105	男	中農	41	1931	11	1951	初小	山東省無棣県
106	男	業主	26	1947	2	天津？	高中	河北省武邑県
107	男	工人	57	1917	5	1949？	小学4年	天津市西郊
108	男	貧民	66	1907	12	天津	3年(私塾)	天津市
109	女	下中農	50	1924	10	1946？	1年	河北省定興県
110	男	独労	23	1950	10	天津？	初中	河北省武強県
111	女	工人	30	1944	5	天津	初中卒業	天津市
112	男	貧民	64	1909	11	1932	私塾2	北京
113	男		64	1910	12	1927？	私塾3年	河北省定興県
114	男		65	1909	2	天津	小学1年	天津市
115	男		60	1914	6	1940	小学1年	山東省尚和県
116	男	貧農	66	1907	12		無	河北省静海県
117	男	員工？	60	1913	7	天津	小学4年	天津市
118	男	工人	62	1910	5	1922？	粗通文字	河北省静海県
119	男		66	1907	9	1922？	私塾3年	河北省覇県
120	男	工人	27	1946	6	天津	小学	天津市
121	男	工人	23	1950	12	天津？	初中卒業	河北省冀県
122	男	中農	51	1922	5		高小	河北省覇県
123	女	工人	55	1918	12	天津	不識字	天津市
124	男	貧農	67	1907	3	1922？ (1931？)	2年(私塾？)	河北省滄県
125	男	革幹	20	1953	12	天津？	初中	山東省莘県？
126	男		50	1924		1938？	小学3年	河北省容城県
127	男	城貧	79	1896	9	天津	私塾1年	天津市

(註) 空欄：履歴書に記載がないもの。□：判別できなかった字。

〔表２〕　世代による学歴の違い（出身地域別）　　（単位：人）

生年／出身地	最終学歴																														合計
	無学	文盲	私塾				初級小学						高級小学				初級中学					高級中学					業校	中専		不明	
			1	2	3	4	在	1	2	3	4	卒	在	1	2	卒	在	1	2	3	卒	在	1	2	3	卒	5	在	卒		
Ⅰ1896-1909	1	2	1	2	2			1																							9
天津			1		1			1																							3
天津以外		2		2	1																										5
不明	1																														1
Ⅱ1910-1919	8	4			2	1		1	2	2	3		2			1											1				27
天津	1	1							1		2		2																		7
天津以外	7	3			2	1		1	1	2	1					1															19
不明																											1				1
Ⅲ1920-1929	2	1	1		2		3	2	3	2	1		2	2	2		2	1												1	27
天津	1	1					2	1		1	1		1	1	1		1	1													12
天津以外	1		1		2		1	1	3	1				1	1		1													1	14
不明													1																		1
Ⅳ1930-1939							2		3	3		1	1	1	1		1	1													14
天津									2			1					1	1													5
天津以外							2		1	3			1	1	1																9
不明																															0
Ⅴ1940-1949							1			1	1		1		4	2	6	1			2	2						1	1		23
天津							1			1			1		4	2	6	1			2	2							1		21
天津以外											1																	1			2
不明																															0
Ⅵ1950-1960																	15			1	7	2				1					26
天津																	14			1	7	2				1					25
不明																	1														1

（註）最終学歴欄において「業校」は職業学校、「中専」は中等専門学校のことを指す。また、同欄の「在」は在学、「卒」は卒業、「１～５」は在学年数を表す。六年制小学校に五年以上在籍した者についての情報は、高級小学校の欄に記入した。

註

（1）本史料は、後述するように、「工作人員登記表」と「天津市紅橋区媒建公司職工履歴表」という書類が綴じられたファイルであるが、ファイル自体の正式な名称は不明である。従って「天津市紅橋区煤建公司従業員関係檔案」という名称は、ファイルの内容を勘案した上で筆者が便宜的に付けたものである。

（2）天津市古旧図書交易中心については、拙稿「山西省図書館・天津図書館利用案内」『中国都市芸能研究』二輯、二〇〇三年、に詳しい。なお、同所はその後移転などを繰り返し、二〇一四年現在、消息不明である。

（3）『天津市』編纂委員会編『中華人民共和国地名詞典――天津市――』北京、商務印書館、一九九四年、一三一頁。

（4）地名の比定については、紅橋区人民政府編『天津市紅橋区地名録』天津、天津市紅橋区人民政府、一九八八年、に拠った。

（5）以下の記述については、和平区地方志編修委員会編著『天津市和平区志』上冊、出版地出版年不明、二九四〜二九六頁、に拠っている。

（6）天津市古旧図書交易中心では、多くの店が露天で古本を販売していた。建物（廟）を間借りした店舗もあったが、そうした店舗でも資料の保存のあり方については無頓着であった。

（7）近代以降、中国では教育に関する統計がたくさん作成された。筆者もそうした統計をいくつか見てきたが、世代別の学歴についてまとめた統計は今のところ見ていない。世代による学歴の違いに関する研究が少ないのには、そうした要素も影響しているように思える。

（8）当該時期の教育として注目すべきものに、国民政府によって行なわれた「国民教育」という政策がある。それについては、かつて阿部宗光が「国民基本教育」『現代中国の教育事情』文部省調査局調査課、一九四九年、で簡単に紹介しているが、依然として研究が少ない。

終　章　近代天津の「社会教育」
――教育と宣伝のあいだ――

一　本書の成果

（一）　本書のまとめ

以上、近代天津における「社会教育」の変容過程について見てきた。その成果は次のように纏めることができよう。

①「社会教育」の導入（清末）

義和団事件後、国家の富強を目指す清朝は、科挙の実施を停止するとともに近代教育の本格的導入に踏み切った。そのため中国各地には近代学校が続々と成立し、多くの学生が登場するようになった。とはいえ、学齢に達した子供のすべてが学校に通ったのではなく、学校に通わない、または通えない児童も相当多かった。こうした未就学児童（失学児童）、および近代学校に通った経験のない成人（失学民衆）の教育を担当したのが「社会教育」であった。天津は全国的に見ても比較的早い時期から「社会教育」を導入しており、清末の段階ですでに博物館、宣講所、閲報所などが活動を始めていた。

「社会教育」の目的は社会にはびこる悪習の除去および民衆一人ひとりの知的向上にあったため、いきおいそこで教育される内容はそれまでの中国にはない「新しい」情報が多く含まれていた。ただしその一方で、現代的な感覚からすると「伝統的」、「教化的」な内容の教育も行われていた。このように、清末天津における「社会教育」は民衆の「改良」を目指す「革新性」に満ちた活動である一方で、従来の利益団体や知識人が自らの利権や立場を民衆に対して正当化させ、彼らの希望に合致した人間を作り出すための道具でもあった。

なお、この時点において天津「社会教育」に対する中央・地方各政府からの締め付けはそれほど強くなかった。かかる事実は結果として地方名望家による「社会教育」への参入を比較的容易にしたが、その反面、教育内容が教育者によって異なるという問題を生じさせた。その意味で清末天津の「社会教育」は、民衆の自己啓発を促す教育の手段としても、国家のイデオロギーを民衆に押し付ける教化の手段としてもいまだ未成熟であったといえる。ただし、それは逆に地方名望家の自由な意見発表の場として当時「社会教育」が機能していたことを意味していた。

② 「社会教育」の組織化（中華民国北京政府期）

中華民国北京政府は清朝に比べ「社会教育」に積極的であり、この時期中国の「社会教育」は制度化、拡大化、組織化が進展した。なかでも重要なのが「社会教育」の組織化で、それまで比較的ばらばらに活動していた各「社会教育」事業は中央政府や地方政府の手で統合され始めた。中央には全国の「社会教育」を統括する社会教育司ができ、地方には各地の「社会教育」を管理する社会教育課（股）や、通俗教育会（ないし通俗教育館）などが設立された。ただし、これをもって国家の、「社会教育」に対する管理の度合いが高レベルに達したわけではなく、地方の「社会教育」に至っては、中央政府（＝社会教育司）はほとんどイニシアチブを取ることができなかった。地方における「社会教育」の組織化および実践は主に地方政府や地方名望家たちの努力（＝通俗教育会・館）に頼る面が大きかった。その意味で「社会教育」への参入は、地方名望家たちにとって辛亥革命後も依然として比較的容易であったといえる。

天津にも天津社会教育辦事処という通俗教育会が誕生し、教育界や実業界などからの寄付を基に数々の「社会教育」事業を行っていた。それは演説活動、貧民学校の運営などといった教育活動だけでなく、文貧の生活保護など社会事業活動も含むものであった。一方で、社会教育辦事処は民衆の社会道徳を向上させるために儒教道徳をも重視した。そのため社会の「進歩」が目的であるはずの「社会教育」でかえって文廟の再建や節婦の表彰が復活することになった。こうした姿勢は五四運動後に新文化を掲げる人々から批判されることになるが、社会教育辦事処にとっては儒教道徳の保持こそ社会を「進歩」させるものであり、中国を「進歩」させるものであった。そしてこうした考えに同調した天津の教育界、実業界、社会事業界の少なからぬ者たちの援助によって社会教育辦事処は事業規模を拡大させながらその後一九二八年まで「社会教育」を行い続けることができた。

そのほか、天津警察庁や天津県教育局も「社会教育」に取り組んだ。ただし、その目的は互いに異なっていた。警察庁は教育を通した社会管理に、より関心を持っていた。その点で儒教道徳の涵養を教育の主眼においていた社会教育辦事処の活動と親和性があり、現に両者は互いに協力し合うこともあった。一方、教育局が主導した「社会教育」活動は、デモクラシーの普及を大きな目標とする平民教育の影響を強く受けていた。ゆえに、警察庁と教育局は教育方針をめぐって対立したが、結局先に退場したのは教育局による平民教育のほうであった。地域社会からの支持を十分に得られなかったことが、失敗の大きな原因と考えることができる。そうした情況から、北京政府期の天津社会が「社会教育」に期待していたものが何だったのかを、知ることができよう。

③「社会教育」の拡大化と緻密化（南京国民政府期～国共内戦期）

地方名望家たちの努力と、それに対する地域社会の一部人士による援助から成り立っていた天津の「社会教育」は、南京国民政府期以降その様相を大きく変えることになった。国民政府が、従来の政府とは比較にならないほどの積極性をもって「社会教育」に取り組んだからである。

この時期に新たに誕生した天津市教育局は、天津社会教育辦事処を接収しその事業の多くを引き継いだ。その上で多額の資金をつぎ込んで「社会教育」インフラの整備に励んだ結果、天津の「社会教育」の規模はかつてないほどまでに拡大することになった。また、「社会教育」に対する国民党からの関与が強まったため、この時期以降の「社会教育」は、民衆知識の向上を謳う教育機関としての性格だけでなく、国民党への忠誠心を涵養する宣伝機関としての性格をも具備するようになった。

一方、社会教育辦事処が教育局に接収された後、社会教育辦事処の関係者たちは私立広智館を中心に活動を続けた。彼らは博物館、古文教育などといった「文化」保存の分野において重要な働きをし、そうした動きは教育局からも支持されていた。とはいえ、社会教育辦事処時代に比べその活動範囲が大幅に縮小したことは否めない。

このように、国民政府期天津の「社会教育」は、基本的にはそれ以前の動向を引き継ぐかたちで展開された。ただし、「社会教育」規模の拡大化、「社会教育」に対する政府や党の関与度の増加という点で、天津における「社会教育」の性格はこの時期大きく変化した。こうした変化の中で天津の「社会教育」は、徐々に教育、教化手段としての実力を備えていくようになった。

南京国民政府期以降の天津の「社会教育」では、拡大化の流れと並行して緻密化の流れも進行していた。その動きは民衆教育館の変容過程においてよく見られた。

上でも述べたように、民衆を啓発し三民主義を宣伝する必要から、国民政府は「社会教育」の普及に努めたが、その取り組みの中で登場し、地域の「社会教育」を企画、運営する中心機関としての役割を与えられたのが民衆教育館であった。天津にも二館設立され、それ以外にも民衆教育館に類似した活動をする通俗講演所、通俗図書館が存在した。

ただし、南京国民政府期天津の民衆教育館およびその類似施設は「社会教育」の中心機関として管轄すべき明確な区域を持っておらず、働きかけるべき地域およびそこに住む民衆の状況についてそれほど深い関心を示さなかった。その後一九三六年頃から担当区域を設定しようという動きが見られるようになり、それは遂に日中戦争期に社会教育区という形で実現した。社会教育区は九つ設定され、それぞれに民衆教育館（当時は新民教育館と呼ばれた）が一館設置された。社会教育区の誕生で各民衆教育館の責任範囲が明確化されたことにより、担当区域に対する民衆教育館の関心は俄然高まり、地域の特性に応じたキメ細やかな教育活動がなされるようになった。しかし、それに対する民衆からの反応はいまひとつだったため、一九四〇年代に入るとついに保甲制との連携による民衆の取り込みが模索されるようになった。

④「社会教育」の大衆化（中華人民共和国初期）

中華人民共和国期に入ると、天津の「社会教育」活動はさらに拡大化の趨勢を続け、まさしく未曾有の規模となった。また、警察や末端自治団体などと協力することで、教育対象の把握をいっそう緻密にできるようになった。この時期「社会教育」の末端を担ったのは、民国期の民衆教育館の土台の上に作られた文化館であったが、それが主催した各活動にかつてないほど多くの市民が参加するようになった。活動のバリエーションも増え、教育活動だけでなく娯楽活動も充実するようになった。

南京国民政府期以降、「社会教育」は、新生活運動などのような大衆運動と連動するようになったが、その流れは共和国期以降さらに進んだ。文化館およびその指導下の団体などが行った各種活動は、共産党や政府の方針を民衆へ宣伝する上で大きな力を発揮した。注目すべきは、こうした宣伝活動に民衆が参加するようになったことである。清末以来、「社会教育」は、一部（一九二〇年代以降見られた「小先生」制など）の例外を除き、教員など知識人層によって行われるものだった。それが、人民共和国期になると、アマチュア教師やアマチュア宣伝員が民衆のなかから大量に採用されるようになり、事態は大きく変化した。ただ、こうした教師や宣伝員の教育レベルは必ずしも高くなく、現場に大きな混乱をもたらしたため、一九五三年以降人員の整理がなされた。そしてこの頃、文化館の組織改編がなされ、その活動から講演や識字教育などのような教育機能が削除されることになった。文化館は「群衆文化」活動を主管する純然たる文化機関となったのである。ただし、文化を利用した宣伝活動は混乱を伴いながらもその後も続けられ、大躍進時代に最高潮を迎えることとなる。

（二）　教育と宣伝のあいだ

こうした成果から導き出される天津の「社会教育」の特徴を、本書の中心的なテーマである教育と宣伝という点に絞って整理し直してみると、以下のようになる。

①　教　育

まず教育形態から見てみる。当初宣講処（後の宣講所→通俗講演所）と半日学校のみであった天津の「社会教育」であったが、中華民国期に入り社会教育辦事処が登場したことで教育のバリエーションが大きく拡がった。この時期社会教育辦事処は巡廻講演、貧民学校、図書館、博物館などの運営のほか、通俗教育新聞の出版や芸能の改良、生活に困窮する文人の救済などにも着手した。また、新たに登場した貧民半日学社では、貧民の子弟に対する教育だけでなく職業斡旋も行なわれた。南京国民政府期になるとバリエーションはさらに広がる。民衆補習学校を利用した大規模な識字教育などに加え、新しく民衆教育館という総合的な「社会教育」機関が誕生した。民衆教育館では、従来から行なわれてきた講演や図書館、識字教育などの事業に加えて、民衆を集めた大規模な集会を開催したり、サークルや合作社を組織したり、民衆に対する無料診療などを行なったりした。そして、人民共和国期になると民衆教育館を改組することで成立した文化館が、それまでの活動に加え、様々な集会や展覧会を大規模に挙行した。

教育形態の拡充と合わせて、教育内容の充実も見られた。宣講処では儒教道徳の宣揚だけでなく、国内外の情勢についての解説も行なわれた。また、そこでは都市の近代化とともに必要となる新しい生活知識などが民衆に対して伝えられた。講演の内容については、民国期以降になるといっそう充実していく。そのほか、民衆補習学校や識字班などでは識字や算術の手ほどきもなされたし、貧民半日学社ではそれらに加えて修身、体育、手工の教育もなされた。そして、一部の民衆教育館や文化館では以上に加え合作社運動や農業知識の伝授なども行なわれた。

そのような流れのなかで、天津の民衆がこうした「社会教育」に接する機会も確実に増えていった。清朝末期に四つの宣講処と五つの閲報処からスタートした天津の「社会教育」は、その後施設の新設や社会教育区の設定などをするとともに、時に強制力を働かせることで徐々に民衆との距離を縮めていった。その成果は第七章で見たとおりである。

以上のように、二十世紀前半の五〇年の間に天津の「社会教育」はかなり充実したものになった。この時期、義務教育の普及も特に一九二〇年代後半以降急速に進んだため、両者でカバーできない人々の数、つまり「公教育の網」から外れた人々の数は、天津の総人口が絶えず増えていっていたにもかかわらず、年を追うごとに少なくなっていったと考えられる。もちろん、そこで教育された内容のなかには以下で述べるように時期によっては大きな問題を抱えるものもあったが、それによって約五〇年間におよぶ政府および一部名望家層を中心とした「社会教育」のすべてを問題視することはできない。教育の効果については、それを示すデータが十分に揃っていないためはっきりとしたことが言えないが、少なくとも「社会教育」によって実際に読み書きを学んだり、国内外の状況や生活に関する知識を得たりした人は一定の割合でいたのであり、その数は時代が下るにしたがって確実に増えていったのである。

②　宣　伝

ただ、天津の「社会教育」には宣伝の要素が常に加味されていたことも、本書での検討から明らかである。「社会教育」の導入とともに天津には四つの宣講処が設立されたが、「宣講処」という名称からも見えるように、そこでの教育の中心にあったのは『聖諭広訓』の宣講であった。社会秩序の安定を期する道徳の宣揚を第一に行ないつつ、近代的な知識の涵養も行なうというのが、宣講処の当初からのスタンスであった。その後、民国期に入ると『聖諭広訓』の宣講は行なわれなくなるが、秩序の安定を念頭に置いた道徳の普及という流れ自体はその後も引き継がれていく。北京政府期天津の「社会教育」を担った社会教育辦事処は、講演や通俗教育新聞のなかで儒教道徳を盛んに称揚するとともに、文廟の修築や祭礼の主催、道徳的に優れた人々の表彰なども行なった。また、同時期に「社会教育」を担当した貧民半日学社も授業（なかでも柔軟体操、音楽などの科目）において規律を特に重視した。

南京国民政府期になると、新生活運動の影響もあり、道徳や規律の重要性が引き続き強調されたが、それに加えて国民党の党義などの宣伝が増えるようになる。また、講演所での講演でも、「国恥」のように、国民のナショナリズムを喚起し、政権が行なう各政策の正当性を訴えるような内容のものが増えていった。そうした動きは日中戦争の二年ほど前からさらに強まっていく。日中戦争が始まると天津は日本軍の占領下に入るが、そこでも以上のような流れは引き継がれていき、さらに激烈になっていく。もちろん、宣伝内容は国民政府期のものとまったく異なり、アジアにおける日本の動きを積極的に評価するものであったが、そうした宣伝を識字班や日本語班などの活動と絡めつつ、民衆教育館（当時は新民教育館）など従来から存在していた「社会教育」のインフラ（一部人員を含む）を利用して実施していった。そこでは保甲制を利用した、民衆の強制的な動員が試みられたが、そのような、宣伝の実効性を高めるために民衆を動員する仕組みは、その後国共内戦期を経て人民共和国初期にまで引き継がれる。

人民共和国期には民衆教育館の後継である文化館が、区政府文教科や地元の派出所などと協力して識字班の参加者を、時に強制的な手段を使って集めていた。そうした識字班において宣伝員として選抜された人々は、政府の意向に沿って、それまで宣伝が及んでいなかった「空白点」にまで宣伝の網を掛けるべく、尽力した。以上のようなこともあり、この時期天津の「社会教育」と関わりを持つ民衆の数は年間延べ三〇〇万人ほどまでになったのである。なお、この時期は義務教育を受ける学生も宣伝に参加していたので、それも合わせると宣伝が及ばない「空白点」は以前に比べると相当狭まっていたのではないかと考えられる（当時は義務教育の学生や「社会教育」以外の分野でも様々な団体が宣伝に参加していたため、実際「空白点」はいっそう小さくなったであろう）。

③　天津の「社会教育」に対する評価

筆者は①で天津の「社会教育」の教育的側面にも評価すべきところがあると述べた。ただ、②で提示したような事実も一方であるなか、天津の「社会教育」を総体としてどのように評価したらよいだろうか。

重要な点として指摘しておくべきことは、天津の「社会教育」が終始啓蒙的な視点から抜け出せなかったことであろう。教育は常に上から下へ、すなわち知識のある者から知識のない者へ情報を伝える、という立場から行なわれていた。教育者は清末から北京政府期までは主に知識人、南京国民政府期以降は「社会教育」機関の職員が担当していたが、彼らが民衆の意向を取り入れるようなことはほとんどなかったと言える。人民共和国期には民衆自身が教育者になるようなことも見られたが、その裏には党の存在があり、それに反して自由に教育活動をすることは難しかったであろう（それは、党の意向を逸脱するような群衆義務教員が一部いたために彼らの多くがその後免職になったことからも明らかである）。それゆえに、そこにはどうしても教育をする者たちやその背後の組織の意図が入り込み、それが「（教育者それぞれにとって）よりよい国民」になることを民衆に向かって宣伝するというかたちで表れたのであり、またそうした宣伝こそが各時代の「社会教育」の中心を占めたのである。

一方で確認すべきことは、そうした教育者やその背後の組織が、自らの思想や政権の正当性を訴える上で「社会教育」を必要としたことこそ、二十世紀前半の五〇年間、「社会教育」のための予算が毎年組まれ、その額も徐々に大きくなっていった主な要因でもあったということである。そうした財政的な背景を基礎に、天津の「社会教育」では、②で述べた宣伝的要素だけでなく、①で述べた教育的要素も増えていった。

以上を踏まえた上で、天津の「社会教育」をどのように評価するか。難しいが、あえて言うならば次のようになろう。「社会教育」の内容には、宣伝的な要素を含みつつも普遍的な知識として生活のなかで通用するものも多かった（宣伝色の強い識字学習テキストに掲載された文字そのものや、同様の算数テキストに掲載された数学的知識など）。それゆえ、「社会教育」の普及が、貧しくて学校に通えなかった人々の学ぶ機会を増やす結果になったこと自体は評価できるのではないだろうか。この点に関して言えば、本書で見てきた地方名望家層や政府による「社会教育」は確かに意味があったと筆者は考える。

一方で、もちろんこれは教育という観点から見ればむしろ負の要素になるが、各時代の天津の知識人層や政府が民衆との関係を取り結ぶ上で、「社会教育」を盛んに利用したという事実も、国家=社会関係という観点からするとやはり見逃せないだろう。近代以降、中国では様々な要因により国家と社会との関係が従来に比べ密接になっていったが、天津に関して言えば、「社会教育」も両者を近づけるそうした要因の一つになり得たのではないかと筆者は考えている。ただ、そのことが教育や宣伝を受ける側の民衆にとって良いことばかりでなかったことは、本書の内容からも明らかである。

このように、天津の「社会教育」を総体的に見た場合、そこには一面的な評価だけでは表現できない多様な側面があった。しかし筆者は、それこそが天津の「社会教育」であったと考えている。そのような存在が二十世紀前半の五〇年間に天津で発展し、良い意味でも悪い意味でも社会に様々な影響を与えていた。同様の視点は、天津以外の他地域の「社会教育」の性格を捉える上でも必要であろう。

（三）　本書の意義

本書の成果は研究史においていかなる意義を持つのか。大別すればそれは以下の四点に纏められよう。

①　近代中国「社会教育」行政に対する理解が進む

序章で述べたように、従来近代中国「社会教育」史研究においては、平民教育運動など民間団体が行政から独立した立場において行った教育活動、および中国共産党が革命根拠地などにおいて行った教育活動に注目した研究が多く、その反面各政府が行政として行った教育活動に着目した研究は少なかった。特に、政府による「社会教育」が地方においてどのような状況であったのか、その具体的かつ長期的な状況を検討したものは劉暁雲の研究などを除けばほとんどなかった。ゆえに本書の成果により、近代中国「社会教育」行政に対する理解はなお一層深まったと考える。

②　近代中国「社会教育」史を時代区分する上で新たな方法を提示

「序章」において、近代中国「社会教育」史研究の時代区分の仕方として、主に二つの方向性があったということを紹介した。それはすなわち、中央政府の改変などに合わせた区分（例えば「清末新式社会教育の発展」、「民国初年の社会教育」、「国民政府成立後の社会教育」、「抗戦時期の社会教育」のように）と、教育の性格の違いによる区分（例えば「通俗教育時期」、「平民教育運動時期」、「郷村教育運動時期、民衆教育時期」のように）であった。それぞれ「社会教育」の時代ごとの特徴を捉える上で有効な区分法であるが、一方で「社会教育」の長期的な変容を見る際には不十分な面もあった。

そこで本書は従来の時代区分をひとまずおいた上で、天津において「社会教育」と呼ばれた教育活動を長期的な視野から検討した。その結果、「終章」（一）で見たような、「社会教育」の「導入」、「組織化」、「拡大化、緻密化」、「大衆化」という流れが見えてきた。この時代区分の有効性は、時代および教育学上の先進、後進性などに捉われずにその時どきの「社会教育」の実相に目を向けることができる点にある。いずれにせよ、従来の時代区分の弱点を補完するものとして位置づけることができよう。

③　近代中国「社会教育」が持っていた「伝統的」側面が顕在化

従来の近代中国「社会教育」史においては「伝統的」要素に対してほとんど検討がなされなかった。しかし序章で論じたように、「伝統的」要素は中国の教育にとっての近代を読み解く上で欠かすことができない。近代天津の「社会教育」においても、「伝統的」要素の混入度は相当多かった。「伝統的」要素の保存こそが「社会教育」発展の動機だった時期すらある（第二、三章）。こうした天津での情況を鑑みるに、近代中国「社会教育」の歴史において「伝統的」要素が果たした役割は少なくないのではないか、という予想が成り立つ。

同様の観点から中国教育の近代を捉えた研究は近年増えつつある（序章参照）。本書もまたそうした動きに一石を投ずるものとなっただろう。そして、それにより中国の近代に対する理解は一層深まったと考える。

④「社会教育」が近代天津社会に与えた多様な影響を検証

序章でも述べたように、従来の研究では「社会教育」の教育的側面のみに注目したものが多く、それをその教化的側面も含めて包括的に検討したものはほとんどなかった。本書ではその点に注意しながら、天津の「社会教育」史像を叙述した。それにより、教育と宣伝という二つの顔を持つ「社会教育」のありようを明らかにすることができた。それだけでなく、「社会教育」が現地社会に与えた多様な影響についても検証することができた。そのうち特に重要なのは、「社会教育」が政府や党による社会管理や民衆の動員、そして国民統合に果たした役割である。もちろんそれらをすべて肯定的に捉えることはできない。時期によってそれが日本の占領政策に利用されたり、政党の方針に合致しない人々を糾弾するために使われたりしたことを無視すべきではないだろう。それでも強調しておきたいのは、教育内容はともかく、そうした「社会教育」のあり方自体が政権の転換を越えて引き継がれ、かつ組織化、拡大化、緻密化、大衆化というように展開していったことである。したがって、それが直接社会に与えた影響力も、時代が下るに従って強まったと考えられる。

二十世紀初頭に日本の影響を強く受けて始まった中国の「社会教育」。その変遷を天津を例に長期的に見てきたが、その行き着いた先は日本人が考える社会教育とは大きく異なった。「社会教育」がこのような姿になった背景にはいろいろな要素があったであろうが、やはり最も強く影響を与えたのは度重なる政変と対外戦争、そしてそれによる社会の変動と移民の増加などであったと思われる。

こうした「社会教育」は教育学的に見ればとても教育と呼べるものではないだろう。しかし、それはやはり近代中国の教育、ひいては中国の近代を形作る重要な一要素であった。そして、現代中国の教育はその土台の上に成り立っていると考えられるのである。

二　今後の課題

以上のように、本書によって近代天津の「社会教育」について様々なことが明らかになったが、このテーマに関しては依然として課題も多い。ひとまず以下の四点を挙げておく。

①　他地域との比較

本書で明らかになったのはあくまでも天津での事例のみであり、これをもって当該時期における全中国の「社会教育」の変容過程を代表させることはできない。上海など他の沿海都市との間で異同があった可能性は十分ありえるし、ましてや農村では情況がまったく違っていたであろう。そうした地域での事例と天津での事例とを比較検討することで、近代中国「社会教育」に対する理解はより深まり、ひるがえって天津の独自性も見えてくると思われる。

②「社会教育」の受け手に対する考察

本書で考察したのはもっぱら「社会教育」の実施者についてであり、教育の受け手に対してはほとんど目を配ることができなかった。民衆はなぜ、どのように「社会教育」に関わったのか、あるいは関わらなかったのか。そうした動きを見ることで清末から人民共和国初期にかけての民衆の実相が明らかになり、さらに当該時期の民衆にとって「社会教育」がどのような意味を持ったのか知ることができると考える。

③「社会教育」の教育内容に関する考察

本書では「社会教育」の具体的な教育内容についてほどんと検討することができなかった。「社会教育」で伝えられた情報は政治、経済、社会、文化など多方面にわたる。講演の原稿や識字教育の教材などの内容について考察をしていく必要があろう。

④民間団体によって行なわれた「社会教育」に対するさらなる検討

従来の近代中国「社会教育」史研究では、平民教育促進会など民間団体によって行なわれた「社会教育」活動に注目するものが多かった。それに対して本書が焦点を当てたのは、主に政府によって行なわれた「社会教育」であり、また天津社会教育辦事処や天津広智館など、これまであまり目を向けられてこなかった民間団体による「社会教育」

であった。しかし、実際にはそれら以外のところでも盛んに「社会教育」が行なわれており、特に重要な働きをしたのが基督教系や仏教系宗教団体によって運営された「社会教育」である。そうした「社会教育」の実態や、当時の社会に果たした意義などについての研究も今後重要になってくるだろう。

附録　丁国瑞『竹園叢話』について――附：各集目次――

はじめに

ここでは、一九二三年から二六年のあいだに天津で出版された『竹園叢話』という書物について紹介する。『竹園叢話』の編者は丁国瑞という人物で、清末、中華民国期の天津で医者、教育家として活躍した。『竹園叢話』は、丁国瑞が生前に新聞や雑誌で発表した文章五六八篇のほか、丁が関心を持った他の論者の文章二〇〇余篇を収録している。この『竹園叢話』を本書であえて取り上げる理由は、清末、民国期の教育、衛生、宗教、社会などについて考える上で有用な史料であると考えるからである。

一　丁国瑞について

（一）　伝統医師として

丁国瑞は回民の子として同治八（一八六九）年（一説には同治九年）に北京で生まれた。字は子良といい、竹園と号した。叔父の影響もあり、青年期より伝統医学の学習に励んでいたが、二五歳の時北京を離れて天津に移り、当時天

〔図1〕　丁国瑞

（出典）天津市歴史博物館等合編『近代天津図志』天津、天津古籍出版社、1992年、186頁。

津最大の茶荘として名を馳せていた正興徳茶荘で働くことになった[1]。彼はその働きぶりが認められ司帳（会計管理者）にまでなったが、中医の道を諦めたわけではなかった。数年後、彼は茶荘を辞め、フランス租界の梨桟大安里に内科、婦女科、小児科を専門とする天津敬慎医室という名の診療所を開いた。以来、丁は中医としての仕事に専心し、その名声は日に日に高まった。そして、彼はしだいに天津の伝統医学界の中心人物になっていった。

そのような中で、彼は衛生の改革に関心を持つようになる。なぜなら、二十世紀初頭の天津では、直隷総督の袁世凱のもとで近代西洋医学に依拠した衛生改革が展開されており、それを目の当たりにした丁国瑞も改革に目覚めたからである。彼は中国伝統医学の立場からこうした動きに参入しようとし、一九〇五年に「中国医薬研究会」という組織を設立した。医薬研究会には天津の伝統医が数十名集い、医業、薬業の改革や患者の治療などに取り組んだ（ただし、医薬研究会は一二年に解散した）。

他方、丁は病気の治療法や売薬の開発にも力を注いだ。一九一七年にはペストの治療法について論じた「説疫」という文章を書き、天津を代表する日刊紙である『益世報』に投稿している（これはのちに本としてまとめられて天津敬慎医室から出版された）。

（二）「社会教育」家として

このように、丁は医者として存分な働きをしていたが、それでもなお彼の心は充足しなかった。なぜならば、彼は

「医をもって人を済う」だけでなく、「言をもって世を済う」ことをも望んでいたからである。「言をもって世を済う」、すなわち言論によって世の中を救う行為は当時「社会教育」と表現されることがあったが、丁はまさしくそれに従事する「社会教育」家でもあった。十九世紀末以来、彼は『直報』に「竹園演説」（光緒二十三（一八九七）年）を掲載したのを皮切りに、次々と文章を書いては『大公報』、『天津商報』、『民興報』など各新聞に掲載した[2]。ただし、その多くは光緒二十八（一九〇二）年から民国二（一九一三）年の間に集中しており、その後、発表のペースは大幅に減少する。とはいえ、一九二〇年代に彼の文集――『竹園叢話』――が出版されていることから、「社会教育」家としての彼の名声は基本的には清末民初を通じて衰えなかったといえる。

彼の活動は文章を新聞に載せることだけではない。時には自らが宣講所の演台に登って民衆に熱弁を振るうこともあった。はたまた自身の意見を発表する場を増やすために自ら『竹園白話報』という新聞を創刊することもあったりした。天津の「社会教育」に関してこれほど幅広く活躍をした人物は清末民初を通してそう多くない。丁国瑞はまさしく当時の天津を代表する「社会教育」家であったということができるだろう[3]。

なお、丁国瑞が亡くなったのは一九三五年である。彼の子・叔度も父を継いで医者になり、人民共和国期には天津第二中心医院中医科主任になった。

二　『竹園叢話』について

（一）『竹園叢話』へのアクセス

『竹園叢話』は中国国家図書館に所蔵されている。天津図書館も所有しているが、四、八、九、二四集を欠いてい

〔図２〕『竹園叢話』表紙

る。そのため、『竹園叢話』の全集を見るためには、かつては中国国家図書館に行かなければならなかった。ただ、中国国家図書館での閲覧は、複写枚数の制限などの点でいろいろと不便が多かった。ゆえに、中国在住の人間でないかぎり、『竹園叢話』をゆっくりと検討することは不可能に近かった。

しかし、閲覧に当たっての困難さは、二〇〇八年に大きく減少した。呉海鷹主編『回族典蔵全書』の一部として、蘭州の甘粛文化出版社から『竹園叢話』の影印本が出版されたからである（〇九年には北京の国家図書館出版社からも影印本が出ている）。これにより、『竹園叢話』は中国国家図書館でなくても、ましてや中国に行かなくても読むことができるようになった[4]。

（二）『竹園叢話』の構成

『竹園叢話』は、一九二三年から二六年までに全部で二四集刊行された。一集につき分量は約一五〇頁、そこに三〇篇程度の文章が収録されている。各文章は、その内容ごとに七つのカテゴリーに分類されている。A～GのうちFとG以外はすべて丁国瑞の文章である。

Ａ　撰著：政治、経済、社会の各問題を批評した文章

Ｂ　寓言：寓話形式で国事を批判した文章

Ｃ　諧談：内容は「撰著」と変わらないが、文章の雰囲気がユーモアに富む

Ｄ　衛生：衛生、医学に関する文章

Ｅ　雑俎：雑件、ただし重要な文章もある

F　附件：丁国瑞らの活動を報じた新聞記事を転載したもの。

G　選録：他の論者が書いた文章で、丁国瑞が関心を持ったもの。

これらの中で数が最も多いのが「撰著」で、四〇〇篇以上にのぼる。それに次ぐのが「選録」で二〇〇編程度、その外はみな二、三〇篇ほどである。なお、以上に加え、推薦者による序文や、丁が経営する「天津敬慎医室」関係の広告（診療案内、丸薬の紹介）も載せられている。

「はじめに」でも述べたように、『竹園叢話』は、丁国瑞が新聞や雑誌などで発表した文章を主に収録している。なかでも多いのが、天津で発行された『竹園白話報』、『天津商報』、『民興報』および北京で発行された『北京正宗愛国報』から転載したものである。また、時期的には、一九〇〇年代初頭から一九一〇年代初頭に書かれた文章を最も多く収めている。

（三）『竹園叢話』の史料的価値

『竹園叢話』は、以下の四つの点で史料的価値が高いと考えられる。

A　「社会教育」史研究の史料として

上で述べたように、丁国瑞は清末民初の天津の代表する「社会教育」家であった。そのため、彼の言動を豊富に収録している『竹園叢話』は、当時の天津における「社会教育」のありようについて知るうえで有効な史料となりうる。

B　医学史、医療社会史研究の史料として

丁国瑞が医者であったということもあり、『竹園叢話』には医学や衛生関係の記述も多い。ただ、特徴的なのは、それぞれの文章が中国伝統医学の観点から書かれているという点である。近代に衛生改革の必要性が叫ばれるなかで、中国伝統医師がそれにどのように対応したのかを知る上で格好の史料と言えよう。

C　漢人ムスリム史研究の史料として

天津には漢人ムスリム（回民）が比較的多く居住している。丁国瑞は、近代天津におけるムスリム・コミュニティーの指導者の一人でもあった。そのため、彼は「清真教友請看」（『北京正宗愛国報』一九一二年八月九日〔『竹園叢話』一五集〕）、「清真教人的生計寛」（『北京正宗愛国報』一九一二年十月二十一日〔『竹園叢話』一七集〕）、「清真教中之美俗」（『天津社会教育星期報』一九二〇年八月二十九日〔『竹園叢話』四集〕）など、イスラム教関係の文章も数多く残している。こうした史料は、近代における漢人ムスリム史研究にとって有用であると考える。

D　近代天津、北京の社会史を研究するための史料として

丁国瑞は、あくまでも批判的な立場からではあるが、天津、北京の社会のありように対しても言及している。例えばそれは、「論天津脚行的把持」（『大公報』一九〇四年一月二十五日〔『竹園叢話』一三集〕）、「論天津的買売」（『竹園白話報』一九〇七年十月二十五日〔『竹園叢話』二集〕）、「北京人宜改習慣」（『北京正宗愛国報』一九一二年八月十七日〔『竹園叢話』七集〕）などといった文章に見られる。こうした史料を検討すれば、近代天津、北京の社会をより深く知ることができ、ひいては当該地域の社会史研究をいっそう深化させることができると考える。

おわりに

以上、『竹園叢話』の構成、史料的価値、および編者である丁国瑞の来歴などについて紹介した。『竹園叢話』は清末民初の教育、衛生、宗教、社会について検討する上で有用な史料であるが、閲覧環境がよくなかったために、これまでそれを利用した研究は多くなかった。[5] その点で、二〇〇八年に影印本が出版されたことは画期的な出来事である。今後、『竹園叢話』を利用した研究がさらに増えることを期待したい。

註

（1）これには同茶荘を経営していた穆竹蓀という回民との縁故が関係していると考えられる。穆氏と正興茶荘との関係については、穆芝房「天津穆家和正興徳茶葉店」『天津文史資料選輯』二〇輯、一九八二年、に詳しい。

（2）これには同じ回民である劉孟揚との交遊が関係している。劉ははじめ『大公報』の主編をつとめたが、その後『天津商報』に移り、さらに『民興報』に移った。丁はその劉の動きに合わせて、論稿を掲載する新聞を変えていったのである（劉孟揚「劉序」『竹園叢話』二三集）。

（3）丁国瑞の略歴については以下に拠った。「丁竹園」白寿彝主編『回族人物志　近代』銀川、寧夏人民出版社、一九九七年、所収。中国人民政治協商会議天津市委員会文史資料研究委員会編『天津近代人物録』天津、天津市地方史志編修委員会総編輯室、一九八七年、一頁。『竹園叢話』。

（4）日本国内で所蔵しているのは、東洋文庫のほか、京都大学・静岡大学・仏教大学・立命館大学の各図書館である（二〇一四年十月現在、CiNii Books〔http://ci.nii.ac.jp/books/〕より）。

（5）これまで『竹園叢話』を利用した研究には、管見のかぎり以下がある。Ruth Rogaski, *Hygienic Modernity: Meanings of Health and Disease in Treaty-port China*, Berkeley, University of California Press, 2004. 拙稿「清末における社会教育と地域社会――天津における『衛生』の教育を例として――」『中国研究月報』五九巻六号、二〇〇五年。同「北洋新政時期天津中医界的改革活動與地域社会」『中国社会歴史評論』八巻、二〇〇七年。路彩霞『清末京津公共衛生機制演進研究（一九〇〇―一九一一）』武漢、湖北人民出版社、二〇一〇年。

附：丁国瑞『竹園叢話』各集目次一覧

説 明

一 分類中「附件」の内容については煩雑さを避けるため省略した。

二 掲載雑誌の欄に記された新聞、雑誌、書籍名はみな略称である。正式名は以下のとおり。

「愛国」＝『北京正宗愛国報』
「益世」＝『益世報』
「益晩」＝『益世晩報』
「学生」＝『天津学生聯合会報』
「午報」＝『天津午報』
「社星」＝『天津社会教育星期報』
「錫類」＝『楊錫類選録』
「上海」＝『上海時報』
「順天」＝『順天時報』
「小学」＝『小学集解』

「敝帚」＝『大公報敝帚千金録』
「商報」＝『天津商報』
「新天」＝『新天津報』
「神童」＝『小学神童詩』
「新聞」＝『上海新聞報』
「申報」＝『上海申報』
「説疫」＝『説疫』
「大公」＝『大公報』
「泰晤」＝『天津漢文泰晤士報』
「竹園」＝『竹園白話報』

「中外」＝『中外日報』
「直報」＝『直報』
「天新」＝『天津新聞』
「天白」＝『天津白話報』
「東遊」＝『東遊揮汗録』
「白晨」＝『白話晨報』
「民興」＝『民興報』
「立達」＝『立達星期報』
「梁式」＝『梁式堂先生児童白話歌』

第１集

著者名	筆名・号	題名	雑誌	号	西暦	月	日	分類
丁国瑞		愛国治国救国	社星	340	1922	3	19	撰著
丁国瑞		你愛的是那個国呀	午報		1922	3	12	撰著
丁国瑞		新流行語之辦誤釈疑	社星	368	1922	10	1	撰著
丁国瑞		中国新政之進歩	竹園	567	1909	4	16	撰著
丁国瑞		有治法須有活人	竹園	510	1909	2	18	撰著
丁国瑞		統論中国的財政	竹園	121	1908	1	8	撰著
丁国瑞		志願乃成事之前駆	竹園	185	1908	3	20	撰著
丁国瑞		過家之道	竹園	73	1907	11	21	撰著
丁国瑞		半生牛馬為誰忙	民興	331	1910	1	31	撰著
丁国瑞		実行助銷本国貨議	竹園	357	1908	9	8	撰著
丁国瑞		無題歌	益世		1917	11		撰著
丁国瑞		人体改良会紀聞	社星	309	1921	8	7	寓言
丁国瑞		大盜不操戈予	竹園	417	1908	11	7	寓言
丁国瑞		新四書（第一章髏問乎）	民興	607	1910	11	13	諧談
丁国瑞		新四書（第二章述異）	民興	611	1910	11	17	諧談
丁国瑞		腐臭神奇	社星	378	1922	12	10	諧談
丁国瑞		雑俎	竹園	1	1907	9	10	諧談
丁国瑞		夏令衛生雑説	竹園	279	1908	6	10	衛生
丁国瑞		霍乱病	社星					衛生
丁国瑞		霍乱病治験之討議						衛生
丁国瑞		済世良方	竹園	10	1907	9	19	衛生
丁国瑞		時令症預防法	社星	255	1920	7	18	衛生
丁国瑞		夏令衛生談	社星	258	1920	8	8	衛生
		呉佩孚電請保存三段	益晩	572	1923	7	7	選録
陳哲甫		孔子之家世及歴史	社星		1922			選録
韓梯雲	補菴	対於治温病的一点消極経験	社星	393	1923	4	1	選録
		書韓補菴対於治温病的一点						選録
陳哲甫		消極経験後						選録
		旅大問題						選録
	切余寒蝉	論日本以医薬政策滅中国	学生		1919	8	12	選録

第2集

著者名	筆名·号	題名	雑誌	号	西暦	月	日	分類
丁国瑞		愛国質言	竹園	297	1908	7	10	撰著
丁国瑞		中国之乱原	竹園	212	1908	4	16	撰著
丁国瑞		立憲夢	竹園	506	1909	2	14	撰著
丁国瑞		悲中国之将来	竹園	260	1908	6	3	撰著
丁国瑞		順直水災宜速拯救	竹園	328	1908	8	10	撰著
丁国瑞		畿南宜興水利説	竹園	2	1907	9	11	撰著
丁国瑞		参議畿南水利	竹園	423	1908	11	13	撰著
丁国瑞		印花税万不可辦	竹園	59	1907	11	7	撰著
丁国瑞		肉揀疼処割	竹園	110	1907	12	28	撰著
丁国瑞		我再論論銅元	竹園	122	1908	1	9	撰著
丁国瑞		三論銅元	竹園	165	1908	2	29	撰著
丁国瑞		論度支部撥款解津挽救銭荒事	竹園	166	1908	3	1	撰著
丁国瑞		中国両大隠患説	竹園	290	1908	7	3	撰著
丁国瑞		幣制劃一後之紛擾	竹園	399	1908	10	20	撰著
丁国瑞		孫子越大越為難	竹園	19	1907	9	28	撰著
丁国瑞		芸好還須性情好	竹園	72	1907	11	20	撰著
丁国瑞		論天津的買売	竹園	46	1907	10	25	撰著
丁国瑞		養量	竹園	343	1908	8	25	撰著
丁国瑞		勢力	竹園	267	1908	6	10	撰著
丁国瑞		游黒暗世界記	竹園	167	1908	3	2	寓言
丁国瑞		紀桶怪	社星	308	1921	7	31	寓言
丁国瑞		売胡琴的代教授工尺字	竹園	27	1907	10	6	寓言
丁国瑞		衛生浅説	中外		1903			衛生
丁国瑞		済世良法（続）						衛生
丁国瑞		毛厨子縦談臭肉	大公		1902			諧談
丁国瑞		二十年後中国報紙之紀載	社星	249	1920	6	6	諧談
丁国瑞		覆某医駁疫之平議	益世		1918			雑俎
趙香畹		戒争訟歌	社星	331	1922	1	8	選録
宋則久		維持国貨歌						選録
陳哲甫		経験良法	社星	304	1921	7	3	選録
	天津麼 向瀛送	効験洗方	益晩	536	1924	5	30	選録

第3集

著者名	筆名	題名	雑誌	号	西暦	月	日	分類
丁国瑞		強中国策	敝帚	13	1906			撰著
丁国瑞		論北京修築電車事	竹園	268	1908	6	11	撰著
丁国瑞		清官途策		14	1906			撰著
丁国瑞		民為邦本	竹園	527	1909	3	7	撰著
丁国瑞		倒懸誰解	民興	254	1909	11	15	撰著
丁国瑞		這是諮議局的責任	民興	259	1909	11	20	撰著
丁国瑞		中国無救亡之策	竹園	315	1908	7	28	撰著
丁国瑞		禁鴉片煙紙上談兵	竹園	191	1908	3	26	撰著
丁国瑞		報紙是無形的議院	竹園	47	1907	10	26	撰著
丁国瑞		家務事	竹園	175	1908	3	10	撰著
丁国瑞		継母娘	竹園	380	1908	10	1	撰著
丁国瑞		対於藍家胡同唐姓命案有感	竹園	74	1907	11	22	撰著
丁国瑞		論潔浄的益処	竹園	138	1908	1	25	撰著
丁国瑞		怨毒	竹園	373	1908	9	24	撰著
丁国瑞		好嫖的請看	竹園	219	1908	4	23	撰著
丁国瑞		正俗	社星	374	1922	11	12	撰著
丁国瑞		敬告学界諸君（其一）	敝帚	8	1905			撰著
丁国瑞	薬圃	清官途須先奨励実業	敝帚	16	1906			撰著
丁国瑞		敬告学界諸君（其二）	竹園	88	1907	12	6	撰著
丁国瑞		用人難	竹園	386	1908	10	7	撰著
丁国瑞		夢遊新地府	竹園	540	1909	3	20	寓言
丁国瑞	滑稽生	尚文蠢公伝	大公	948	1905	2	20	諧談
丁国瑞		財神爺説実話	竹園	131	1908	1	18	諧談
丁国瑞		衛生浅説（続）						衛生
丁国瑞		花柳集験良法序	竹園	33	1907	10	12	衛生
丁国瑞		費襄壮公之軼事	社星	157	1918	8	18	雑俎
鄭兆蘭		診余集序						選録
厳修		経史標目韻語	社星	60	1916	9	24	選録
張文棟等		呈教育部范総長文	社星	263	1920	9	12	選録
		請禁男女合校之建議	天白	3896	1923	10	18	選録
		留神煤気	社星	76	1917	1	14	選録
韓梯雲	補菴	預防煤毒之法	社星	277	1920	12	19	選録
韓梯雲	補菴	十三圓銭一斤煙葉						選録
		破傷風治法	社星	73	1916	12	24	選録
	不忍人	関於衛生之商榷	社星	326	1921	12	4	選録

第4集

著者名	筆名	題名	雑誌	号	西暦	月	日	分類
丁国瑞		五十年後之中国	竹園	400	1908	10	21	撰著
丁国瑞		不堪没想	竹園	351	1908	9	2	撰著
丁国瑞		対於籌還国債会之管言	民興	265	1909	11	26	撰著
丁国瑞		関心国債的請看	民興	294	1909	12	25	撰著
丁国瑞		関於籌還国債之研究	民興	303	1910	1	3	撰著
丁国瑞		莫錯過	愛国	277	1907	8	30	撰著
丁国瑞		権出於自然			1908			撰著
丁国瑞		説実業	敝帚		1905			撰著
丁国瑞		頑固與守旧不同	竹園	116	1908	1	3	撰著
丁国瑞		就中国現勢籌画女学初起之辦法	敝帚	1	1905			撰著
丁国瑞		悲女学	竹園	216	1908	4	20	撰著
丁国瑞		中国女子宜求自立説	竹園	48	1907	10	27	撰著
丁国瑞		張家口旅行記	愛国	2026	1912	8	12	撰著
丁国瑞		鉄路之利	愛国	2041	1912	8	27	撰著
丁国瑞		張家口将来之希望	愛国	2072	1912	9	28	撰著
丁国瑞		莫與児孫做馬牛	愛国	2097	1912	10	24	撰著
丁国瑞		鉄路善政			1902			撰著
丁国瑞		年軽之過	竹園	466	1908	12	27	撰著
丁国瑞		莫発愁	竹園		1908			撰著
丁国瑞		闊少之児戯	竹園	421	1908	11	11	寓言
丁国瑞		新四書	民興	847	1911	6	21	諧談
丁国瑞		竈王爺不愛小便宜	竹園	137	1908	1	24	諧談
丁国瑞		小道瑣言	愛国	1138	1912	3	29	衛生
丁国瑞		衛生浅説（続）						衛生
丁国瑞		清真教中之美俗	社星	261	1920	8	29	雑俎
張際和		古先生事略	社星	81	1917	2	25	選録
韓梯雲	補菴	新式好人的両要素	社星	436	1924	1	27	選録
	行素	我替坐小票車的呼籲	益晩	416	1924	1	17	選録
	倦因	好容易花的銭好難賺的銭	社星	81	1917	2	25	選録
袁世範		家庭教育	竹園		1907			選録

第5集

著者名	筆名	題名	雑誌	号	西暦	月	日	分類
丁国瑞		論本末顛倒之害	民興	729	1911	3	24	撰著
丁国瑞		恭祝　皇太后万寿無疆	竹園	66	1907	11	14	撰著
丁国瑞		恭祝　皇上万寿無疆	竹園	311	1908	7	24	撰著
丁国瑞		説鎮定的好処	竹園	426	1908	11	16	撰著
丁国瑞		莫驚惶莫憂慮	竹園	448	1908	12	9	撰著
丁国瑞		恭賀　今上登極	竹園	441	1908	12	2	撰著
丁国瑞		臨喪不哀	竹園	429	1908	11	20	撰著
丁国瑞		莫信謡言	竹園	430	1908	11	21	撰著
丁国瑞		耐煩	竹園	431	1908	11	22	撰著
丁国瑞		国服亦当変通	竹園	434	1908	11	25	撰著
丁国瑞		飽漢当知餓漢飢	竹園	447	1908	12	8	撰著
丁国瑞		民沾実恵	竹園	479	1909	1	9	撰著
丁国瑞		代貧民請命（其一）	竹園	558	1909	4	7	撰著
丁国瑞		笨老婆養孩子	直報		1902			撰著
丁国瑞		中国藍務之将来	民興	329	1910	1	29	撰著
丁国瑞		芸人不富	竹園	114	1908	1	1	撰著
丁国瑞		宣講所宜令婦女聴講	商報	102	1906	4	14	撰著
丁国瑞		民困漸蘇	竹園	493	1909	2	1	撰著
丁国瑞		観活搬不倒児記	中外		1903			寓言
丁国瑞		丁未春津地痧疹症治験	商報	437	1907	3	30	衛生
丁国瑞		衛生浅説（続）						衛生
丁国瑞		栄福無限公司広告	大公	991	1905	4	4	諧談
丁国瑞		医学答客問	商報	457	1907	4	19	雑俎
丁国瑞		創議中医研究会啓	商報	222	1906	8	13	雑俎
閻湘岑		勧孝歌	竹園	49	1907	10	28	選録
		観孝八反歌	立達	12	1924	3	21	選録
張際和		穆君伯祺事略	竹園	614	1909	6	2	選録
		班楽衛提倡中国文化	河北	344	1922	4	1	選録
		解砒毒方	社星	56	1916	8	27	選録
		止血補傷方	社星	56	1916	8	27	選録
蔡葛山		治小児誤呑鉄釘薬方	社星	323	1921	11	13	選録
		青年擇業之要点	益晩	478	1924	3	31	選録
	虚心硬骨	国人速醒	社星	330	1922	1	1	選録
		宋則久先生維持国貨歌						選録

第6集

著者名	筆名	題名	雑誌	号	西暦	月	日	分類
丁国瑞		中国八大隠憂説	愛国	1001	1909	9	18	撰著
丁国瑞		錬兵余談	大公	657	1904	4	26	撰著
丁国瑞		勧国民宜留心武備	民興	613	1910	11	19	撰著
丁国瑞		庚子紀念感言	竹園	303	1908	7	16	撰著
丁国瑞		結団体以救滅亡	商報	389	1907	1	31	撰著
丁国瑞		通商始末記	愛国		1906			撰著
丁国瑞		組織義勇勤皇隊議	民興	267	1909	11	28	撰著
丁国瑞		操練歩隊的法子	民興	661	1911	1	6	撰著
丁国瑞		晏利夏歩槍	民興	646	1910	12	22	撰著
丁国瑞		論景陵隆恩殿失火	商報	59	1906	3	2	撰著
丁国瑞		交際宜防暗算	竹園	10	1907	9	19	撰著
丁国瑞		説体育的好処	民興	656	1911	1	1	撰著
丁国瑞		八旗生計	竹園	462	1908	12	23	撰著
丁国瑞		修兵房何必定在仰山窪	商報	29	1906	1	31	撰著
丁国瑞		敬告北京的熱心老郷親	愛国	130	1908	4	4	撰著
丁国瑞		病懶驢陥臥淤泥河	竹園	569	1909	4	18	寓言
丁国瑞		爛根子樹	直報		1903			諧談
丁国瑞		再説霍乱病（其二）	商報	169	1906	6	20	衛生
丁国瑞		個人防疫法	説疫		1918	1		衛生
丁国瑞		衛生浅説（続）						衛生
丁国瑞		一得之愚	商報	147	1906	5	29	雑俎
丁国瑞		創議中医研究会啓（続）						雑俎
郝鉄珊		国恥紀念	竹園	302	1908	7	15	選録
		由鳳凰城避兵入関道経遼瀋						選録
蜀東秦		途中感懐十四首	大公	764	1904	8	11	選録
		王拱璧東遊途中詩	東遊					選録
銭禹九		張冰若所遇之吐血奇方	社星	385	1923	1	28	選録
	棲梧	敬告咯血者	社星	390	1923	3	11	選録
	新新	虚栄之結果	益晩	486	1924	4	7	選録
		劉知事的紀念	益晩		1924	6	25	選録
譚鶴儕		間評	竹園	53	1907	11	1	選録

第７集

著者名	筆名	題名	雑誌	号	西暦	月	日	分類
丁国瑞		中国当以農立国	民興	1126	1912	5	4	撰著
丁国瑞		普及教育之不可緩	竹園	511	1909	2	19	撰著
丁国瑞		対於藍国摂政王之失望	民興	236	1909	10	28	撰著
丁国瑞		法政学堂風潮感言	竹園	476	1909	1	6	撰著
丁国瑞		恭読　上諭謹註	竹園	273	1908	6	16	撰著
丁国瑞		恭読十一日　上諭有感	民興	325	1910	1	25	撰著
丁国瑞		胆大妄言	民興	533	1910	8	31	撰著
丁国瑞		我心未死	民興	593	1910	10	30	撰著
丁国瑞		海軍籌款策	竹園	515	1909	2	23	撰著
丁国瑞		忠告請開国会之諸代表	民興	341	1910	2	20	撰著
丁国瑞		説交通之利益	民興	371	1910	3	22	撰著
丁国瑞		苦学生	竹園	252	1908	5	27	撰著
丁国瑞		聖眷與憲眷	竹園	571	1909	4	20	撰著
丁国瑞		伶的不伶僂的不僂	商報	268	1906	9	30	撰著
丁国瑞		我勧勧荒唐鬼児	竹園	196	1908	3	31	撰著
丁国瑞		北京人宜改習慣	愛国	2032	1912	8	17	撰著
丁国瑞		東方病夫之病況			1902			寓言
丁国瑞		透骨鏡命相合三	愛国	245	1908	7	18	諧談
丁国瑞		衛生浅説（続）						衛生
丁国瑞		防疫之一助	民興	693	1911	2	16	衛生
丁国瑞		胖人預防痰火症之方法						衛生
丁国瑞		医書不可不看	民興	814	1911	6	17	雑俎
丁国瑞		創議中医研究会啓（続）						雑俎
華滄晩		華氏藤蘿記	社星	455	1924	6	15	選録
	豆香老人	敬和塩山趙錫垘先生感時元韻	民興	816	1911	6	19	選録
甄率真		読報有感	益晩					選録
劉恵泉		衛生須知	社星	91	1917	5	6	選録
		避鼠新法	上海		1917	4	6	選録
		香煙如毒蛇	社星	449	1924	5	4	選録
	覚民	為妻者須知	益晩					選録

第8集

著者名	筆名	題名	雑誌	号	西暦	月	日	分類
丁国瑞	無福人	官清民自安	竹園	264	1908	6	7	撰著
丁国瑞		京南水災感言	愛国	2020	1912	8	6	撰著
丁国瑞		悲中国之国法	民興	520	1910	8	18	撰著
丁国瑞		遍地禍胎君知否	民興	402	1910	4	22	撰著
丁国瑞		移風易俗議	大公	525	1903	12	5	撰著
丁国瑞		又一個官逼反	民興	434	1910	5	24	撰著
丁国瑞		朝廷実辜負了百姓並非百姓無良	民興	501	1910	7	30	撰著
丁国瑞	鉄血	化除畛域	民興	931	1911	10	11	撰著
丁国瑞		辺事感言	竹園	415	1908	11	5	撰著
丁国瑞		江北放賑宜慎選有徳行的官紳	愛国	127	1908	4	1	撰著
丁国瑞	弱民	鄂乱感言	民興	938	1911	10	19	撰著
丁国瑞	弱民	可惜大晩	民興	951	1911	11	1	撰著
丁国瑞		悲学生之前途	竹園	375	1908	9	28	撰著
丁国瑞		医薬研究総会未開会前第一次演説	商報	300	1906	11	2	撰著
丁国瑞		説報	愛国	232	1908	7	17	撰著
丁国瑞		忌妒與争勝	竹園	28	1907	10	7	撰著
丁国瑞		窮苦人請聴	商報	110	1906	4	22	撰著
丁国瑞		感情不可軽傷	竹園	349	1908	8	31	撰著
丁国瑞		蛇性無良	竹園	455	1908	12	16	寓言
丁国瑞		大樹傷心	竹園	444	1908	12	5	寓言
丁国瑞		露天地裏養病	敝帚		1905			寓言
丁国瑞		売呆児	竹園	526	1909	3	6	諧談
丁国瑞		衛生浅説（続）						衛生
丁国瑞		敬慎医室集効方	商報	18	1906	1	12	衛生
丁国瑞		阿拉伯	民興	424	1910	5	14	雑俎
丁国瑞		創議中医研究会章程（続）						雑俎
		前清預備立憲之上諭	商報	248	1906	9	9	選録
		清廷承認共和之　諭旨	民興	1053	1912	2	13	選録
		日韓協約	商報	24	1906	1	18	選録
	佚名	薬名尺牘	大公	712	1904	6		選録
姜霖溥		言情小説宜禁	立達	13	1924	4	6	選録
陳哲甫		人之天年為二百歳	社星	450	1924	5	11	選録
汲会辰		孝思助談	立達	12	1924	3	21	選録

第9集

著者名	筆名	題名	雑誌	号	西暦	月	日	分類
丁国瑞		万象更新	愛国	1856	1912	2	23	撰著
丁国瑞		献曝芻言	愛国	1857	1912	2	24	撰著
丁国瑞		老生常談	愛国	1882	1912	3	20	撰著
丁国瑞		戒煙会書後	商報	274	1906	10	7	撰著
丁国瑞		鴉片廃約議	民興	595	1910	11	1	撰著
丁国瑞		請看中国人落的批語	商報	434	1907	3	27	撰著
丁国瑞		北京城的警務真難辦	商報	17	1906	1	11	撰著
丁国瑞		坐四輪馬車的請看	竹園	494	1909	2	2	撰著
丁国瑞		毀誉誣謗	竹園	228	1908	5	3	撰著
丁国瑞		説中国的商務	商報	6	1905	12	31	撰著
丁国瑞		優娼不宜相提併論	愛国	1929	1912	5	6	撰著
丁国瑞		児女不可溺愛	竹園	344	1908	8	26	撰著
丁国瑞		中医研究会変通辦理啦	商報	232	1906	8	24	撰著
丁国瑞		打開蔽塞説亮話	商報	237	1906	8	29	撰著
丁国瑞	穆思霖	北京人受窮的原因	愛国	1862	1912	2	29	撰著
丁国瑞	共和国民	回教回族辨	民興	1103	1912	4	11	撰著
丁国瑞		欲加之罪何患無辞	竹園	427	1908	11	18	寓言
丁国瑞		胆已吓破	竹園	428	1908	11	19	寓言
丁国瑞		請看陰間的大馬車	竹園	547	1909	3	27	諧談
丁国瑞		衛生浅説（続）						衛生
丁国瑞		時疫宜防	商報	320	1906	11	22	衛生
丁国瑞		論炮製薬材不可尽泥古法	商報	89	1906	4	1	衛生
丁国瑞		中国医学問答外篇	大公	881	1904			雑爼
丁国瑞		致劉孟楊先生函	民興	635	1910	12	11	雑爼
								附件
韓梯雲	補菴	粤乱感言	社星	470	1924	9	28	選録
	豆香老人	豆香老人寄呈臨時政府詩	民興	1126	1912	5	4	選録
		外交団警告使用飛機	白晨	4567	1924	9	17	選録
顧叔度	卓	論革命必蹈速亡之禍	民興	578	1910	10	15	選録
		孝思助談						選録
	亜振訳	為禁煙者伝方	民興	636	1910	12	12	選録
		移風易俗議書後	竹園	262	1908	6	5	選録
宋子筠		治結乳良方	竹園	201	1908	4	5	選録

第10集

著者名	筆名	題名	雑誌	号	西暦	月	日	分類
丁国瑞		中華民国救急弭乱策	愛国	1883	1912	3	21	撰著
丁国瑞		忠告袁大総統	愛国	1881	1912	3	19	撰著
丁国瑞	冷眼	内乱為亡国之媒介	愛国	2362	1913	7	26	撰著
丁国瑞		戒煙戒酒之贅言	民興	394	1910	4	14	撰著
丁国瑞		鴉片廃約統議	民興	602	1910	11	8	撰著
丁国瑞		敬告我外部諸公	民興	606	1910	11	12	撰著
丁国瑞		当兵苦	愛国	1776	1911	11	25	撰著
丁国瑞		哭直隷人	愛国	1778	1911	11	27	撰著
丁国瑞	公僕	明懐宗	愛国	1766	1911	11	15	撰著
丁国瑞		公難	竹園	470	1908	12	30	撰著
丁国瑞		報館四利五害説	竹園	472	1909	1	2	撰著
丁国瑞		答酔漢	竹園	5	1907	9	14	撰著
丁国瑞		沽名釣誉辦	竹園	239	1908	5	14	撰著
丁国瑞		防患未然	竹園	348	1908	8	30	撰著
丁国瑞		間談	愛国	1838	1912	1	26	撰著
丁国瑞		在医薬研究会第二次演説	商報	314	1906	11	16	撰著
丁国瑞		天津之学務宜急維持	民興	1032	1912	1	22	撰著
丁国瑞		這也是天津人做家長当留心的	商報	65	1906	3	8	撰著
丁国瑞		為貧民請命（其二）	竹園	87	1907	12	5	撰著
丁国瑞		論当舗不減利	竹園	437	1908	11	28	撰著
丁国瑞		歳暮感言	竹園	142	1908	1	29	撰著
丁国瑞	公僕	撞倒了字架子	愛国	1770	1911	11	19	寓言
丁国瑞		郷下議員請客	愛国	2114	1912	11	10	諧談
丁国瑞		衛生浅説（続）						衛生
丁国瑞		小孩的病是母親愛出来的						衛生
丁国瑞		中国医学問答外篇（続）						雑俎
								附件
韓梯雲	補菴	功利化結果之一班	社星	474	1924	10	26	選録
	豆香老人	感懐時事	民興	1115	1912	4	23	選録
韓梯雲	補菴	戦争勝負以外之総結果	社星	473	1924	10	19	選録
		韓補菴先生来函						選録
	獨鶴	可憐・・可惜	新聞		1924	9	7	選録
		馬玉崑北倉之戦	民興	581	1910	10	18	選録
		孝思助談						選録
		劉廷琛論新律疏	民興	754	1911	4	18	選録
		康南海之與段合肥論政	益世		1924	12	4	選録
		借外兵平内乱者請看	愛国	1767	1911	11	16	選録
		御史胡思敬奏新政擾乱天下請密籌善策摺	民興	772	1911	5	6	選録

第11集

著者名	筆名	題名	雑誌	号	西暦	月	日	分類
丁国瑞		理想之空談	愛国	1785	1911	12	4	撰著
丁国瑞	白丁	建設難於破壊	愛国	1848	1912	2	5	撰著
丁国瑞	楽天	搗乱	愛国	1847	1912	2	4	撰著
丁国瑞		禁煙之辦法	民興	622	1910	11	28	撰著
丁国瑞	頑固	十年来官府之罪悪	愛国	1797	1911	12	16	撰著
丁国瑞	鉄竹	忠告也中堂	愛国	1813	1912	1	2	撰著
丁国瑞		対於外人防疫煩苛之感言	愛国	1487	1911	2	7	撰著
丁国瑞	頑固生	洋毒	愛国	1724	1911	10	3	撰著
丁国瑞		論天津的警務	竹園	92	1907	12	10	撰著
丁国瑞		対於巡警改劃新区之管見	民興	467	1910	6	26	撰著
丁国瑞		東三省也要大開商埠了	商報	21	1906	1	15	撰著
丁国瑞	冷眼	東三省的主権	愛国	2112	1912	11	8	撰著
丁国瑞		與医学相関之工商宜急速整頓策	商報	139	1906	5	21	撰著
丁国瑞		無効力之憤言	竹園	610	1909	5	29	撰著
丁国瑞		人当愛群	竹園	84	1907	12	2	撰著
丁国瑞		游歴楽	愛国	1633	1911	7	4	撰著
丁国瑞	喩園	愚不可及	愛国	1845	1912	2	2	寓言
丁国瑞	願為太平民	倒黴大全	愛国	1790	1911	12	9	諧談
丁国瑞		衛生浅説（続）						衛生
丁国瑞		一誤豈堪再誤	民興	784	1911	5	18	衛生
丁国瑞		中国医学問答外篇（続）	大公		1904			雑俎
								附件
韓梯雲	補菴	甚麼叫主義大家	社星	454	1924	6	8	選録
韓梯雲	補菴	記民間之疾苦	社星	489	1925	2	15	選録
		教部収締男女合校	白晨	4184	1924	8	11	選録
		説疫張序	説疫		1918	1		選録
韓梯雲	補菴	新歌謡	社星		1918			選録
	西攸	忠信	立達	10	1924	3	16	選録
		厳範孫先生遊盤山詩	社星	483	1924	12	28	選録
		孝思助談						選録
		選集治疫良法	説疫					選録
曹功甫		論電車殺人及国民愛群之熱誠	竹園	612	1909	5	31	選録

第12集

著者名	筆名	題名	雑誌	号	西暦	月	日	分類
丁国瑞		滅国談	愛国	1671	1911	8	11	撰著
丁国瑞		滅国新法	愛国	1693	1911	9	2	撰著
丁国瑞		聞孫中山先生将游歴内地有感	愛国	1884	1912	3	22	撰著
丁国瑞	平心論事人	敬問中国全国之大官紳	民興	681	1911	2	4	撰著
丁国瑞		論天津拆房闢路及徴収房捐事	大公	1035	1905	5	20	撰著
丁国瑞		論議事会接辦捐務事	竹園	162	1908	2	26	撰著
丁国瑞		論天津之房舗捐当裁	竹園	482	1909	1	12	撰著
丁国瑞		論貧富之原因	商報	62	1906	3	5	撰著
丁国瑞		奢華之致敗的原因	竹園	363	1908	9	14	撰著
丁国瑞		大員宜微服私訪説	敝帚		1906	4	17	撰著
丁国瑞		外找児	竹園		1907			撰著
丁国瑞		整頓商務宜先禁止説謊価	商報	199	1906	7	21	撰著
丁国瑞		紐約	愛国	1702	1911	9	11	撰著
丁国瑞		学生宜立愛群会	愛国	261	1908	8	14	撰著
丁国瑞		男児当自強	竹園	55	1907	11	3	撰著
丁国瑞		論中国訂定報律	竹園	135	1908	1	22	撰著
丁国瑞	楽天	奇病奇医	愛国	1824	1912	1	13	寓言
丁国瑞	怨府	京津婦女之知識	愛国	1841	1912	1	29	諧談
丁国瑞		衛生浅説（続）						衛生
丁国瑞		中医浣俗辨惑集			1905			衛生
丁国瑞		蒙童算学問答	愛国	1581	1911	5	12	雑俎
								附件
韓梯雲	補菴	説自食其力	社星	160	1918	9	8	選録
韓梯雲	補菴	瘐民説	社星	413	1923	8	19	選録
	珮	青年之危機	立達	29	1924	7	27	選録
劉秋涛		穆伯祺行述	社星	338	1922	3	5	選録
呂煥章		済世良法	竹園	215	1908	4	19	選録
		餤口新召請（北京晩報より）	竹園	542	1909	3	22	選録

第13集

著者名	筆名	題名	雑誌	号	西暦	月	日	分類
丁国瑞	公僕	中華游民国	愛国	1907	1912	4	14	撰著
丁国瑞		民食可慮	愛国	1647	1911	7	18	撰著
丁国瑞	鉄竹	弭乱與助乱	愛国	1840	1912	1	28	撰著
丁国瑞	頑固	敬告執政者	愛国	1769	1911	11	18	撰著
丁国瑞		忠告易州賑災会	愛国	1984	1912	7	1	撰著
丁国瑞		中国訟獄之黒暗	竹園	531	1909	3	11	撰著
丁国瑞		法律貴平	竹園	174	1908	3	9	撰著
丁国瑞		文明結婚議	竹園	220	1908	4	24	撰著
丁国瑞		対於某姓命案之感言	竹園	533	1909	3	13	撰著
丁国瑞		哀矜勿喜	竹園	556	1909	4	5	撰著
丁国瑞		在医薬研究会第三次演説	商報	335	1906	12	8	撰著
丁国瑞		鬚眉増愧	竹園	233	1908	5	8	撰著
丁国瑞		快興女学	愛国?		1906			撰著
丁国瑞		感言	竹園	553	1909	4	2	撰著
丁国瑞	医隠	説合群	大公	247	1903	3	1	撰著
丁国瑞		論天津脚行的把持	大公	574	1904	1	25	撰著
丁国瑞		有備無患	商報	145	1906	5	27	撰著
丁国瑞		貧苦人再請聴	商報	160	1906	6	11	撰著
丁国瑞	報奴	清真教的教友注意	愛国	1736	1911	10	16	撰著
丁国瑞		剪辮不易服	愛国	1812	1912	1	1	撰著
丁国瑞	順民	庸人自擾	愛国	2071	1912	9	27	撰著
丁国瑞		処事須度徳量力	竹園	429	1908	11	20	寓言
丁国瑞	楽天	髪辮的関係	愛国	1809	1911	12	29	諧談
丁国瑞		衛生浅説（続）						衛生
丁国瑞		説蟾蜍	愛国	1627	1911	6	28	衛生
丁国瑞		中国医学問答外篇（続）						雑俎
								附件
陳予頓		闡楊聖道之熱心偉論	泰晤		1920	9	19	選録
韓梯雲	補菴	為厚愛東方文化者進一解	社星	463	1924	8	10	選録
	文儀	電雹風雨交作時之十戒	益晩	541	1924	6	4	選録
	淵	奢倹的観察法	益晩	541	1924	6	4	選録
呂煥章		済世良法	竹園	218	1908	4	22	選録
		直隷省長取締学校悪風単行辦法	社星	457	1924	6	29	選録

第14集

著者名	筆名	題名	雑誌	号	西暦	月	日	分類
丁国瑞		飲水思源	愛国	1808	1911	12	28	撰著
丁国瑞	公僕	慎微	愛国	1843	1912	1	31	撰著
丁国瑞	公僕	賞罰	愛国	1746	1911	10	26	撰著
丁国瑞		官派	愛国	1828	1912	1	17	撰著
丁国瑞		達観	愛国	1831	1912	1	19	撰著
丁国瑞	奇声	道聴塗説	愛国	1818	1912	1	7	撰著
丁国瑞	楽天	今後之輿論	愛国	1861	1912	2	28	撰著
丁国瑞		参観軍医学堂感言	民興	868	1911	8	10	撰著
丁国瑞		利不外溢説	竹園	284	1908	6	27	撰著
丁国瑞	頑石	悲女学	愛国	2262	1913	4	16	撰著
丁国瑞	公僕	新迷信	愛国	1735	1911	10	15	撰著
丁国瑞	悲時慈航合稿	新迷信	愛国	2301	1913	5	25	撰著
丁国瑞	悲時慈航合稿	続新迷信	愛国	2311	1913	6	4	撰著
丁国瑞		旅津須知	民興	866	1911	8	8	撰著
丁国瑞		巴黎地中之交通	愛国	1707	1911	9	16	撰著
丁国瑞		掉圏弄套	竹園	407	1908	10	28	撰著
丁国瑞		再説度量	竹園	208	1908	4	12	撰著
丁国瑞		作報難	竹園	182	1908	3	17	撰著
丁国瑞		窮嚼	竹園	133	1908	1	20	撰著
丁国瑞	討厭	再論北京人受窮的原因	愛国	2361	1913	7	25	撰著
丁国瑞	窮楽	万寿山昆明湖	愛国	2021	1912	8	7	撰著
丁国瑞		小人難防	竹園	438	1908	11	29	寓言
丁国瑞	痴民	忙中間話	愛国	2085	1912	10	12	諧談
丁国瑞		致民興報館函	民興	682	1911	2	5	衛生
丁国瑞		修好的老太太清聴	竹園	263	1908	6	6	衛生
丁国瑞		中国医学問答外篇（続）						雑俎
								附件
韓梯雲	補菴	介紹友人日記中関於養老之感想	社星	472	1924	10	12	選録
		燕出窩	梁式					選録
張炳喆		赦書害多而利少論	新天	241	1925	5	16	選録
	漸	説孝	上海					選録
	伯敬	養生簡易法	益世					選録
	伯平	富来克領経済格言選訳	益晩	552	1924	6	16	選録
	天夢	光與色之関係	益晩	552	1924	6	16	選録
	翕如	津埠当家長的聴者	新天	237	1925	5	12	選録
陳敬賢		乗電車応注意之要点	新天	229	1925	5	3	選録
		済世良方	竹園	303	1908	7	16	選録
		請辦馬車特捐核駁	白晨		1925	7	28	選録

第15集

著者名	筆名	題名	雑誌	号	西暦	月	日	分類
丁国瑞		第一功名不愛銭	愛国	1801	1911	12	21	撰著
丁国瑞	鉄園	敢死難	愛国	1844	1912	2	1	撰著
丁国瑞	鉄竹	新中国之隠憂	愛国	1849	1912	2	6	撰著
丁国瑞		中国未来之戦禍	愛国	1799	1911	12	18	撰著
丁国瑞	俊来	老陰天児	愛国	2051	1912	9	6	撰著
丁国瑞		責任	竹園	198	1908	4	2	撰著
丁国瑞		報館比火会	天白	5	1910	1	15	撰著
丁国瑞	杞憂生	災民可慮	愛国	2055	1912	9	10	撰著
丁国瑞	冷頑固	北京城万不可拆	愛国	2053	1912	9	8	撰著
丁国瑞	頑民	家有子弟的注意	愛国	2049	1912	9	4	撰著
丁国瑞	頑固	学堂誤人説	愛国	2120	1912	11	16	撰著
丁国瑞		論学堂添習京話	商報	216	1906	8	7	撰著
丁国瑞	弱民	全地球上人的生計	愛国	1916	1912	4	23	撰著
丁国瑞	化政	有何高見	愛国	2079	1912	10	5	撰著
丁国瑞		生利以養民	竹園	312	1908	7	25	撰著
丁国瑞		買売道児	竹園	105	1907	12	23	撰著
丁国瑞		家庭尚倹之難	竹園	505	1909	2	13	撰著
丁国瑞	穆思霖	清真教友請看	愛国	2023	1912	8	9	撰著
丁国瑞	杞憂生	旧中秋	愛国	2070	1912	9	25	撰著
丁国瑞		毒蛇反噬	竹園	424	1908	11	14	寓言
丁国瑞		不與小人共利	竹園	426	1908	11	16	寓言
丁国瑞	李醒村	清真教造就廃物的法子	愛国	2109	1912	11	5	諧談
丁国瑞		衛生浅説（続）						衛生
丁国瑞		学堂病	竹園	181	1908	3	16	衛生
丁国瑞		中国医学問答外篇（続）						雑俎
								附件
韓梯雲	補菴	三十年教育之収穫期	社星	512	1925	7	26	選録
韓梯雲	補菴	可惜章士釗	社星	517	1925	8	30	選録
		韓補菴先生来函						選録
		臨時執政令			1925	8	26	選録
		張謇（季直）対於現教育界之抨撃	順天	7669	1925	8	3	選録
		学生看	竹園	467	1908	12	28	選録
		小学集解序	小学					選録
		李芳岑省長之整頓女学令	白晨	4562	1925	9	12	選録
楊錫類		十戒						選録
玉書呉		国民十誡						選録

第16集

著者名	筆名	題名	雑誌	号	西暦	月	日	分類
丁国瑞		無聊閒話（一）	愛国	1783	1911	12	2	撰著
丁国瑞		無聊閒話（二）	愛国	2032	1912	8	17	撰著
丁国瑞	候補亡国奴	兵変感言	愛国	1869	1912	3	7	撰著
丁国瑞	候補亡国奴	共和万砕万万砕	愛国	1871	1912	3	9	撰著
丁国瑞	楽天	中華民国之新国恥	愛国	1880	1912	3	18	撰著
丁国瑞	憤民	壊小子世界	愛国	1850	1912	2	7	撰著
丁国瑞	楽観	美国人的愛国美談	愛国	2224	1913	3	9	撰著
丁国瑞	冷眼	哭北通州	愛国	2044	1912	8	30	撰著
丁国瑞		勧軍人	愛国	1875	1912	3	13	撰著
丁国瑞		天津人之新消耗	民興	906	1911	9	17	撰著
丁国瑞		津埠大官紳宜注意冬荒	新天	377	1925	10	3	撰著
丁国瑞		救貧急策	商報	157	1906	6	8	撰著
丁国瑞	佚佛	北京的貧民生計	愛国	2246	1913	3	31	撰著
丁国瑞		論学堂添習軍楽事	愛国	323	1908	10	7	撰著
丁国瑞		医界諸君請看	商報	468	1907	4	30	撰著
丁国瑞	公僕	生計談	愛国	2338	1913	7	2	撰著
丁国瑞	貧民	北京宜多設女工廠	愛国	2340	1913	7	4	撰著
丁国瑞		竹園勧善白話並序	大公	723	1904	6		撰著
丁国瑞		論義発順估衣舗夥連殺三命案	竹園	305	1908	7	18	撰著
丁国瑞	医隠	説鉄工廠	大公	284	1903	4	7	寓言
丁国瑞		病家跟医家賽渾	愛国	2009	1912	7	26	諧談
丁国瑞		衛生浅説（続）						衛生
丁国瑞		敬慎医室集效方						衛生
丁国瑞		中国医学問答外篇（続）						雑俎
								附件
韓梯雲	補菴	「民間」在那裏	社星	492	1925	3	8	選録
		李兼長之挽救頽風	白晨	4564	1925	9	14	選録
		直隷省長公署訓令第二四八二号令教育庁	社星	522	1925	10	4	選録
		父子争産渉訟	立達	30	1924	8	3	選録
	之	遺産制急応改革	立達	36	1924	9	14	選録
		旧勧学詩	神童					選録
	佚名	新勧学詩	愛国	2072	1912	9	28	選録
		協辦大学士学部尚書栄奏学部	商報	90	1906	4	2	選録
		初立請将教育宗旨宣示天下摺						選録
		小学輯説	小学					選録

第17集

著者名	筆名	題名	雑誌	号	西暦	月	日	分類
丁国瑞		時局罪言	愛国	2007	1912	7	24	撰著
丁国瑞		国慶紀念	愛国	2084	1912	10	10	撰著
丁国瑞	冷眼	国利民福	愛国	2104	1912	10	31	撰著
丁国瑞	楽天	好体面平等幸福	愛国	2105	1912	11	1	撰著
丁国瑞		倫敦	愛国	1713	1911	9	22	撰著
丁国瑞	善治菴	厳禁賭博議	愛国	2087	1912	10	14	撰著
丁国瑞		忠告津浦鉄路北段諸公	竹園	414	1908	11	4	撰著
丁国瑞		忠告三津父老	竹園	628	1909	6	16	撰著
丁国瑞		嘆報律	竹園	189	1908	3	24	撰著
丁国瑞	憤民	勸官府勿再與報館結怨	愛国	1825	1912	1	14	撰著
丁国瑞	冷眼悲時合稿	国文	愛国	2249	1913	4	3	撰著
丁国瑞	悲時	国民生計	愛国	2271	1913	4	25	撰著
丁国瑞		倹省莫求人	竹園	489	1909	1	28	撰著
丁国瑞	佚佛	説説商人的困苦	愛国	2074	1912	9	30	撰著
丁国瑞		有鉄路之責者請看	竹園	496	1909	2	4	撰著
丁国瑞	龐観卿	禍事頭	愛国	2187	1913	1	25	撰著
丁国瑞	瘖泣	不怕没好事就怕没好人	愛国	2286	1913	5	10	撰著
丁国瑞	穆納民	包蔵貴如金	愛国	1836	1912	1	24	撰著
丁国瑞		游龍泉寺孤児院有感	民興	764	1911	4	28	撰著
丁国瑞	慈航	北京人之生計	愛国	2290	1913	5	14	撰著
丁国瑞	李雨村	清真教人的生計寛	愛国	2094	1912	10	21	撰著
丁国瑞		無法無天男盗女娼	社星	515	1925	8	16	撰著
丁国瑞	悲時	罪言	愛国	2219	1913	3	4	寓言
丁国瑞		新本草綱目						諧談
丁国瑞		衛生浅説（続）						衛生
丁国瑞		衛生	愛国	2205	1913	2	18	衛生
丁国瑞		戊申年（光緒三十四年）中国大事記（兼京津社会大事記）	竹園	487	1909	1	17	雑俎
								附件
韓梯雲	補菴	説率物食人	社星	464	1924	8	17	選録
韓梯雲	補菴	丁先生頑固哉	社星	519	1925	9	13	選録
		天津県行政公署訓令第九一四号	社星	527	1925	11	8	選録
		令社会教育辦事処総董林兆翰						選録
		語体文懸為禁令	益世	3487	1925	10	27	選録
		家庭格言	益晩	508	1924	5	1	選録
	薬朧	治家新格言	益晩	544	1924	6	8	選録
楊錫類		職業教育之真義						選録
		成功之路	錫類					選録
		光緒三十二年北洋女子師範学堂章程	商報	196	1906	7	18	選録

第18集

著者名	筆名	題名	雑誌	号	西暦	月	日	分類
丁国瑞	悲時	雑感	愛国	2232	1913	3	17	撰著
丁国瑞	楽観	慶賀承認	愛国	2264	1913	4	18	撰著
丁国瑞		銀根奇緊国民宜助銷国貨	愛国	1954	1912	5	31	撰著
丁国瑞	楽天	歳暮感言	愛国	1855	1912	2	12	撰著
丁国瑞	公僕	為貧民請命	愛国	1834	1912	1	22	撰著
丁国瑞	頑民	寗作太平犬不為離乱民	愛国	2054	1912	9	9	撰著
丁国瑞	楽天	何処覓桃源	愛国	2149	1912	12	15	撰著
丁国瑞	楽観	国恥	愛国	2270	1913	4	24	撰著
丁国瑞	悲時	可憐哉共和民国之国民	愛国	2288	1913	5	12	撰著
丁国瑞	冷眼	維持治安思患預防	愛国	2080	1912	10	6	撰著
丁国瑞	冷眼侠佛合稿	報紙立言之難	愛国	2255	1913	4	9	撰著
丁国瑞	公僕	対於龍泉孤児院亟宜維持	愛国	2123	1912	11	19	撰著
丁国瑞		教育家注意	天白	10	1910	1	20	撰著
丁国瑞	穆思霖	敬告回教倶進会	愛国	2004	1912	7	21	撰著
丁国瑞	穆思霖	回民生計	愛国	1837	1912	1	25	撰著
丁国瑞		成人不自在	竹園	256	1908	5	30	撰著
丁国瑞		求您給窮人留活路児罷	天白	13	1910	1	23	撰著
丁国瑞		論考試医生	民興	549	1910	9	16	撰著
丁国瑞		忠告津埠衆商家	新天	140	1925	2	3	撰著
丁国瑞	雨村	做買売宜講公道	愛国	2134	1912	11	30	撰著
丁国瑞	楽天	工商宜知変通	愛国	1839	1912	1	27	撰著
丁国瑞		論賒賑	竹園	492	1909	1	31	撰著
丁国瑞		小人慣抜	竹園	447	1908	12	8	寓言
丁国瑞		救火妙法	竹園	544	1909	3	24	寓言
丁国瑞		東施効顰	竹園	15	1907	9	24	諧談
丁国瑞		衛生浅説（続）						衛生
丁国瑞		生化湯	商報		1906	4		衛生
丁国瑞	頑固	営制	愛国	1751	1911	10	31	雑俎
								附件
韓梯雲	補菴	救国與救命	社星	518	1925	9	6	選録
韓梯雲	補菴	我們亦該省察的短処	社星	515	1925	8	16	選録
穆滌□		述林文忠公則徐焚鴉片数並夾以議	新天	381	1925	10	7	選録
		小学会議開幕	益晩		1924	9	1	選録
		勧毀淫書説						選録
		社会教育格言彙選（第一種）	錫類					選録
周聖徳		買彩票的害処	申報		1924	11	15	選録
顧彦生		新数来寶	社星					選録

（註）□：判別できなかった字。

第19集

著者名	筆名	題名	雑誌	号	西暦	月	日	分類
丁国瑞		理財	愛国	1893	1912	3	31	撰著
丁国瑞		再説理財	愛国	1900	1912	4	7	撰著
丁国瑞		三論理財	愛国	1904	1912	4	11	撰著
丁国瑞	共和国民	中国財政之悲観	愛国	1927	1912	5	4	撰著
丁国瑞		対於民国財政之悲観	愛国	2180	1913	1	18	撰著
丁国瑞		勿以善小而不為	新天	455	1925	12	20	撰著
丁国瑞		実行愛国主義	愛国	1941	1912	5	18	撰著
丁国瑞		印花税仍是不可辦	愛国	2069	1912	9	24	撰著
丁国瑞		鉄路贅言	愛国	2062	1912	9	17	撰著
丁国瑞	楽観	維持国貨	愛国	2235	1913	3	20	撰著
丁国瑞	杞憂生	再論工商当知変通	愛国	2201	1913	2	14	撰著
丁国瑞	小学生来稿	煙捲與衛生経済的関係	愛国	2247	1913	4	1	撰著
丁国瑞		隔靴搔癢談	民興	920	1911	10	1	撰著
丁国瑞	怨府	亡国奴戯当厳禁	愛国	1826	1912	1	15	撰著
丁国瑞	報奴	北京宜多開售報処	愛国	2142	1912	12	8	撰著
丁国瑞	公僕	辦報之難易	愛国	2098	1912	10	25	撰著
丁国瑞	公僕	北京宜多開大工場	愛国	1816	1912	1	5	撰著
丁国瑞	討厭	牢不可破必定挨餓	愛国	2214	1913	2	27	撰著
丁国瑞		打鬼	竹園	159	1908	2	23	撰著
丁国瑞		急復仇転為人奴隷	竹園	450	1908	12	11	寓言
丁国瑞	公僕	説夢話	愛国	2150	1912	12	16	諧談
丁国瑞		論洗澡用涼水用熱水	商報	82	1906	3	25	衛生
丁国瑞		保産無憂飲	商報	88	1906	3	31	衛生
丁国瑞		論宗教	竹園	330	1908	8	12	雑俎
韓梯雲	補菴	中等生活之可危	社星	494	1925	3	22	選録
	銘	憂貧不如崇倹	申報		1924	12	22	選録
丁筱園	丁筱園	山西煤礦発現之歴史	竹園	98	1907	12	16	選録
		紙煙之害真大	益晩	573	1924	7	8	選録
	少厳	婦女応注意胎教	益晩	569	1924	7	4	選録
汪子静		醒世格言						選録
汪子静		三聖太平歌						選録
		柿餅能治痔瘡	益晩		1924	5	17	選録
		陳鷺洲先生贈詩						選録

第20集

著者名	筆名	題名	雑誌	号	西暦	月	日	分類
丁国瑞		再忠告袁大総統	愛国	1885	1912	3	23	撰著
丁国瑞	楽天	遷都平議	愛国	2057	1912	9	12	撰著
丁国瑞	悲観	亡国的気象	愛国	2356	1913	7	20	撰著
丁国瑞		説俗	竹園	31	1907	10	10	撰著
丁国瑞		一生辛苦為誰忙	愛国	2040	1912	8	26	撰著
丁国瑞	熱心冷眼人	成者王侯敗者賊	愛国	2047	1912	9	2	撰著
丁国瑞		要銭作甚麼	竹園	294	1908	7	7	撰著
丁国瑞		度量遠見與権術	愛国	2039	1912	8	25	撰著
丁国瑞	鉄血	論辦事牽制之害	愛国	1744	1911	10	24	撰著
丁国瑞	達観	混個熱閙	愛国	2304	1913	5	28	撰著
丁国瑞	公僕	想不開	愛国	1804	1911	12	24	撰著
丁国瑞	達観楽観合稿	快楽生活	愛国	2326	1913	6	20	撰著
丁国瑞	醒村	吝之害	愛国	2119	1912	11	15	撰著
丁国瑞	黙民楽観合稿	貪之害	愛国	2279	1913	5	3	撰著
丁国瑞	杞憂生	可怕	愛国	2092	1912	10	19	撰著
丁国瑞		忠告郵政電話二局	竹園	173	1908	3	8	撰著
丁国瑞	討厭	陋俗当革	愛国	2064	1912	9	19	撰著
丁国瑞	慈航	苦海茫茫	愛国	2081	1912	10	7	撰著
丁国瑞		清真教人宜連奮起	愛国	2148	1912	12	14	撰著
丁国瑞		歎津俗	敝帚		1904			撰著
丁国瑞		老圃善詒謀	竹園	439	1908	11	30	寓言
丁国瑞		驢自大	竹園	445	1908	12	6	寓言
丁国瑞		知足無辱説	竹園	8	1907	9	17	諧談
丁国瑞		論茶葉	商報	84	1906	3	27	衛生
								附件
韓梯雲	補菴	内戦之将来	社星	537	1926	1	17	選録
韓梯雲	補菴	新流行語集錦	社星	492	1925	3	8	選録
		張同初先生卻金堂四箴						選録
姚明煇		道徳教育						選録
楊錫類		進取国国民之行為			1923			選録
楊錫類		家庭新教育						選録
		専治煤炭熏之良方	社星	538	1926	1	24	選録
		蔡松汀先生難産神効方						選録

第21集

著者名	筆名	題名	雑誌	号	西暦	月	日	分類
丁国瑞		中国最可惜之時機	愛国	2341	1913	7	4	撰著
丁国瑞	結怨生擬稿・無補生修改	清内奸議	愛国	2016	1912	8	2	撰著
丁国瑞	燃犀	官派足以亡国	愛国	2236	1913	3	21	撰著
丁国瑞	憤民	無意識之可憐	愛国	2287	1913	5	11	撰著
丁国瑞	頑固生	変本加厲（一）	愛国	2050	1912	9	5	撰著
丁国瑞	悲時	変本加厲（二）	愛国	2227	1913	3	12	撰著
丁国瑞	清真教一分子	思患預防	愛国	1865	1912	3	3	撰著
丁国瑞	楽観黙民合稿	耐夫斯	愛国	2285	1913	5	9	撰著
丁国瑞	冷眼	入国問俗	愛国	2048	1912	9	3	撰著
丁国瑞	討厭	今日不可談宗教	愛国	1928	1912	5	5	撰著
丁国瑞	討厭	北京市面盛衰之原因	愛国	1961	1912	6	7	撰著
丁国瑞		対於天津電車残害民命之平議	愛国	1681	1911	8	21	撰著
丁国瑞		工芸求進歩之法	愛国	2033	1912	8	19	撰著
丁国瑞		女子当求学問	愛国	2281	1913	5	5	撰著
丁国瑞	楽天	長舌婦	愛国	2086	1912	10	13	撰著
丁国瑞		不懂交情	竹園	370	1908	9	21	撰著
丁国瑞	公僕楽天合稿	勧勧苦国民	愛国	1877	1912	3	15	撰著
丁国瑞	莫敏	敬勧清真教的苦教友	愛国	2056	1912	9	11	撰著
丁国瑞		事非経過不知難	竹園	210	1908	4	14	寓言
丁国瑞	盛世頑民	保身免病法	愛国	2036	1912	8	22	諧談
丁国瑞		病後談	愛国	1978	1912	6	25	衛生
丁国瑞		為北京時報正宗愛国報解紛	竹園	345	1908	8	27	雑俎
丁国瑞		可恥哉中国之警察	竹園	317	1908	7	30	雑俎
韓梯雲	補菴	嗚呼法	社星	538	1926	1	24	選録
丁宝臣		消弭革命党八策	愛国	237	1908	7	22	選録
		法部主事等呈請内閣代逓書	愛国	1842	1912	1	30	選録
		存社徴詩掲曉	社星	545	1925	12		選録
陳鷺州		左忠壮公事略						選録
韓梯雲	補菴	一個学生的日記	社星	384	1923	1	21	選録
楊錫類		娯楽問題						選録
		論中国革命党之罪悪	竹園	442	1908	12	3	選録

第22集

著者名	筆名	題名	雑誌	号	西暦	月	日	分類
丁国瑞		有活法仍須有活人	愛国	2253	1913	4	7	撰著
丁国瑞	慈航	風化與教育	愛国	2273	1913	4	27	撰著
丁国瑞	黙民	邦無道危行言遜	愛国	2274	1913	4	28	撰著
丁国瑞	楽観	希望心	愛国	2258	1913	4	12	撰著
丁国瑞	冷眼	新旧法律比較観	愛国	2299	1913	5	23	撰著
丁国瑞	楽観冷眼合稿	議員之功過	愛国	2265	1913	4	19	撰著
丁国瑞		看事容易做事難	愛国	2190	1913	1	28	撰著
丁国瑞		最後之電車談	愛国	1726	1911	10	5	撰著
丁国瑞	頑固	做買売当知変通	愛国	2153	1912	12	19	撰著
丁国瑞		無形的賑済当放	愛国	2138	1912	12	4	撰著
丁国瑞	陶仁賢	認暇不認真	愛国	2011	1912	7	28	撰著
丁国瑞	傻来	戯園子亦要随時改良	愛国	2019	1912	8	5	撰著
丁国瑞	率真	北京婦女的装束宜改	愛国	2014	1912	7	31	撰著
丁国瑞	討厭	要謊価是商業中的大病	愛国	2277	1913	5	1	撰著
丁国瑞	楽天	忠告北京的瓦木匠	愛国	2045	1912	8	31	撰著
丁国瑞		崩崩戯当禁	竹園	292	1908	7	5	撰著
丁国瑞		済困扶危功徳莫大	竹園	350	1908	9	1	撰著
丁国瑞		天津混混之兇悪	竹園	565	1909	4	14	撰著
丁国瑞		論天津巡警各分区不応撤刑	天白		1911	8	28	撰著
丁国瑞		火後談（一）	竹園	179	1908	3	14	撰著
丁国瑞		火後談（二）	民興	351	1910	3	2	撰著
丁国瑞		改良磁器店	社星	551	1926	5	2	寓言
丁国瑞		編練抹頦子軍議						諧談
丁国瑞	病夫	用薬服薬皆宜慎重	愛国	2083	1912	10	9	衛生
韓梯雲	補菴	逃乱的教訓	社星	258	1920	8	8	選録
韓梯雲	補菴	北京城圏以内的人民	社星	552	1926	5	9	選録
		韓補菴先生来函			1926	5	7	選録
		上海大東書局徵求名医験案縁起						選録
		論賭博之害			1925	2		選録
凌再生		治瘋狗咬験方						選録

第23集

著者名	筆名	題名	雑誌	号	西暦	月	日	分類
丁国瑞	公僕	好男児当愛国	愛国	2206	1913	2	19	撰著
丁国瑞	達観頑固合稿	忠告少年	愛国	2316	1913	6	9	撰著
丁国瑞	達観頑固合稿	再忠告少年	愛国	2318	1913	6	12	撰著
丁国瑞	書痴	読書便佳	愛国	2228	1913	3	13	撰著
丁国瑞		論冒険進取	大公	967	1905	3	11	撰著
丁国瑞	悲時楽観合稿	立温斯頓之冒険	愛国	2240	1913	3	25	撰著
丁国瑞	冷眼	後生可畏	愛国	2230	1913	3	15	撰著
丁国瑞	楽観	戒嫖	愛国	2252	1913	4	6	撰著
丁国瑞		先入者為主	竹園	295	1908	7	8	撰著
丁国瑞		歴練説	商報	74	1906	3	17	撰著
丁国瑞		久守有功	竹園	491	1909	1	30	撰著
丁国瑞	未能免俗人	結婚宜速改良	愛国	1846	1912	2	3	撰著
丁国瑞	公僕	好女不穿嫁粧衣	愛国	2108	1912	11	4	撰著
丁国瑞	頑固	活容誨淫慢蔵誨盗	愛国	2305	1913	5	29	撰著
丁国瑞		中国人心地太壊了	竹園	23	1907	10	2	撰著
丁国瑞		説白話報的好処	竹園	26	1907	10	5	撰著
丁国瑞		対於某姓命案最後之平議	竹園	559	1909	4	8	撰著
丁国瑞		貨売識家	竹園	184	1908	3	19	撰著
丁国瑞	討厭	物美価廉	愛国	2309	1913	6	2	撰著
丁国瑞	冷眼達観合稿	白話報立言之難	愛国	2320	1913	6	14	撰著
丁国瑞	冷眼	観劇有感	愛国	2244	1913	3	29	撰著
丁国瑞		主意作坊開幕誌盛			1926			諧談
丁国瑞	率真	飲食衛生	愛国	1987	1912	7	4	衛生
丁国瑞	傻来	逛海口	愛国	2330	1913	6	24	雑俎
韓梯雲	補菴	漆室哀吟記	社星	558	1926	6	20	選録
韓梯雲	補菴	憶田園記	社星	559	1926	6	27	選録
		劉后同先生読書随記						選録
陳哲甫		労苦與幸福	社星	550	1926	4	25	選録
韓梯雲	補菴	劫	社星	550	1926	4	25	選録
		敬告青年						選録
韓梯雲	補菴	教育與平民之距離	社星	466	1924	8	31	選録

第24集

著者名	筆名	題名	雑誌	号	西暦	月	日	分類
丁国瑞		理想之治蒙策	愛国	2183	1913	1	21	撰著
丁国瑞		兵貴精而不貴多	愛国	1629	1911	6	30	撰著
丁国瑞		兵貴神速	愛国	2152	1912	12	18	撰著
丁国瑞	楽観	中国宜注意移民政策	愛国	2293	1913	5	17	撰著
丁国瑞		対於庫患之感言	愛国	2346	1913	7	10	撰著
丁国瑞	公僕	前車可鑑	愛国	2137	1912	12	3	撰著
丁国瑞		地理	愛国	1742	1911	10	22	撰著
丁国瑞		北省宜多開煉鉄廠	愛国	1996	1912	7	13	撰著
丁国瑞		恩怨公私説	竹園	360	1908	9	11	撰著
丁国瑞		偵探	愛国	1860	1912	2	27	撰著
丁国瑞	奇声	説話與聴話	愛国	1666	1911	8	6	撰著
丁国瑞	頑固冷眼合稿	信	愛国	2334	1913	6	28	撰著
丁国瑞		一家飽煖千家怨	竹園	223	1908	4	27	撰著
丁国瑞		王法不外乎人情	竹園	371	1908	9	22	撰著
丁国瑞		不為已甚	竹園	374	1908	9	25	撰著
丁国瑞		遊楊柳青有感	竹園	404	1908	10	25	撰著
丁国瑞		一挙両得	愛国		1907	2	25	撰著
丁国瑞	報奴	論天津貧民院的馬車	愛国	2259	1913	4	13	撰著
丁国瑞		人到中年万事和	竹園	251	1908	5	26	撰著
丁国瑞		軌道機與飛艇談話	社星	555	1926	5	30	寓言
丁国瑞		與小学生講五穀			1926			雑俎
韓梯雲	補菴	嗚呼戦	社星	566	1926	8	15	選録
韓梯雲	補菴	不為的是絶対失敗	社星	384	1923	1	21	選録
徐鏡波		王仁安先生文集跋	社星	558	1926	6	20	選録
朱一舫		古之学也知命	社星	559	1926	6	27	選録
朱一舫		今之学也反天	社星	560	1926	7	4	選録
韓梯雲	補菴	北倉之戦之一小卒	社星	466	1924	8	31	選録
陸辛農		七十二沽	社星	551	1926	5	2	選録
陸辛農		辛農見聞随筆	社星	561-564	1926	7	11	選録
		前日抵津之康南海與本報記者之談話	天新		1926	9	8	選録
		康南海與天津新聞記者之談話	天新		1926	9	8	選録
	隠公	傷心人語	愛国					選録
		葉大令聴断之明決	竹園	220	1908	4	24	選録
韓梯雲	補菴	雑記	社星	568	1926	8	29	選録
		物畏其天	社星	571	1926	9	19	選録
韓梯雲	補菴	弔張嗇公	社星	571	1926	9	19	選録
無錫溥仁慈善会編		急救誤呑洋煤頭方						選録
無錫溥仁慈善会編		急救誤呑生鴉片方						選録
		褚督辦事禁止婦女剪髪之布告			1926	8		選録
		外蒙完全俄化之警訊	新天		1926	9	24	選録
文明書局出版		節録中等倫理学						選録

引用文献一覧

一　未刊行史料

天津市檔案館

天津市教育局檔案（民国時期檔案）

J一一〇——三—一一九—六、天津市教育局「本局推行失学民衆識字教育報告書」（一九四六年十一月）。

天津市各社教区民衆教育館檔案（中華民国期）

J一一三—二（三類）—四、「天津市第一社教区民教館員工職籍表・調査表・履歴書」、所収、「三十二年職教員履歴書」。

J一一三—二（三類）—八六、「民教館概況月報告」、所収、「天津特別市第五社教区新民教育館　三十年二月分～三十四年八月分」。

J一一三—二（三類）—一四四、「民教館宣伝工作」、所収、「天津特別市第五社教区新民教育館識字運動宣伝週報告書」および姚彬然「天津特別市第五社教区新民教育館講演稿」。

J一一三—二（三類）—一四九、「民教館関於工作報告表」、所収、「天津市社会教育月報表（三十五年六月～三十六年十二月）」。

J一一三—二（三類）—一七一、「工作報告」、所収、「天津特別市第五社教区新民教育館工作報告表（二十九年一月～三十四年七月分）」。

天津市識字教育委員会檔案（中華人民共和国期）

X一九八—一—三二二—一、天津市教育局市識字委「市識字委関於成立群衆教師業余学校的通知」、所収、市識字運動委員会「一九五一年天津市群衆識字教育実施方法」（一九五〇年十一月二十五日）。

X一九八—一—三二二—二、市識字運動委員会「識字教育一九五一年下半年工作計劃」（一九五一年）、所収、同「同名」。

X一九八—一—三九〇—二、天津市教育局職教科「市政府、市教育局関於一九五一年社会教育掃盲識字運動的請示通知」、所収、天津市教育局「天津市群衆識字教育一九五一年上半期工作総結」（一九五一年）。

X一九八—一—三九〇—四、天津市教育局職教科「市政府、市教育局関於一九五一年社会教育掃盲識字運動的請示通知」、所収、市政府「為発布『関於文化館問題的決定』希即遵辦由」（一九五一年四月二十五日）。
X一九八—一—四一八—八、天津市教育局市掃盲委「市識字運動委員会八—一二月分及一九五三年一季度工作小結」、所収、市識字委「天津市識字運動十一月分小結」（一九五三年一月十六日）。
X一九八—一—四一八—九、天津市教育局市掃盲委「市識字運動委員会八—一二月分及一九五三年一季度工作小結」、所収、市教育局「一九五二年天津市掃除文盲工作報告」（一九五三年一月）。
X一九八—一—四二五—四、天津市教育局市掃盲委「市識字運動委、婦聯、団市委等関於推動掃文工作的調査報告」、所収、掃盲委棉三調査組「天津市第三区于廠大街識字学校典型調査」（一九五三年一月九日）。
X一九八—一—四四五—一、天津市教育局識字運動委員会「市識字運動委員会的組織条例、工作計劃」、所収、同「天津市各級識字運動委員会組織条例」。
X一九八—一—四八一—一、天津市教育局財計科「市教育局一九五三年下半年教育工作統計簡報」、所収、市教育局「天津市一九五三年下半年教育統計簡報」（一九五三年十二月）。
X一九八—一—四九三—一、天津市教育局財計科「市教育局関於初等業余学校與識字学校合併後経費開支的規定」、所収、市教育局「為請示関於各区初等業余学校與識字学校合併後、経費如何開支由」。
X一九八—一—五二三—二一、天津市教育局掃盲委「市掃盲委、市識字運動委員会関於掃盲工作報告、総結」、所収、市政府掃盲工作委員会「為発去四区半年工作総結供参考由」（一九五三年八月六日）。
天津市文化局檔案（同上）
X一九九—一—一四一—一、天津市文化局社会文化処「本局和文化館、関於建立街道宣伝隊的調査、報告等関係文献」、所収、文化局「天津市八区群衆宣伝組織調査報告與今後工作改進意見」（一九五三年五月二十八日）。
X一九九—一—一四一—一二、文化局「本局和文化館関於建立街道宣伝隊的調査報告等有関文件」、所収、文化局「九区文化館関於街道群衆宣伝員第一期学習班計劃（草稿）」。

X一九九―一―四一―一四、文化局「本局和文化館関於建立街道宣伝隊的調査報告等有関文件」、所収、文化局「文化館対発展整頓和統一領導全区街道群衆宣伝組織的意見」。
X一九九―一―四一―一八、文化局「本局和文化館関於建立街道宣伝隊的調査報告等有関文件」、所収、文化局「関於整頓各区群衆宣伝組織、建立宣伝隊工作的進行状況和幾個収容問題（提供宣伝会議討論）」（一九五二年）。
X一九九―一―一四五―九、天津市文化局社会文化処「本処関於社会文化工作的総結和計劃及文化館的工作意見、報名」、所収、文化局「天津市文化館一九五三年工作総結」。
X一九九―一―一四七―一一、文化局「関於調整行政区劃方案及文化館站調整方案和結果」、所収、「関於整頓和加強文化館、站工作指示（草案）」（一九五三年十二月二十一日）。
X一九九―一―三〇二―一、天津市文化局辦公室「各局属単位関於文化工作的総結」、所収、市文化局「天津文化工作専題材料」（一九五九年一月）。
X一九九―一―八五五、天津市文化局計財処「文化局関於図書館、博物館歴年蔵品情況報告表及文化館十年資料」、所収、「天津市文化館工作十年資料」（一九六一年五月三十一日）。

東京大学東洋文化研究所図書館

范紹韓等『天津市立第一通俗講演所講演文稿』（二二冊）、一九二九年。

外務省外交史料館

「三・魯嗣香」（JACAR（アジア歴史資料センター）Ref.B03040748400、B03040748500、B03040748600、B03040748700、宣伝関係雑件／嘱託及補助金支給宣伝者其他宣伝費支給関係／外国人ノ部　第九巻）。

個人蔵

「天津市紅橋区煤建公司従業員関係檔案」。

二　新聞・雑誌

『益世報』（天津）
『教育公報』（北京、教育部教育公報経理処）
『教育雑誌』（上海、商務印書館）
『広智星期報』（天津、天津広智館）
『津市新民教育』（天津、新民会天津都市指導部教育分会）
『大公報』（天津）
『短小教育』（天津）
『直隷教育雑誌』（天津、直隷学務公所図書館）
『天津教育』（天津）
『天津市政統計月報』（天津）
『天津特別市教育局教育公報』（天津、天津特別市教育局）
『天津社会教育星期報』（天津、天津社会教育辦事処）
『民教』（天津、天津特別市社教編審会）
『民教月刊』（天津、天津特別市社教編審会）
『民教半月刊』（天津、天津特別市社教編審会）

三　地方志

康熙『重修天津衛志』。
同治『続天津県志』。
民国『天津県新志』。

民国『天津政俗沿革志』。

宋蘊璞『天津志略』北京、北京蘊興商行、一九三一年。

天津市地方志編修委員会編著『天津通志』旧志点校巻（中）（下）、天津、南開大学出版社、一九九九年。

天津市地方志編輯委員会編『天津簡志』天津、天津人民出版社、一九九一年。

四　その他資料

日本文（五〇音順）

朝倉美香『清末・民国期郷村における義務教育実施過程に関する研究』風間書房、二〇〇五。

味岡　徹「国民党政権の地方行政改革」中央大学人文科学研究所編『民国後期中国国民党政権の研究』中央大学出版部、二〇〇五年、所収。

阿部　洋「清末学堂考――直隷省を中心として――」『文科論集』（福岡工業大学）、第一集、一九六六年。

――『中国近代学校史研究――清末における近代学校制度の成立過程――』福村出版、一九九三年。

阿部宗光「国民基本教育」『現代中国の教育事情』文部省調査局調査課、一九四九年、所収。

――「社会教育」『現代中国の教育事情』文部省調査局調査課、一九四九年、所収。

天野祐子「日中戦争期における国民政府の新県制――四川省の事例から――」平野健一郎編『日中戦争期の中国における社会・文化変容』東洋文庫、二〇〇七年、所収。

飯島　渉『ペストと近代中国――衛生の「制度化」と社会変容――』研文出版、二〇〇〇年。

泉谷陽子『中国建国初期の政治と経済――大衆運動と社会主義体制――』御茶の水書房、二〇〇七年。

市川　博「党化教育政策にみる民衆の課題意識――〝党義〟教育の意味――」『東京教育大学教育学部紀要』一七巻、一九七一年。

石川啓二「党化教育論の成立・展開と教育独立論の敗北」『山梨大学教育学部紀要』八号、一九九四年。

石川禎浩「通史と歴史像」飯島渉等編『二一世紀の中国近現代史研究を求めて』研文出版、二〇〇六年、所収。

今井　航『中国近代における六・三・三制の導入過程』九州大学出版会、二〇一〇年。

岩間一弘『上海近代のホワイトカラー――揺れる新中間層の形成――』研文出版、二〇一一年。

――『上海大衆の誕生と変貌――近代新中間層の消費・動員・イベント――』東京大学出版会、二〇一二年。

上田孝典「近代中国における『通俗教育』概念に関する考察――伍達と『中華通俗教育会』の活動を中心に――」『日本社会教育学会紀要』三八号、二〇〇二年。

――「民国初期中国における社会教育政策の展開――『通俗教育研究会』の組織とその役割を中心に――」『アジア教育史研究』一四号、二〇〇五年。

汪　婉『清末中国対日教育視察の研究』汲古書院、一九九八年。

王　強「日中戦争期の華北新民会」『現代社会文化研究』(新潟大学大学院現代社会文化研究科)二〇号、二〇〇一年。

大江平和「熊希齢と北京香山慈幼院――一九一九年から一九二七年までの財政を中心に――」『人間文化創成科学論叢』一五巻、二〇一三年。

大澤　肇「中華人民共和国建国初期、上海市及び近郊農村における公教育の再建」『近きに在りて――近現代中国をめぐる討論のひろば――』五〇号、二〇〇六年。

大原信一『中国の識字運動』東方書店、一九九七年。

小川　唯「江浙戦争後の地方自治と浙江省教育会の紛糾、一九二四―一九二六」『近きに在りて』五二号、二〇〇七年。

片岡一忠『天津五四運動小史』同朋舎、一九八二年。

――「五四前夜天津学生の意識――南開学校『校風』を中心に――」『東方学報』京都、六一冊、一九八九年。

川島　真『中国近代外交の形成』名古屋大学出版会、二〇〇四年。

貴志俊彦「清末の都市行政の一環――袁世凱の教育政策をめぐって――」『MONSOON(広島大学)』二号、一九八九年。

――「国民政府による電化教育政策と抗日ナショナリズム――『民衆教育』から『抗戦教育』へ――」『東洋史研究』六二巻二号、二〇〇三年。

貴志俊彦等編『天津史文献目録』東京大学東洋文化研究所附属東洋学文献センター、一九九八年。

岸本美緒『東アジアの「近世」』山川出版社、一九九八年。

——「時代区分論」『岩波講座世界歴史』一、世界史へのアプローチ、岩波書店、一九九八年、所収。

——「現代歴史学と『伝統社会』形成論」『歴史学研究』七四二号、二〇〇〇年。

近代アジア教育史研究会編『近代日本のアジア教育認識——明治後期教育雑誌所収中国・韓国・台湾関係記事——』目録編・資料篇、龍渓書舎、一九九五〜二〇〇四年。

久保田文次「中国の近代化をめぐって」辛亥革命研究会編『中国近代史研究入門——現状と課題——』汲古書院、一九九二年、所収。

久保亨・江田憲治「現代」礪波護他編『中国歴史研究入門』名古屋大学出版会、二〇〇六年、所収。

小島晋治等編『近代中国研究案内』岩波書店、一九九三年。

呉　遵　民『現代中国の生涯教育』明石書店、二〇〇七年。

河野　正「中華人民共和国初期、河北省における宣伝教育と農村社会—成人教育・機関紙を中心に—」『東洋学報』九二巻三号、二〇一〇年。

小林文人等編著『世界の社会教育施設と公民館——草の根（グラスルーツ）の参加と学び——』エイデル研究所、二〇〇一年。

小林善文『平民教育運動小史』同朋舎、一九八五年。

——『中国近代教育の普及と改革に関する研究』汲古書院、二〇〇二年。

小松由美「五四運動期、天津における対日ボイコット運動について——商人の対応を中心として——」『近きに在りて』三二号、一九九七年。

金野　純『中国社会と大衆動員——毛沢東時代の政治権力と民衆——』御茶の水書房、二〇〇八年。

斎藤秋男・新島淳良『中国現代教育史』国土社、一九六二年。

斎藤秋男『中国現代教育史——中国革命の教育構造——』田畑書店、一九七三年。

在北京大日本大使館文化課『北支に於ける文化の現状』北京、同所、一九四三年。

佐藤尚子等編『中国近現代教育文献資料集』全一三巻、日本図書センター、二〇〇五年〜二〇〇六年。

佐藤仁史『近代中国の郷土意識——清末民初江南の在地指導層と地域社会——』研文出版、二〇一三年。

朱　鵬「厳修の新学受容過程と日本——其の一・壬寅東遊を中心に——」『アジア教育史研究』四号、一九九五年。

——「厳修の新学受容過程と日本——其の二・天津の紳商と近代初等学堂をめぐって——」『天理大学学報』一九二輯、一九九九年。

新保敦子「『解放』前中国における郷村教育運動——中華平民教育促進会をめぐって——」『東京大学教育学部紀要』二四巻、一九八四年。

——「中華平民教育促進会と郷村教育運動——定県実験にみる抗戦力量の形成——」『現代中国』五九号、一九八五年。

——「梁漱溟と郷村建設運動——山東省鄒平県における実践を中心として——」『日本の教育史学』二八集、一九八五年。

——「中華民国時期における近代学制の地方浸透と私塾——江蘇省をめぐって——」狭間直樹編『中国国民革命の研究』京都大学人文科学研究所、一九九二年。

——「日本侵華戦争時期的傀儡政権和社会教育」斉紅深・渡部宗助主編『日本侵華殖民地教育——第三次国際学術研討会論文集』大連、第三次国際学術研討会論文集編輯委員会、一九九九年、所収。

——「中国における民衆教育に関する一考察——兪慶棠と江蘇省立教育学院をめぐって——」『早稲田教育評論』一五巻一号、二〇〇一年。

世界教育史研究会編『社会教育史』Ⅰ・Ⅱ（世界教育史体系三六・三七）、講談社、一九七四年〜一九七五年。

——『中国教育史』（世界教育史体系四）、講談社、一九七五年。

世良正浩「晩清の簡易識字学塾に関する研究」『人間の発達と教育——明治学院大学教職課程論叢——』五号、二〇〇九年。

多賀秋五郎『中国教育史』岩崎書店、一九五五年。

——「日本における東洋教育史研究の歴史」『日本の教育史学』二集、一九五九年。

——『近代中国教育史資料』清末編、民国編上・中・下、人民中国編、日本学術振興会、一九七二年〜七六年。

高田幸男「南京国民政府の教育政策――中央大学区試行を中心に――」中国現代史研究会編『中国国民政府史の研究』汲古書院、一九八六年、所収。

――「教育史」野澤豊編『日本の中華民国史研究』汲古書院、一九九五年、所収。

――「近代中国地域社会と教育団体――江蘇教育会の会員構成分析――」『明治大学人文科学研究所紀要』七三冊、二〇一三年。

武内房司「清末四川の宗教運動――扶鸞・宣講型宗教結社の誕生――」『文学部研究年報』(学習院大学) 三七、一九九〇年。

竹内　実「周樹人の役人生活――通俗教育研究会との関係――」『東方学報』京都、五九冊、一九八七年。

段　瑞　聡『蔣介石と新生活運動』慶應義塾大学出版会、二〇〇六年。

都甲亜沙美「清末民初の四川における宣講と通俗教育」『九州大学東洋史論集』三五号、二〇〇七年。

天津地域史研究会編『天津史――再生する都市のトポロジー――』東方書店、一九九九年。

蔭山雅博「南京国民政府下の三民主義教育について」『教育学論集』(専修大学文学部) 四号、一九七九年。

戸部　健「山西省図書館・天津図書館利用案内」『中国都市芸能研究』二輯、二〇〇三年。

――「清末における社会教育と地域社会――天津における『衛生』の教育を例として――」『中国研究月報』五九巻六号、二〇〇五年。

――「河北省檔案館・天津市檔案館利用案内――附：石家荘・天津古書店案内――」『中国都市芸能研究』九輯、二〇一〇年。

――「中国、特に華北ＹＭＣＡ史研究の動向」『歴史評論』七六五号、二〇一四年。

中村忠行「晩清に於ける演劇改良運動――旧劇と明治の劇壇との交渉を中心として――」(一・二)『天理大学学報』七・八輯、一九五二年。

新島淳良『中国の教育』東洋経済新報社、一九五七年。

西村達哉「南京国民政府の義務教育政策に関する考察」『教育学研究紀要』(中国四国教育学会)、四六巻一部、二〇〇〇年。

日本社会教育学会年報編集委員会編『社会教育の国際的動向』(日本の社会教育三一集)、東洋館出版社、一九八七年。

日本上海史研究会編『建国前後の上海』研文出版、二〇〇九年。

浜口允子「馬千里日記考（一）」『放送大学研究年報』二四号、二〇〇六年。

――「馬千里日記考（二）」『放送大学研究年報』二五号、二〇〇七年。

――「馬千里日記考（三）」『放送大学研究年報』二六号、二〇〇八年。

林　嘉言『中国近代政治と儒教文化』東方書店、一九九七年。

深町英夫『身体を躾ける政治――中国国民党の新生活運動――』岩波書店、二〇一三年。

堀井弘一郎「新民会と華北占領政策」（上・中・下）『中国研究月報』五三九～五四一号、一九九三年。

牧野　篤「東洋教育史の研究動向」『日本の教育史学』三六集、一九九三年。

溝口雄三『方法としての中国』東京大学出版会、一九八九年。

――『中国の衝撃』東京大学出版会、二〇〇四年。

宮原佳昭「清末湖南省長沙における民立学堂設立と新教育界の形成について――胡元倓と明徳学堂を中心に――」『東洋史研究』六二巻二号、二〇〇三年。

八巻佳子「中華民国新民会の成立と初期工作状況」藤井昇三編『一九三〇年代中国の研究』アジア経済研究所、一九七五年、所収。

山本　真「抗日戦争期から国共内戦期にかけての郷村建設運動――中華平民教育促進会の郷村建設学院と華西実験区を中心として――」『史学』六六巻四号、一九九七年。

横山　宏「中華人民共和国における人民文化館――その沿革を中心にした若干の考察――」『早稲田大学大学院文学研究科紀要』三五輯（哲学・史学編）、一九八九年。

吉澤誠一郎『天津の近代――清末都市における政治文化と社会統合――』名古屋大学出版会、二〇〇二年。

吉田熊次『社会教育』敬文館、一九一三年。

渡辺　惇「北洋政権研究の現況」辛亥革命研究会編『中国近代史研究入門――現状と課題――』汲古書院、一九九二年、所収。

中国文（ピンイン順）

白寿彝主編『回族人物志　近代』銀川、寧夏人民出版社、一九九七年。

陳科美主編『上海近代教育史一八四三～一九四九』上海、上海教育出版社、二〇〇三年。
陳学恂主編『中国近代教育史教学参考資料』上中下、北京、人民教育出版社、一九八六年～一九八七年。
――『中国近代教育論著叢書』全二四巻、北京、人民教育出版社、一九九一年～。
陳学恂主編、高奇分巻主編『中国教育史研究』現代分巻、上海、華東師範大学出版社、二〇〇九年。
陳学恂主編、田正平分巻主編『中国教育史研究』近代分巻、上海、華東師範大学出版社、二〇〇九年。
陳　翊　林『最近三十年中国教育史』上海、太平洋書店、一九三〇年。
陳元暉主編『中国近代教育史資料匯編』全一〇冊、上海、上海教育出版社、一九九〇年～一九九七年。
丁国瑞『竹園叢話』全二四輯、天津、天津敬慎医室、一九二三～二六年。
丁文江他編『中華民国新地図』上海、申報館、一九三四年。
杜成憲等『中国教育史学九十年』上海、華東師範大学出版社、一九九八年。
方　金　墉『民衆教育館之組織及実施』上海、大夏大学教育学院、一九三四年。
馮　華　年「民国一六年至一七年天津手芸工人家庭生活調査之分析」李文海主編『民国時期社会調査叢編』城市（労工）生活巻、福州、福建教育出版社、二〇〇五年、所収。
戸部　健「北洋新政時期天津中医界的改革活動與地域社会」『中国社会歴史評論』八巻、二〇〇七年。
高　明　士「東亜教育史研究的新動向」高明士編『東亜教育史研究的回顧與展望』台北、国立台湾大学出版中心、二〇〇五年。
高　艶　林『天津人口研究（一四〇四―一九四九）』天津、天津人民出版社、二〇〇二年。
関　文　斌『文明初曙――近代天津塩商與社会――』天津、天津人民出版社、一九九九年。
国立故宮博物院故宮文獻編輯委員會編輯『袁世凱奏摺専輯』台北、国立故宮博物院、一九七〇年。
国民党天津特別市党務指導委員会宣伝部『宣伝工作概況』一九二九年。
郭藴静主編『天津古代城市発展史』天津、天津古籍出版社、一九八九年。
和平区地方志編修委員会編著『天津市和平区志』上冊、出版地出版年不明。

紅橋区人民政府編『天津市紅橋区地名録』天津、天津市紅橋区人民政府、一九八八年。
華東師範大学教育系教科所編『中国現代教育史』上海、華東師範大学出版社、一九八三年。
黄書光主編『中国社会教化的伝統與変革』済南、山東教育出版社、二〇〇五年。
教育部編『中華民国二十二年度全国社会教育統計』一九三六年。
李華興主編『民国教育史』上海、上海教育出版社、一九九七年。
李弘祺「導論：英文有関中国教育史研究概述」李弘祺編『中国教育史英文著作評介』台北、台湾大学出版中心、二〇〇五年、所収。
李建興『中国社会教育発展史』台北、三民書局、一九八六年。
李金藻『天津郷賢賛』天津、天津社会教育辦事処、一九二一年。
李競能主編『天津人口史』天津、南開大学出版社、一九九〇年。
李瑞芬「林墨青六十寿言」『天津林墨青寿言』天津、天津広智星期報社、一九三三年、所収。
黎始初「日軍控制下的天津偽政権」中国人民政治協商会議天津市委員会文史資料研究委員会編『淪陥時期的天津』天津、同所、一九九二年、所収。
———「日軍在天津的五次〝治安強化運動〟」同上書、所収。
李孝悌「従中国伝統士庶文化的関係看二十世紀的新動向」『中央研究院近代史研究所集刊』一九期、一九九〇年。
———『清末的下層社会啓蒙運動』台北、中央研究院近代史研究所、一九九二年。
梁其姿『施善與教化――明清的慈善組織――』台北、聯経出版事業、一九九七年。
梁景和『清末国民意識與参政意識研究』長沙、湖南教育出版社、一九九九年。
廖永武「愛国教育家和社会活動家馬千里」中国人民政治協商会議天津市委員会文史資料委員会編『近代天津十二大教育家』天津、天津人民出版社、一九九九年、所収。
劉紹唐主編『民国人物小伝』第一冊、台北、伝記文学出版社、一九九二年。
劉暁雲『近代北京社会教育発展研究（一八九五～一九四九）』北京、知識産権出版社、二〇一三年。

劉楊氏口述、于淼整理「我所知道的楊以徳」『天津文史資料選輯』七六輯、一九九七年。
劉　炎　臣「厳範孫與崇化学会」『天津文史資料選輯』三八輯、一九八七年。
――「一生熱心興学的林墨青」中国人民政治協商会議天津市委員会、南開区委員会文史資料委員会合編『天津老城憶旧』天津、天津人民出版社、一九九七年、所収。
路　彩　霞『清末京津公共衛生機制演進研究（一九〇〇―一九一一）』武漢、湖北人民出版社、二〇一〇年。
羅澍偉主編『近代天津城市史』北京、中国社会科学出版社、一九九三年。
馬翠官編『二十世紀初天津愛国教育家馬千里先生誕生百周年紀念』天津、中国人民政治協商会議天津市委員会文史資料研究委員会、一九八五年。
馬　紫　明「二三十年代的社会教育活動」『天津文史資料選輯』六二輯、一九九四年。
毛　沢　東『論聯合政府』竹内実監修、毛沢東文献資料研究会編『毛沢東集』九巻、延安期Ｖ（一九四三・一～一九四五・一二）、北望社、一九七一年、所収。
穆　芝　房「天津穆家和正興徳茶葉店」『天津文史資料選輯』二〇輯、一九八二年。
瀋呂默編『民衆教育館』上海、中華書局、一九四八年。
沈雲龍編『近代中国史料叢刊』続編、八一輯、『清末籌備檔案史料』下冊、台北、文海出版社、一九八一年。
舒新城編『中国近代教育史資料』上・中・下、北京、人民教育出版社、一九六一年。
宋　美　雲『近代天津商会』天津、天津社会科学院出版社、二〇〇二年。
天津叢刊編輯委員会編『天津市政府』天津、天津市政府秘書処編訳室、一九四八年。
天津電子出版社『天津早期照片集粋』（ＣＤ―ＲＯＭ）天津、同所、二〇〇一年。
天津広智館編『天津広智館十周年紀念報告』天津、同所、一九三五年。
天津歴史博物館・南開大学歴史系『五四運動在天津』編輯組編『五四運動在天津』天津、天津人民出版社、一九七九年。
天津社会教育辦事処編『天津社会教育辦事処報告』天津、同所、一九一七年。

『天津市』編纂委員会編『中華人民共和国地名詞典――天津市――』北京、商務印書館、一九九四年。
天津市地方志編修委員会編著（郭鳳岐主編）『天津通志――基礎教育志――』天津、天津社会科学院出版社、一九九九年。
――『天津通志　大事記』天津、天津社会科学院出版社、一九九四年。
天津市規劃和国土資源局編著『天津城市歴史地図集』天津、天津古籍出版社、二〇〇四年。
天津市教育局編『天津市十九・二十・二十一・二十二年度教育統計表』一九三一～一九三三年。
天津市教育局『教育志』編修辦公室編『天津教育大事記』下（一九四九―一九八五）、天津、天津市地方史志編修委員会総編纂室、一九八七年。
天津市教育局統計室編『天津市中小学校社教機関便覧』天津、出版者不明、一九四七年？
天津市立民衆教育館編『天津的模範人物』天津、同所、一九三五年。
天津市歴史博物館等合編『近代天津図志』天津、天津古籍出版社、一九九二年。
天津市市立第二民衆教育館『天津市市立第二民衆教育館概況』天津、出版社不明、一九三七年。
天津市識字運動宣伝委員会『天津市不識字人口統計』天津、同所、一九三一年。
天津市政府社会局編『天津市社会局統計彙刊』天津、出版社不明、一九三二年。
天津市政府統計室『天津市政統計及市況輯要』天津、同所、一九四六年。
天津特別市公署編『天津特別市公署二十七年行政紀要』天津、同所、一九三八年。
天津特別市公署秘書処編『天津特別市行政撮要』（民国二八年度）天津、同所、出版年不明。
天津特別市教育局編『半年間之民衆補習教育』同所、一九二九年。
――『民国二十八年度天津特別市教育統計』天津、出版者不明、一九四〇年、天津市檔案館編『近代以来天津城市化進程実録』天津、天津人民出版社、二〇〇五年、所収。
――『民国三十年天津特別市教育統計』天津、出版者不明、一九四二年。
天津図書館社科部編『館蔵天津地方文献提要目録（一九四九・一月以前、中文・図書部分）』天津、天津図書館、一九九六年。

天津県立両等小学校編『天津県両等官小学堂沿革略　八種』天津、出版社不明、出版年不明。
天津中華基督教青年会編『天津中華基督教青年会與近代天津文明』天津、天津人民出版社、二〇〇五年。
田正平ほか編『世紀之理想――中国近代義務教育研究――』杭州、浙江教育出版社、二〇〇〇年。
王　炳　照『中国近代教育史』台北、五南図書出版公司、一九九四年。
王笛（李徳英等訳）『街頭文化――成都公共空間、下層民衆與地方政治、一八七〇―一九三〇――』北京、中国人民大学出版社、二〇〇六年。
汪　桂　年「天津早期的平民教育」『天津文史資料選輯』四四輯、一九八八年。
――「天津近代小学教育家――鄧慶瀾」『天津文史資料選輯』五八輯、一九九三年。
王　　雷『中国近代社会教育史』北京、人民教育出版社、二〇〇三年。
王　培　利「近代天津〝警区〟的形成」『歴史教学』二〇〇六年一二期。
王　守　恂『天津崇祀郷賢祠諸先生事略』天津、天津社会教育辦事処、出版年不明。
王燕来選編『民国教育統計資料彙編』全三〇冊、北京、国家図書館出版社、二〇一〇年。
王燕来・谷韶軍輯『民国教育統計資料続編』全二五冊、北京、国家図書館出版社、二〇一二年。
王　兆　祥「近代華北城市社会教育形成與発展初探」『天津社会科学』一二一八期、二〇〇三年。
王　卓　然『中国教育一瞥録』上海、商務印書館、一九二三年。
文啓責任編輯『中国近代教育史料彙編』晩清巻全五冊、民国巻全一六冊、北京、全国図書館文献縮微複製中心、二〇〇六年。
伍　　達「各地教育会対於通俗教育之責任」上海経世文社編『民国経世文編』三三冊、一九一四年、所収。
夏　琴　西「楊以徳其人」『天津文史資料選輯』三輯、一九七九年。
肖　素　蘭「天津的貧民半日学社」『天津史志』一九八九年二輯。
熊　賢　君『中国近代義務教育研究』武漢、華中師範大学出版社、二〇〇六年。
徐友春主編『民国人物大辞典』石家荘、河北人民出版社、一九九一年。

楊才林『民国社会教育研究』北京、社会科学文献出版社、二〇一一年。
楊大辛「近代天津的慈善公益事業」『天津史志』一九九五年二期。
姚惜雲「天津孔廟春秋祭丁典礼」『天津文史資料選輯』九〇輯、二〇〇一年。
余子侠「抗戦時期国民政府初等教育政策述評」『河北師範大学学報（教育科学版）』二〇〇五年四期、二〇〇五年。
張大民主編『天津近代教育史』天津、天津人民出版社、一九九三年。
張紹祖編著『津門校史百彙』天津、天津人民出版社、一九九四年。
張　燾『津門雑記』一八八四年。
張孝芳『革命與動員――建構〝共意〟的視角――』北京、社会科学文献出版社、二〇一一年。
章用秀『天津地域與津沽文学』天津、天津社会科学院出版社、二〇〇〇年。
張　仲「水西荘與塩商文化」『天津文史』二〇期、一九九七年。
趙宝琪・張鳳民主編『天津教育史』上巻、天津、天津人民出版社、二〇〇二年。
鄭大華『民国郷村建設運動』北京、社会科学文献出版社、二〇〇〇年。
直隷教育庁編『〔中華民国五年〕直隷教育統計図表』出版年不明。
中共天津市委党史資料徴集委員会編『天津解放紀実』北京、中共党史資料出版社、一九八八年。
中共天津市委党史資料徴収委員会・天津市檔案館編『天津接管史録』北京、中共党史出版社、一九九一年
中国第二歴史檔案館編『中華民国史檔案資料匯編』第五輯、第一・二編、教育、南京、江蘇古籍出版社、一九九四年。
中国人民政治協商会議天津市委員会文史資料研究委員会編『天津近代人物録』天津、天津市地方史志編修委員会総編輯室、一九八七年。
中国戯曲志編輯委員会『中国戯曲志・天津巻』北京、文化芸術出版社、一九九〇年。
周慧梅『近代民衆教育館研究』北京、北京師範大学出版社、二〇一二年。
周愚文「近二十年大陸教育史研究的量化分析（一九七八―二〇〇三）」高明士編『東亜教育史研究的回顧與展望』台北、国立台湾

大学出版中心、二〇〇五年、所収。

朱 啓 明『天津貧民半日学社紀略』天津、中外印字館、一九二〇年。

朱有瓛主編『中国近代学制史料』全四輯、上海、華東師範大学出版社、一九八三年～一九九二年。

朱　煜『民衆教育館與基層社会現代改造（一九二八～一九三七）――以江蘇為中心――』北京、社会科学文献出版社、二〇一二年。

英文（アルファベット順）

Bailey, Paul J. *Reform the People: Changing Attitudes Towards Popular Education in Early Twentieth-Century China*, Edinburgh: Edinburgh University Press, 1990.

Cohen, Paul A. *Discovering History in China*, New York: Columbia University Press, 1984（佐藤慎一訳『知の帝国主義――オリエンタリズムと中国像』平凡社、一九八八年）.

Garrett, Shirley S. *Social Reformer in Urban China: the Chinese Y. M. C. A., 1895–1926*, Cambridge: Harvard University Press, 1970.

Hershatter, Gail. *the Workers of Tianjin, 1900–1949*, Stanford: Stanford University Press, 1986.

Kwan, Man Bun〔関文斌〕. *The Salt Merchants of Tianjin: State-Making and Civil Society in Late Imperial China*, Honolulu: University of Hawai'i Press, 2001.

Lee, Thomas H.C〔李弘祺〕. *Education in Traditional China: A History*, Leiden & Boston: Brill, 2000.

Liberthal, Kenneth G. *Revolution and Tradition in Tientsin, 1949–1952*, Stanford: Stanford University Press, 1980.

Mair, Victor H. Language and Ideology in the Written Popularizations of the Sacred Edict, David Johnson, Andrew J. Nathan, and Evelyn S. Rawski eds, *Popular Culture in Late Imperial China*, Berkeley: University of California Press, 1985.

Rawski, Evelyn Sakakida. *Education and Popular Literacy in Ch'ing China*, Ann Arbor: University of Michigan Press, 1979.

Rogaski, Ruth. *Hygienic Modernity: Meanings of Health and Disease in Treaty-port China*, Berkeley, University of California Press, 2004.

Yick, Joseph. K. S. *Making Urban Revolution in China: the CCP-GMD Struggle for Beiping-Tianjin*, 1945–1949, New York: M. E. Sharpe, 1995.

あとがき

もとより天津という町に特別な思い入れがあったわけではない。それが大学四年生の時に長期留学先としてあえて天津を選ぶに至ったのは、中国語のスキルを上げるために当時通っていた日中学院で天津出身のある先生にそれとなく勧められたのと、天津師範大学の学費の安さに惹かれたことが大きかったように思う。それでも留学中は、授業のない午後に、まだ過去の名残を若干留めていた旧租界地域や旧県城地域を自転車で何度も回った。また、現在も毎週木曜日に開催されている瀋陽道の古物市場にも、しばしば立ち寄った。そうするうちに、少しずつだが、伝統と近代が織りなすことで特徴的な風貌を形作っている、上海とも北京とも異なるこの町の歴史的な背景について、もっと深く知りたいと思うようになった。こうして天津に関わり始めてから、はや一七年になる。なお、その間の天津の変わりようは、あまりにも大きいものであった。旧県城地域は広東会館や倉門口教堂など一部建物を除きほぼ完全に壊されてしまった。旧租界地域も、多くの歴史的建造物に保存のための措置が施された一方で、海河沿いのいくつかの建物は、開発の名の下に撤去されてしまった。留学中にもっとしっかり写真に収めておくべきだったと悔やんでいるが、如何ともしがたい。

研究テーマに関して言うと、実は大学院修士課程進学後に最初に興味を持ったのは衛生教育についてであった。そこに「社会教育」が新たな関心の対象として浮上したのは、衛生教育に関する史料を収集する過程で『天津社会教育星期報』という新聞に巡り会ったことと関係している。近代西洋医学の観点からすると、同新聞の衛生欄の内容はかなりユニークであった。なぜなら、それらの記事の中には中国伝統医によって書かれたものも多く含まれていたからである。一方で、それ以外の記事にも中国の伝統的な考え方に基づいた独自の世界観によって書かれたものが多くあり、それらは当時筆者が持っていた近代的社会教育に対する認識からかけ離れた内容のものであった。そのため、修士論文では両者を合わせて検討することを意図し、題目を「民国初期天津における『社会教育』と『衛生』」とした。結局、修士論文ではそれぞれを中途半端にしか論じられずに終わったが、その後も「社会教育」と衛生は筆者の主な研究テーマとして存続した。本書はそのうち「社会教育」に関するこれまでの研究成果をまとめたものである。

本書はあくまでも通過点に過ぎないが、そこに至るまでに実に多くの方々にお世話になった。学部の四年間を過ごした中央大学文学部では、指導教員の川越泰博先生より厳しくご指導をしていただいた。ゼミにおいて先生から頂戴したアドバイスを通して、研究論文を書くことの難しさと楽しさの一端を知ることができたように思う。その後慶應義塾大学大学院文学研究科に進学したが、そこで八年間もの長きにわたってお世話になった山本英史先生からも、日本語表現の仕方から論文執筆に対する心構え、さらには歴史学と現代中国社会とを結びつける方法に至るまで、実に多くのことを学んだ。自ら「放牧」と言って憚らないその指導方針はマイペースな筆者の性格に合っていたと思うが、その背後には「自らの作品には全責任を持て」という厳しい哲学が通底しており、ある種緊張感を伴うものであった。世代を超えて繋がっている山本ゼミの先輩、同輩、後輩にも感謝しなければならない。特に、先輩であり、現在一橋大学で教鞭を執られている佐藤仁史氏には、現地調査の方法などをはじめ様々なことを教えていただいた。

中央大学、慶應義塾大学以外でも多くの方々にお世話になった。東京大学の吉澤誠一郎先生には、天津史研究の先達としての貴重なアドバイスを何度もしていただいただけでなく、後述する飯島渉先生とともに博士論文の副査にもなっていただいた。

吉澤先生の紹介によって参加を許された天津地域史研究会においても、リンダ・グローブ先生、貴志俊彦先生、故・桂川光正先生をはじめとする方々に大変お世話になった。同研究会が『天津史――再生する都市のトポロジー――』と『天津史文献目録』を刊行してくれなかったならば、筆者の研究活動はもっと困難なものとなっていただろう。同研究会を通して知り合うことができた張利民先生、劉海岩先生、任雲蘭先生、周俊旗先生、任吉東先生をはじめとする天津社会科学院歴史研究所の方々にも、天津史研究の動向を教えていただいたり、図書館の史料を閲覧させていただいたり、様々な場面で助けていただいた。特に張先生から受けたご恩は、言い尽くせないほどである。

本研究で利用した中文史料の多くは天津図書館と天津市檔案館に所蔵されているものだが、両館の歴史文献を閲覧するには一時期まで紹介状が必要であった（檔案館は現在でも必要）。その際にお世話になったのが先述した張利民先生と復旦大学の巴兆祥先生である。とりわけ巴先生には何度もご迷惑をお掛けしたが、そのたびに快く引受けて下さり、感謝している。

天津史以外の研究会からも多くの刺激を受けた。天津史研究者でありながらも参加を許された日本上海史研究会では、沿海の大都市の発展過程における共通点と異同点についていろいろと考えさせられた。また、修士課程時代からメンバーに加えていただいている中国都市芸能研究会では、フィールド調査に参加させていただき、芸能による宣伝活動の経験を持つ老芸人たちと直に触れ合う機会を得た。そして、衛生の研究も引き続き行なっている関係上仲間に入れていただいているASSHM（Asian Society for Social History of Medicine）では、国際的な視野から近代中国を捉えることの重要性について学ばせていただいた。特に、同会の中心メンバーの一人である青山学院大学の飯島渉先生には、海外で報告する機会をたくさん作っていただき、感謝に堪えない。

加えて、天津留学時代以来の友人である馬慶珍老師と増田一也氏との議論も、筆者の中国認識を形成する上で大いに意義があった。
また、筆者が静岡大学人文社会科学部に職を得てから六年が経ったが、その間落ち着いて研究活動を遂行できたのは、ひとえに同僚の方々より様々な場面でご配慮いただいたからである。特に歴史学コースの皆様には大変お世話になった。

その他、本研究を遂行するに当たっては、主に以下の研究資金の援助を受けた。（1）富士ゼロックス株式会社小林節太郎記念基金「南京国民政府の成立と地方における社会教育の変容」（二〇〇五年度）。（2）科学研究費補助金若手研究（スタートアップ）「一九二〇～四〇年代天津における学校式社会教育の展開と地域社会」（研究課題番号：二〇八二〇〇一八、二〇〇八年度～〇九年度）。また、出版に関しても静岡大学人文社会科学部「学部長裁量経費出版助成」より援助をいただいた。篤く御礼申し上げる。

本書出版の契機は、筆者が博士論文を提出した後に汲古書院の三井久人氏よりお声がけをいただいたことにある。編集過程に入ってからは同院の柴田聡子氏にも大変お世話になった。両者のご尽力なしに本書を出版にこぎ着けることはできなかった。感謝申し上げる。また、中文要旨の作成にあたっては、宋宇航氏（京都大学院生）の協力を得た。

最後になるが、留学と進学によって結果として社会に出るのが遅くなったため、両親には多大なる心配をかけることになった。それでも両親が息子の意志を最大限尊重し、支持してくれたお陰で今があると思っている。そして、妻・裕子には、研究を含む様々な場面で全面的に支えてもらっただけでなく、本書の最初の読者にもなってもらった。この場を借りて感謝の意を伝えたい。

二〇一四年十一月

戸部　健

"Social Education" in Modern Tianjin: Between Education and Propaganda

This book investigates the development of "social education" (社会教育) in Chinese treaty ports from the last year of the Qing dynasty to the early years of the People's Republic of China (PRC), and primarily focuses on Tianjin (天津) as a case study. "social education" is a series of educational initiatives for illiterate people and children not registered in school, and includes "popular education" (通俗教育), "mass education" (平民教育), "people's education" (民衆教育), and so on. This book especially emphasizes "social education" for the following reasons. (1) "Social education" played an important role in the education of illiterate people and children when China's literacy and enrollment rates were very low. (2) "Social education" played a key role in propaganda and mobilization. (3) Finally, little research exists on "social education" from the perspective of education, propaganda, and mobilization.

Therefore, this book discusses the historical significance of "social education" in terms of the relation between state and society in modern Chinese treaty ports. The contents of the book are summarized below.

Introduction and Systemization of "Social Education" (1902-1928)

After the Boxer uprising, the Qing Government abolished the higher civil service examinations (科挙). They then introduced a modern educational system in order to reconstruct and strengthen their country, and many modern schools were consequentially established countrywide. However, due to poverty, many children still could not or did not enter these institutions. In response, central and local officials and influential citizens initiated various activities of "social education", to enhance the educational standard of illiter-

ate people and these children. One of the best models of these new activities was located in Tianjin.

"Social education" was intended to eliminate bad social customs, and to increase and promote the educational standard of the poor. Its contents included "new" knowledge from Western countries and from Japan, as well as "traditional" Chinese knowledge. Moreover, it is important to note that the central and local governments did not strictly control schooling at that time.

The Beijing Regime of the Republic of China's (中華民国北京政府) attitude to "social education" was more positive than that of the Qing Government during this period. "Social education" in China was increasingly systematized, and government control was thus strengthened gradually. However, there were limits to this power, as control always depended on the support of influential locals wherever a government promoted the development of "social education". In such situations, these prominent citizens organized the Association for Popular Education (通俗教育会) or the Popular Education Museum (通俗教育館), in order to allow themselves to preside over the administration of "social education", instead of the government.

Such an Association for Popular Education was established in Tianjin, and was called the Tianjin Social Education Office (天津社会教育辦事処). It promoted various activities related to "social education", depending both on the people of the academic and business world in Tianjin. Its activities included not only popular education (the management of public lecture and literacy classes, etc.) but also social work (the relief for poor literary men (文貧), etc). Moreover, because they regarded Confucianism as the most important spiritual philosophy, the office endeavored to spread Confucian values to all people via this "social education". This perspective was criticized by the New Culture School (新文化派) during the May Fourth Movement (五四運動), but the members of the Tianjin Social Education Office insisted that China would not make prog-

ress until it maintained its Confucian values. As many of the academic and business worlds in Tianjin supported this insistence, the office was able to continue various activities until 1928.

In addition, the Tianjin Police Agency（天津警察庁）and the Tianjin County Education Bureau（天津県教育局）also managed "social education", but from differing perspectives. The Police Agency was interested in improving the social order via education, and collaborated with the Social Education Office because the two organizations shared the views of social order throughout their activities. In contrast, "social education" as conceived by the Tianjin County Education Bureau was referred to as "mass education"（平民教育）, and was intended to spread the ideas of democracy. This situation therefore led to antagonism between the Police Agency and the County Education Bureau in terms of educational policies. Eventually, the County Education Bureau abandoned their activities in 1925, largely because they could not receive enough support from influential men in Tianjin local society.

Expansion and Deepening of Social Education（1928-1949）

The Nanjing Nationalist Government（南京国民政府）was considerably more interested in "social education" than the Beijing Government, and thus endeavored to develop it. "Social education" in Tianjin therefore experienced significant changes due to this situation. After the Tianjin Municipal Education Bureau（天津市教育局）was opened in 1928, they requisitioned the Tianjin Social Education Office, and endeavored to develop "social education" by investing considerable sums of money. As a result, the scale of "social education" in Tianjin was soon unprecedented. However, because the central government and Chinese Nationalist Party（中国国民党）also began to increasingly intervene in "social education", it soon became a powerful tool, not only to educate the mass citizenry, but also to propagandize Nationalist Party doctrines.

Thus, during the period of the Nanjing Nationalist Government, the scale of "social education" activities expanded in Tianjin, and its penetration into Tianjin society simultaneously deepened. This is best exemplified by the transformation of the People's education Museum (民衆教育館), which was the center of "social education" at the local level. By 1949, eleven People's education Museums were opened in Tianjin. At first, they did not hold jurisdiction as the center of a distinct geographical or demographic area, and little interest was paid to the characteristics of each area in which they were located. However after a Social Education District (社会教育区) was established during the second Sino-Japanese war period, the territory where each People's education Museum held jurisdiction became clear. The staffs of each of People's education Museum developed not only a strong interest in the characteristic of each area, but also began to select the best method of addressing the needs of district's residents. Moreover, during this period they began to exploit the Baojia system (保甲制度) in order to further spread Social education.

Popularization of Social Education (1949-1950s)

After the People's Republic of China was established in 1949, the scale of Social education activity in Tianjin became unprecedented, and its penetration into Tianjin Society continued. During this period, the Culture Museum (文化館, Transformation of People's education Museum) engaged in several activities, in cooperation with the police bureau and the Street Road (街道) organization, and thus mobilized numerous people.

Since the period of the Nanjing Nationalist Government, "social education" came in contact with mass movements, such as the New Life Movement (新生活運動), etc. This trend developed further during the PRC period. The Culture Museum and its subordinate organizations demonstrated their own abilities in the early 1950s, when the PRC government created several mass move-

ments to propagandize government and Communist Party（中国共産党）policies. One should note that citizens also participated in these activities, via roles such as as amateur teachers and propagandists. Since its origins during the end of the 19th century, those responsible for "social education" were basically intellectuals, with some exceptions. However, during the PRC period this situation changed, and amateur teachers and propagandists from the mass citizenry took charge of "social education". However, many problems occurred as a result of the inadequate educational standards of these new leaders. Therefore, the PRC government reduced staff in 1953, and began to eliminate unnecessary affairs of the Culture Museum, many of which regarded educational activities, such as the management of public lectures and literacy classes, etc. By this time, the Culture Museum had transformed into a cultural institution maintaining jurisdiction only over mass cultural activities. However they also continued to spread propaganda via mass culture, and these activities marked the highest level of the period known as the Great Leap Forward（大躍進）.

近代天津之社會教育：教育與宣傳之間

本書以天津為例探討清末到中華人民共和國初期在中國沿海城市所展開的社會教育之長期變遷過程與其社會影響。本書特別關注社會教育的主要理由有三：（1）在民眾識字率與就學率很低的當時的中國，對廣大不識字者和失學者實施教育之時，社會教育起到了重要作用。（2）政府向群眾開展意識形態宣傳以及動員民眾之時，社會教育也發揮了巨大作用。（3）在過去的研究中，對包括教育、宣傳、動員功能在內的社會教育全方位的討論研究還比較少見。

按照上述觀點，筆者於本書中明確了在近代中國城市所實施的社會教育的具體狀況，以及其對構建國家＝社會關係上所具有的意義。內容概要如下。

社會教育之導入與組織化（清末－中華民國北京政府時期）

義和團運動以後，為了實現國家富強，清朝政府不僅廢除了科舉，而且決心全面實施近代教育。其後可以看到在中國各地，近代化的學校陸續成立。但是當時沒有上學的或者因為經濟等原因不能上學的兒童也相當多。因此為了提高失學兒童與成人失學民眾的受教育水平，清朝中央政府與各地方政府的官員及地方人士開展了各種各樣的社會教育活動。其中，天津的社會教育在當時處於全國前列。

社會教育的目的是除去社會惡習以及提高每一位民眾的知識水平。所以其教育內容包含了很多在过去中國所沒有的“新”知識。但是以现代眼光來看，这里边也存在著比較“傳統的”或者“教化的”內容。而且當時中央與地方政府對天津社會教育的管理程度也還不是很嚴格。

同清朝政府相比，中華民國北京政府積極地推動了社會教育。在此時期，中國社會教育得到進一步的制度化、擴大化和組織化。其中最重要的是社會教育的組織化，即各級政府對社會教育監督力量的逐漸提高。但是，這也有局限性。事實上，地方政府在推進本地社會教育的組織化以及將其付諸於實踐的過程中，常常需要依靠地方人士的幫助。為了回應地方政府的期待，彌補地方社會教育的不

足，地方人士組織了通俗教育會和通俗教育館。

在當時的天津也成立了通俗教育會——即天津社會教育辦事處。社會教育辦事處以教育界、實業界等各界人士的捐獻為基礎，開展了多種多樣的社會教育事業。其事業除了舉行演說、創辦貧民學校等教育活動外，還包括了扶助貧困文士等社會事業活動。另外，為了提高民眾的道德水平，他們還重視儒家道德的教育。儘管這些做法受到了五四運動以後新文化派的批判，但是社會教育辦事處的人們主張只有維持儒家道德才能使社會進步、中國進步。這些主張獲得了天津教育界、實業界、社會事業界不少人士的支持。所以，在他們的贊助之下，社會教育辦事處的活動一直持續到 1928 年。

此外，天津警察廳與天津縣教育局也在致力於社會教育。但是，其目的各不相同。警察廳所關心的是通過教育的方式提高社會治安。因為他們的活動跟以提高儒家道德修養為教育目標的社會教育辦事處的活動有親和性，所以能做到雙方彼此協助。與此相反，天津縣教育局主導的社會教育活動——即平民教育——的主要目標是普及民主主義。警察廳與縣教育局之間因為教育方針不同而產生了對立，結果縣教育局在 1925 年終止了自己主辦的平民教育活動。筆者認為其失敗的主要原因是沒能獲得地方社會的充分支持。

社會教育之擴大化與細緻化（南京國民政府時期－國共內戰時期）

南京國民政府對社會教育的關心遠遠超過了從前的政府。他們一心致力於普及社會教育。這一時期天津的社會教育情況也發生了很大變化。1928 年，天津（特別）市教育局成立了。首先他們接收了社會教育辦事處，然後為了推進社會教育的完善而投入了大量的資金。結果天津社會教育發展到了空前的規模。另外，由於中央政府，即國民黨對社會教育的參與程度的加強，在此之後社會教育不但具備了以提高民眾知識為目標的教育性質，而且具備了以培養人們對國民黨的忠誠為目標的宣傳性質。

在南京國民政府時期，天津的社會教育除了有擴大化的趨勢，其細緻化的趨勢也同時存在。民眾教育館的變遷過程就是很好的例子。民眾教育館是主導地方社會教育的中心機關，最終在天津也成立了 11 個民眾教育館。當初天津的民眾教

育館及其類似機關不但沒有明確的管轄區域，而且對其教育對象所居住的地方社會的特殊性也沒有太多關心。但是，在日中戰爭時期，以民眾教育館為其中心機關的幾個社會教育區被設定。社會教育區的設定進一步明確了民眾教育館的責任範圍。從此以後民眾教育館對教育對象所居住的地方社會的關心比以前有所增加，並且它們按照各地區的情況分別選擇了最好的教育方法。而且民眾教育館也開始利用保甲制度來普及社會教育。

社會教育之群眾化（中華人民共和國時期一）

中華人民共和國建立以後，天津的社會教育的活動範圍不但進一步擴大，社會教育的細緻化趨勢也更加明顯了。這一時期，在警察與街道等組織的共同努力下，越來越多的民眾被動員參加了文化館（民眾教育館之後身）所舉辦的社會教育活動。

自南京國民政府時期以來，社會教育開始跟新生活運動等群眾運動相聯動。其趨勢在共和國建立以後得到進一步發展。在把共產黨及政府的方針宣傳到民眾的過程中，文化館及其下屬團體所舉辦的各種活動發揮了很大作用。另外，民眾在此時期開始參加這些宣傳活動是值得注意的事實。清末以來，除了一部分特例以外，從事社會教育的人員基本上都是知識分子。但是到了共和國時期，從民眾中被選用的業余教員及業余宣傳員也開始負責社會教育了。由於這些人員的教育水平不必太高，所以在進行教育的過程中發生了很多問題。因此，一九五三年以後政府開始對這些從業人員進行考覈和裁減。同時政府著手整頓文化館館務，從中刪掉了講演與識字班等有關教育的事務。至此，文化館變成了單純負責群眾文化活動的文化機關。但是文化館在此之後也繼續開展文化宣傳活動，其活動在大躍進時期達到了頂點。

索　引

凡例

・原則五十音順で配列している。

〔事項索引〕

・「清朝」、「中華民国」、「中華民国北京政府」、「南京国民政府」、「日中戦争」、「中華人民共和国」で、時期を示す語とセットになったもの（「清朝末期」、「中華民国期」など）については採録していない。

・『教育雑誌』、『天津社会教育星期報』など史料に関する事項で、出典として記載されたものについては採録していない。

〔人名索引〕

・西洋人については、ファミリー・ネームをカタカナで表記している。また、英語名を持つ中華系の人物については、姓名を漢字で表記した。

事項索引

た行

ま行

人名索引

著者略歴

戸部　健（とべ　けん）

1976年　神奈川県に生まれる
2000年　中央大学文学部卒業
2008年　慶應義塾大学大学院文学研究科後期博士課程修了
現　在　静岡大学人文社会科学部准教授　博士（史学）

〔主要論著〕
『近現代中国の芸能と社会――皮影戯・京劇・説唱――』（共編著、好文出版、2013年）
「1920年代後半～1940年代天津における義務教育の進展とその背景」（『東洋史研究』69巻4号、2011年）
「北洋新政時期天津中医界的改革活動與地域社会」（『中国社会歴史評論』8号、2007年）　ほか

静岡大学人文社会科学部研究叢書48

近代天津の「社会教育」
――教育と宣伝のあいだ――

平成二十七年三月二十日　発行

著　者　戸　部　　健
発行者　石　坂　叡　志
整版印刷　富士リプロ㈱
発行所　汲　古　書　院
〒102-0072　東京都千代田区飯田橋二-五-四
電　話　〇三（三二六五）九七六四
ＦＡＸ　〇三（三二二二）一八四五

ISBN978 - 4 - 7629 - 6540 - 1　C3022

KYUKO-SHOIN, Co., Ltd. Tokyo.